ÉCOLE DU MÉCANISME

EXERCICES POUR LA HARPE

(TEXTE FRANÇAIS ET ANGLAIS)

PAR

VICTOR CŒUR

1er Prix du Conservatoire de Paris (1900)
1er Harpiste Solo du Théâtre National de l'Opéra
et de la Société des Concerts
Membre du Jury du Conservatoire de Paris
Officier de l'Instruction Publique

PARIS
ÉDITIONS MAURICE SENART

ÉCOLE DU MÉCANISME | SCHOOL OF MECHANISM

EXERCICES POUR LA HARPE | EXERCISES FOR THE HARP

PAR | BY

VICTOR CŒUR

1er Prix du Conservatoire (1900)
1er Harpiste Solo du Théâtre National de l'Opéra
et de la Société des Concerts.
Membre du Jury du Conservatoire.
Officier de l'Instruction Publique.

First prize of the "Conservatoire"
First Solo harpist of the national Opera House
and of the Society of Concerts.
Member of the board of the "Conservatorie"
Officer of Public Instruction.

Prix net : 60.00

Ecole du Mécanisme

Exercices pour la harpe

La technique moderne exige du harpiste virtuose et surtout du harpiste d'orchestre un mécanisme parfait.

Ces exercices s'adressent à ceux qui veulent obtenir une exécution intelligente et qui pour cela doivent arriver à l'absolue subordination des doigts au cerveau.

OBSERVATIONS

1º   Tous ces exercices se font en ut ♭ (sauf exceptions pour certaines formules).

2º   Ils doivent être travaillés lentement au début, mains séparées, puis progressivement jusqu'aux mouvements rapides.

3º   Les doigts doivent être enfoncés également dans les cordes, articulés avec force mais sans dureté, la sonorité devant être onctueuse et grasse

Les frisements (contact des doigts avec les cordes) doivent être évités le plus possible.

4º   En plus des différents rythmes et accentuations on doit employer toute la palette des nuances $f\!f$ et pp _ f et p mf, $<$ $>$

School of Mechanism

Exercises for the harp

Modern technique requires of the virtuoso harpist and first of all of the orchestra harpist a perfect mechanism.

These exercises are intended for those who wish to gain an intelligent execution and who in view of such a result should acquire an absolute subordination of the fingers to the brain.

NOTICE:

1st   All these exercises are in C flat, except for certain formulae;

2nd   These exercises should be practised slowly in the beginning, the two hands separately, accelerating progressively up to quick motion.

3rd   The fingers should be thrust equally between the strings, acted with strength but without stiffness, for sonority should be unctuous and smooth.

Contact of the fingers with the strings, which causes a kind of buzzing, should be avoided as much as possible.

4th   Beside the different rhythms and accents, use the whole set of shades $f\!f$, pp, f, p, mf crescendo, diminuendo.

The fingering indicated is the so-called "continental" fingering.

Table

I

EXERCICES AVEC NOTES TENUES	EXERCISES WITH HELD NOTES
Notes simples	Single notes
Notes doubles	Double notes
Notes triples	Triple notes
Combinaisons diverses	Divers combinations

Tenir les rondes | *Hold the semi-breves*

Nº1

Faire le même exercice avec les accentuations suivantes. | Practise the same exercice with the following accentuations.

Main gauche à l'8ᵛᵉ inférieure. | Left hand in the lower octave.

Nº2

Faire ces exercices Nᵒˢ 1 et 2 sur les positions suivantes. | Practise these exercises Nr. 1 and 2 on the following positions.

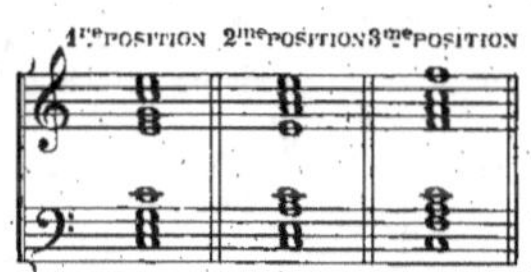

Exemples :
Examples :

MÊMES EXERCICES..les mêmes doigts des deux mains étant joués alternativement en vue d'obtenir une parfaite égalité de son.

SAME EXERCISES..with the same fingers of both hands played alternately in order to acquire a perfect equality of sound.

Exemple pour le N.º 1

Example for Nr. 1

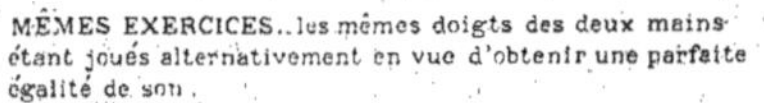

Nº1

Exemple pour le N.º 2

Example for Nr. 2

Nº2

Quelques exemples sur la 1ère position.

Several examples on the 1st position.

Pour le Nº1 (A)
For Nr. 1 (A)

Pour le Nº2 (A)
For Nr. 2 (A)

Pour le Nº2 (E)
For Nr. 2 (E)

Jouer de même toutes les positions (2me et 3me)

Practise in the same way all the positions (2 and 3)

A jouer sur les 3 positions et avec les accentuations de l'exercice Nº1.

Practise on the three positions and, with the the accentuation of exercice Nr. 1

N.3

E.M.S.8101.

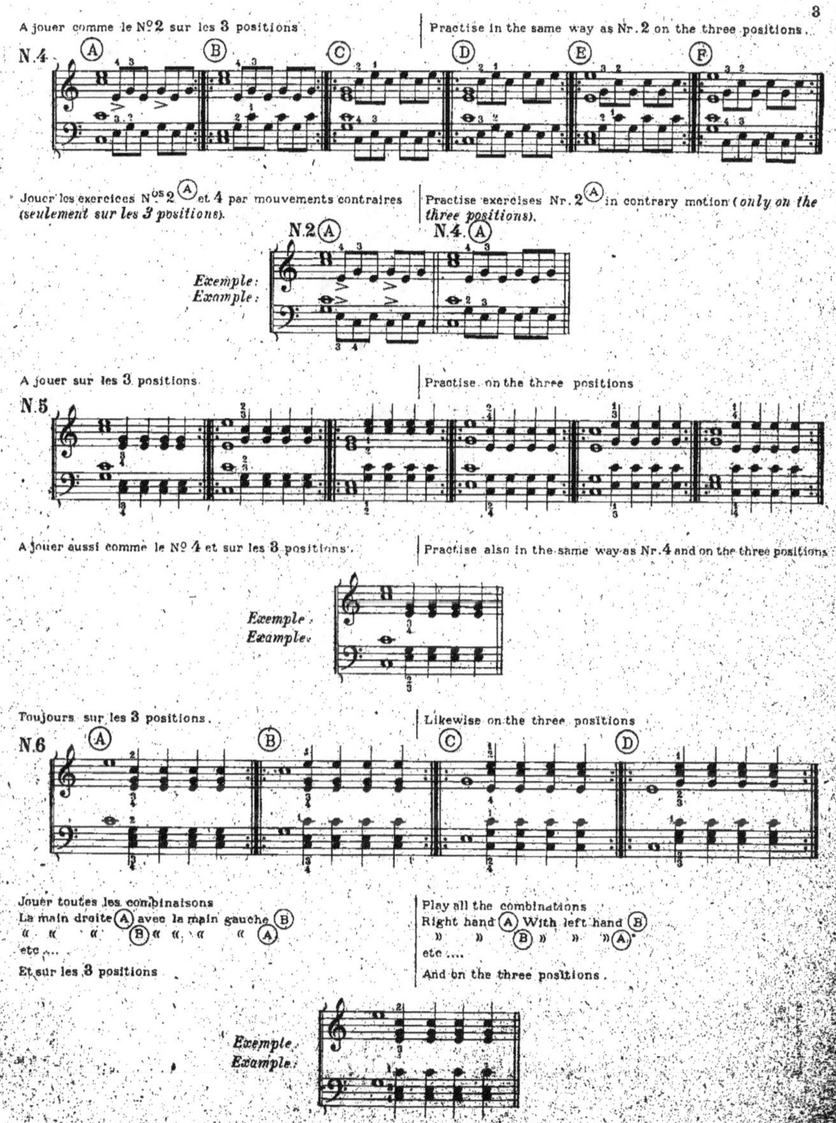

A jouer comme le Nº2 sur les 3 positions
Practise in the same way as Nr.2 on the three positions.
N.4 A B C D E F

Jouer les exercices Nºs 2 A et 4 par mouvements contraires (seulement sur les 3 positions).
Practise exercises Nr.2 A in contrary motion (only on the three positions).
N.2 A N.4 A
Exemple:
Example:

A jouer sur les 3 positions.
Practise on the three positions
N.5

A jouer aussi comme le Nº4 et sur les 3 positions.
Practise also in the same way as Nr.4 and on the three positions
Exemple:
Example:

Toujours sur les 3 positions.
Likewise on the three positions
N.6 A B C D

Jouer toutes les combinaisons
La main droite A avec la main gauche B
« « « B « « « « A
etc...
Et sur les 3 positions
Play all the combinations
Right hand A With left hand B
» » » B » » » A
etc....
And on the three positions.
Exemple:
Example:

4

Autres dispositions de l'exercice N⁰ 6 . | Other dispositions of Exercise Nr. 6

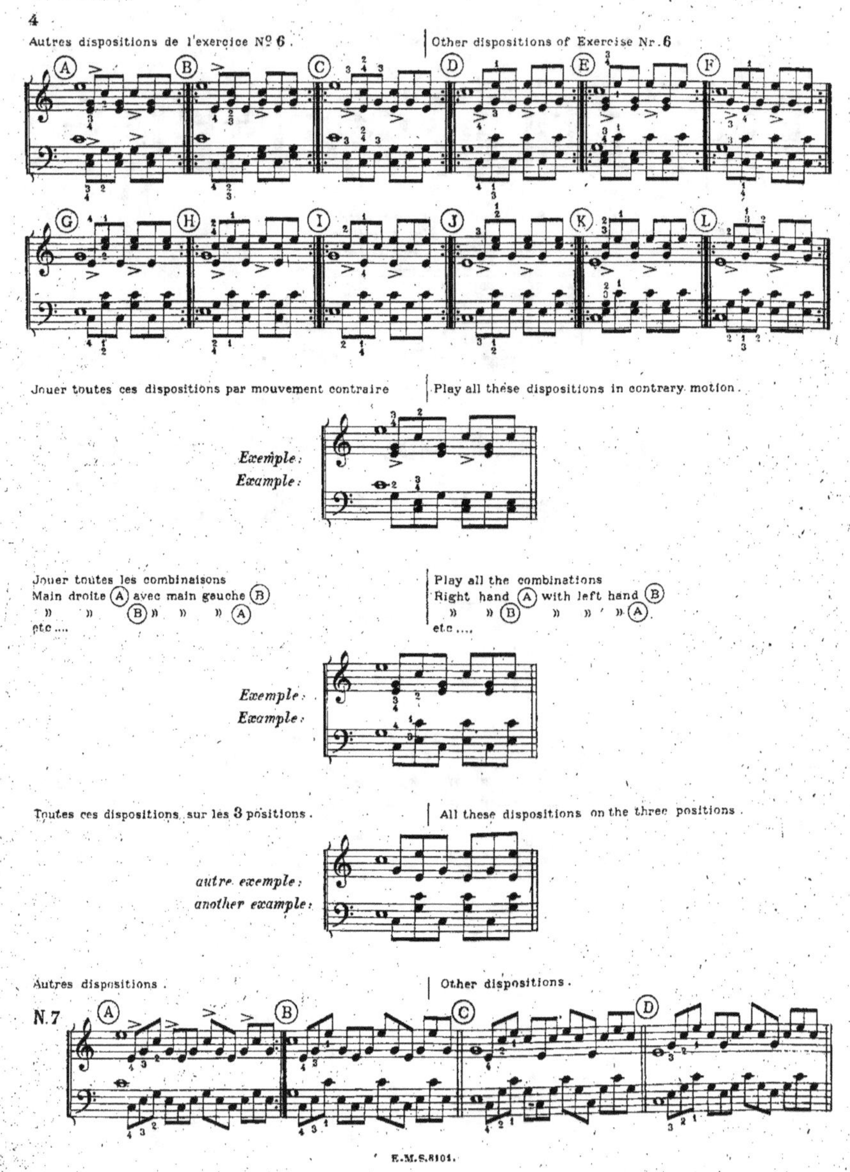

Jouer toutes ces combinaisons
Main droite (A) avec main gauche (B)
«   «   (B)« «   «   (A)
etc ....

Play all these combinations
Right hand (A) with left hand (B)
«   «   (B)« «   «   (A)
etc ....

Tous les exercices précédents peuvent se jouer aussi sur les positions suivantes :

All the above exercises may be played also on the following positions :

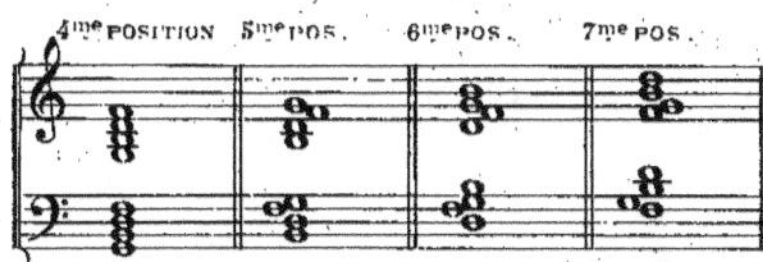

Quelques exemples :

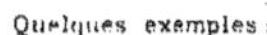

AUTRES EXERCICES

(La main gauche à l'octave inférieure.)
5 Fois chaque mesure au minimum.

OTHER EXERCISES

Left hand in the octave below.
each bar 5 times at least.

Les exercices N⁰ˢ 1, 2, et 8 peuvent se jouer aussi avec des dérogations aux doigtés réguliers comme exercices d'assouplissement.

Exercises 1, 2, and 8 may be played also with other fingerings, in order to give suppleness.

1. Variant   2. V.   3. V.
1. Déformation   2. D.   3. D.

Exemples:
Examples:

Puis les exercices N⁰ˢ 1, 2 et 3 (sur les 3 positions) avec les dérogations suivantes aux doigtés réguliers :

Besides exercises Nr. 1, 2, and 3 (on the three positions) with other following fingerings :

Défor. Variant (V)   D. V. (X)

Exemples :
Examples :

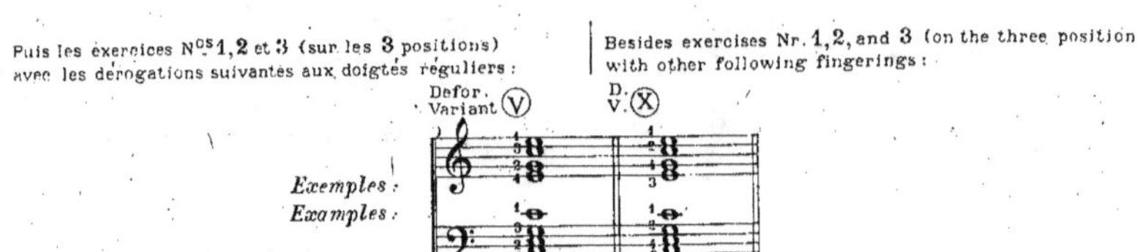

Quelques exemples d'exercices avec dérogations aux doigtés réguliers 1⁰ pour les N⁰ˢ 1, 2, et 8. La main gauche à l'8ᵛᵉ infᵣᵉ.

Several examples of variants of fingerings. 1st. for Nrs 1, 2, and. Left hand in the octave below.

N.1 (A) 1ʳᵉ Déf. / 1ˢᵗ Var.   N.1 (B) 2ᵐᵉ D. / 2ⁿᵈ V.   N.2 (A) 3ᵐᵉ D. / 3ʳᵈ V.   N.8 (B) 1ʳᵉ D. / 1ˢᵗ V.

2⁰ Pour les N⁰ˢ 1, 2, et 3 .   2ⁿᵈ For Nrs 1, 2, and 3 .

N⁰ 1. (C) Déf. (V)   N⁰ 2 (D) Déf. (X)   N⁰ 3 (J) Déf. (V)   N⁰ 3 (L) Déf. (X)

Nr. 1 (C) Var. (V)   Nr. 2 (D) Var. (X)   Nr. 3 (J) Var. (V)   Nr. (L) Var. (X)

AUTRES FORMULES.. EXERCICE N⁰ 9   OTHER FORMULAE.. EXERCISE Nr. 9

Main Gauche à la 10ᵐᵉ inférieure .   Left Hand in the 10ᵗʰ below .

Main Gauche à la 10ᵐᵉ   Left Hand in the 10ᵗʰ above .

Main Gauche à la 10ᵐᵉ   Left Hand in the tenth above .

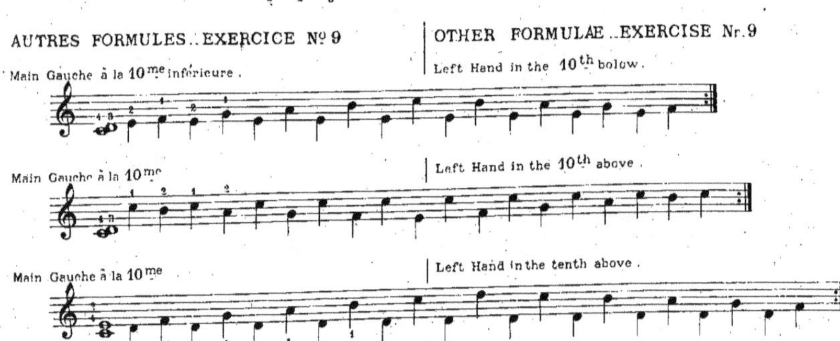

Faire de même pour les autres doigts (*main gauche à l'8ve inférieure.*)

The same for the other fingers (*left hand in the octave below.*)

II

EXERCICES DE QUATRE DOIGTS	EXERCISES FOR FOUR FINGERS
Mouvements conjoints	Joint motions
Mouvements contraire	Contrary motions
Combinaisons diverses	Divers combinations
Exercices spéciaux	Special exercises
Mains alternantes	Alternating hands
Déplacement des mains	Shifting of the hands
etc....	etc....

Tous ces exercices se joueront aussi en commençant à l'8^{ve} inférieure et en finissant à l'8^{ve} supérieure des formules écrites.. (Ces exercices peuvent se faire également de la main gauche *à la 6te* inférieure.)
(Bien rythmer par 3.)

All these exercises should be played also beginning in octave below and terminating in the octave above the written formulæ.. (These exercises may also be played by the left hand in the *sixth* below.)
(Take care to group the notes in triplets.)

Jouer de même tous les exercices suivants (main gauche à l'*octave* et à la *sixte* inférieure .. rythme par 3)

Practise likewise all the following exercises (left hand in the octave below, and in *sixth* below, the notes grouped by three.)

N.7..Jouer de même (commencer à l'8.ve supérieure) .*m.g. à l'8.ve et à la sixte.*
N.8..Finir au DO 5.me Oct. *m.droite.*

Nr.7..Play in the same way: Begin in the upper octave, (left hand in the octave and in *the sixth above.*
Nr.8..Terminate on *the C of the 5th octave right hand.*

EXERCICE SPECIAL..(Déplacement des mains) ne *pas* rythmer.

SPECIAL EXERCISE..(Shifting of the hands) Evenly, without accents.

Commencer au DO 5.me (*m.d.*) Finir au DO 1.r (*m.d.*)
Jouer aussi sans rythmer les exercices N.os 1,2,3,4,5,6,7,8, 9,10,11 et 12, en ne jouant *qu'une seule fois* chaque groupe.

Begin by C 5 (*right hand*), terminate on C 1 (*right hand.*)
Play likewise, without accents exercises 1___12, Play each group only once

Exemples:
Examples:

Main Gauche à *l'8.ve* inférieure et à la *sixte.*

Left Hand in the *octave* below and in the *sixth.*

N.9 bis

N.10 bis

N.11 bis

N.12 bis

N.13

N.14

N.15

Autre doigté pour l'exercice N.º 15 | Another fingering for exercise N.º 15
N.15 bis

Commencer à l'octave supérieure les N.ºˢ 16 et 17. | Begin in the octave above Nrs. 16 and 17.
N.16

N.17

Autre doigté pour l'exercice N.º 17 | Another fingering for Exercise Nr. 17

Commencer à l'8.ᵛᵉ inférieure. | Begin in octave below.
N.18

Commencer à l'8ᵛᵉ supérieure.

Begin in the octave above.

N.19

Les exercices suivants doivent se rythmer par 5 (la main G. à l'8ᵛᵉ inférieure) et se commencer une 8ᵛᵉ en dessous de la formule écrite.

The following exercises should be played in quintuplets (left hand in the octave below) and in the sixth below beginning one octave below the written formula.

N.20

N.21

Jouer aussi mais sans rythme les exercices Nᵒˢ 20 et 21 de la manière suivante :

Play also, but without accents, exercises 20 and 21 in the following way:

N.20 bis

N.21 bis

N.22   à rythmer par 5

N.23

N.24

N.25

N.26

E.M.S.8101.

EXERCICES DE 4 DOIGTS
Mouvements contraires

EXERCISES FOR 4 FINGERS
Contrary motions

Mêmes observations que pue pour les exercices précédents
Rythmer par 3 etc ....
Toujours commencer au DO 5^{me}M.D. et finir au DO 1^{er}M.D.

Same observations os for the exercises above Group the
notes in triplets.
Always begin by C 5 right hand, terminate by C 1 right hand.

N.1

N.2

N.3

N.4

N.5

N.6

N.7

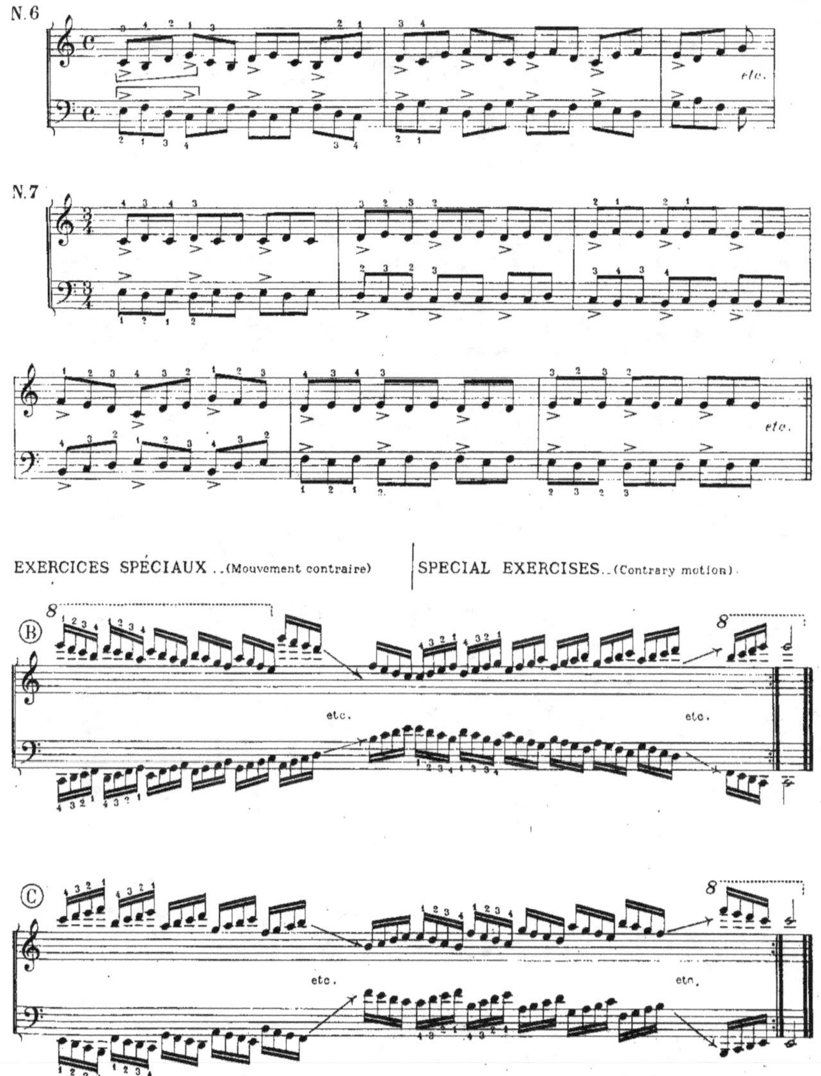

EXERCICES SPÉCIAUX..(Mouvement contraire) | SPECIAL EXERCISES..(Contrary motion)

A rythmer par 5.
Group in quintuplets.
N.8 
etc.
N.9 
etc.
Note.. Toujours commencer à l'8ve inférieure et finir au DO
1er. A rythmer par 3.. main gauche à l'8ve inférieure (Nos 1
et 2.)
Take care always to begin in the octave below and to terminate by C 1; left hand in octave below Nrs 1 and 2.
N.1 
etc.
N.2 
etc.
N.3 
etc.
N.4
etc.

MAINS ALTERNANTES, sans rythmer | ALTERNATING HANDS, without accents

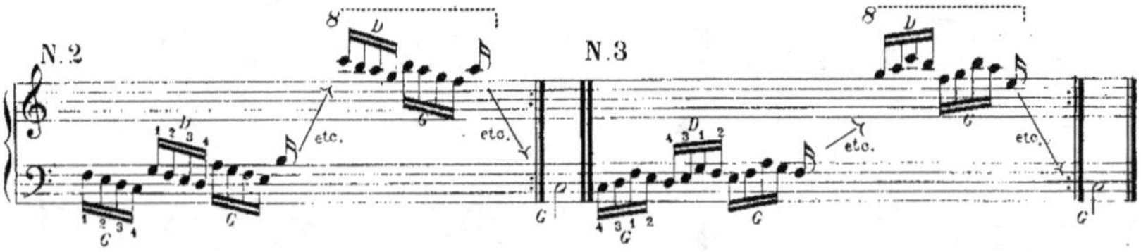

Déplacement des mains (Mains alternantes) | Shifting of hands (Alternating hands)

E.M.S. 8101.

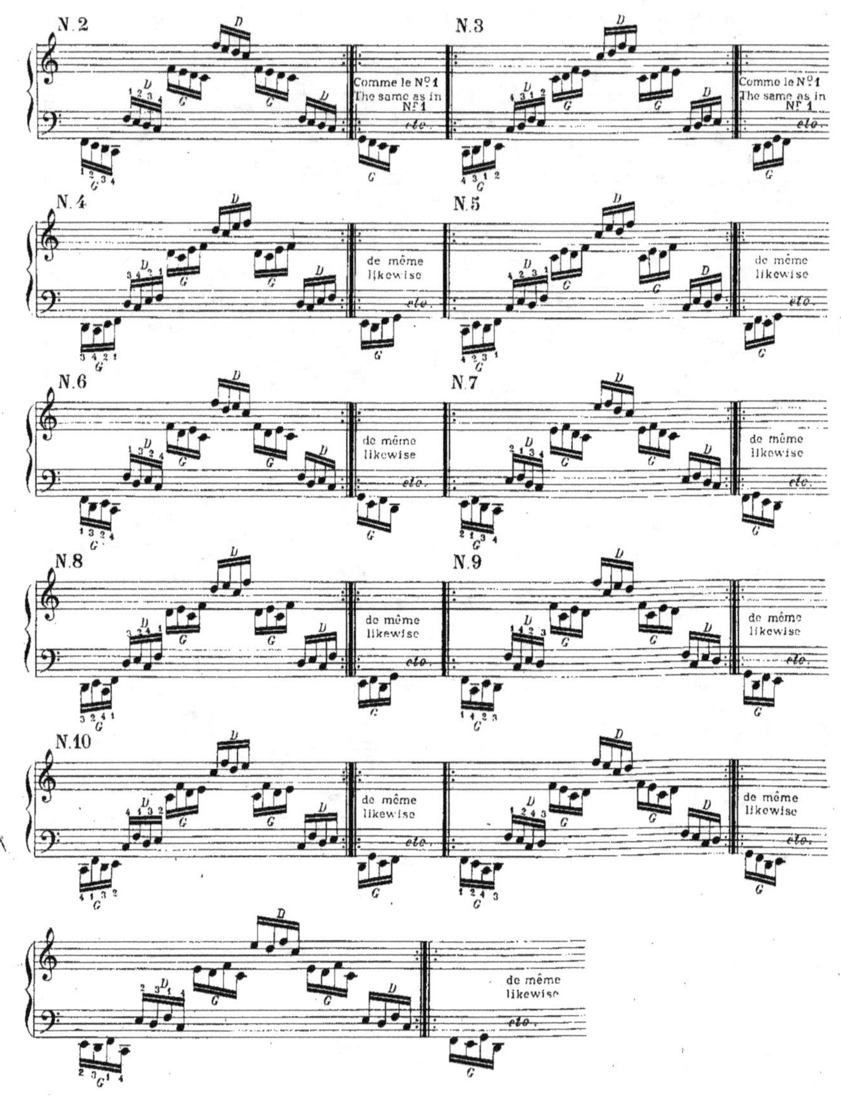

N.2
N.3
D
Comme le N°1
The same as in
N° 1
etc.
N.4
N.5
D
de même
likewise
etc.
N.6
N.7
D
de même
likewise
etc.
N.8
N.9
D
de même
likewise
etc.
N.10
D
de même
likewise
etc.
D
de même
likewise
etc.

III

EXERCICES DE 3 DOIGTS	EXERCISES FOR 3 FINGERS
Mouvement conjoints	Conjunct motion
Combinaisons diverses	Divers combinations
Mouvements contraires	Contrary motions
Déplacement des mains	Schifting of the hands
Avec doubles notes	With double notes
Mains alternantes	And alternating hands
etc....	etc....

Commencer à l'octave inférieure. Main gauche à l'8.^{ve} inférieure et à la siste inf.^{re} Employer les deux doigtés pour tous les exercices et les combinaisons de doigtés.

Begin in the octave below, left hand *in the octave below* and in the *sixth below.* For all exercices. Use the two fingerings and combinations of fingerings.

M.D. doigté 1.e (3 2 1) avec M.G. doigté 2.e (4 3 2)	Right hand **1**. (3 2 1) With left hand 2. (4 3 2)
M.D. doigté 2.e (4 3 2) avec M.G. doigté 1.e (3 2 1)	Right hand **2**. (4 3 2) With left hand 1. (4 3 2)

Rythmer par 2 — Group by pairs

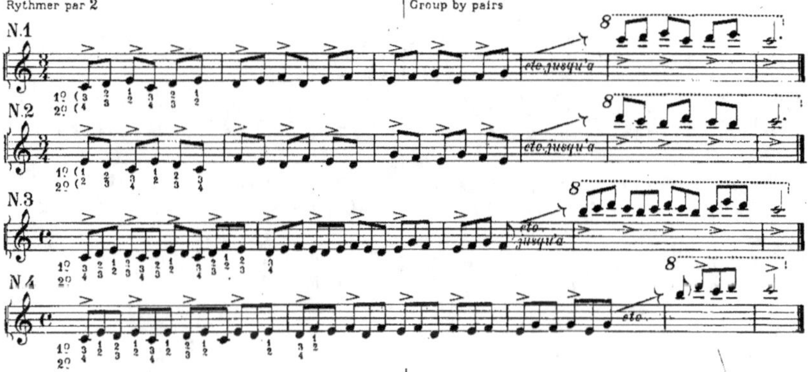

Toujours commencer à l'8.^{ve} inférieure et finir au DO 1.re Octave. — Always begin in the lower octave and terminate by the C of the first octave.

N.ºs 6 et 7 (sans rythmer) — Nrs. 6 and 7 (without accents)

N.ºs 8, 9, 10 et 11 mouvements contraires — Nrs. 8, 9, 10, 11 (contrary motion)
Rythmer par 2 (8 et 9) — Group notes by pairs (8 and 9)
Rythmer par 3 (10 et 11) — Group notes in triplets (10, 11)

Note :. Pour les Exercices à 3 doigts jouer les combinaisons suivantes:

N.º1
1.° { Main Droite 3 2 1 / Main Gauche 4 3 2 } 2.° { Main Droite 4 3 2 / Main Gauche 3 2 1 }

N.º2
1.° { M. D. 1 2 3 / M. G. 2 3 4 } 2.° { M. D. 2 3 4 / M. G. 1 2 3 }

N.º3
1.° { M. D. 3 2 1 2 3 2 / M. G. 4 3 2 3 4 3 } eto. 2.° { M. D. 4 3 2 3 4 2 / M. G. 3 2 1 2 3 2 } eto.

N.º4
1.° { M. D. 3 1 2 1 3 1 / M. G. 4 2 3 2 4 2 } eto. 2.° { M. D. 4 2 3 2 4 2 / M. G. 3 1 2 1 3 1 } eto.

N.º5
1.° { M. D. 1 3 2 3 1 3 / M. G. 2 4 3 4 2 4 } 2.° { M. D. 2 4 3 4 2 4 / M. G. 1 3 2 3 1 3 }

N.º6
1.° { M. D. 4 3 2 / M. G. 3 2 1 } 2.° { M. D. 3 2 1 / M. G. 4 3 2 }

N.º7
1.° { M. D. 2 3 4 / M. G. 1 2 3 } 2.° { M. D. 1 2 3 / M. G. 2 3 4 }

N.º8
1.° { M. D. 3 2 1 / M. G. 2 3 4 } 2.° { M. D. 4 3 2 / M. G. 1 2 3 }

N.º9
1.° { M. D. 1 2 3 / M. G. 4 3 2 } 2.° { M. D. 2 3 4 / M. G. 3 2 1 }

N.º10
1.° { M. D. 3 1 2 1 / M. G. 2 4 3 4 } 2.° { M. D. 4 2 3 2 / M. G. 1 3 2 3 }

N.º11
1.° { M. D. 1 3 2 3 / M. G. 4 2 3 2 } 2.° { M. D. 2 4 3 4 / M. G. 3 1 2 1 }

N.B.. For the 3 fingers exercises, play the following combi. nations.

Nr.1
1.° { Right hand 3 2 1 / Left hand 4 3 2 } 2.° { Right hand 4 3 2 / Left hand 3 2 1 }

Nr.2
1.° { R. H. 1 2 3 / L. H. 2 3 4 } 2.° { R. H. 2 3 4 / L. H. 1 2 3 }

Nr.3
1.° { R. H. 3 2 1 2 3 2 / L. H. 4 3 2 3 4 3 } eto. 2.° { R. H. 4 3 2 3 4 3 / L. H. 3 2 1 2 3 2 } eto.

Nr.4
1.° { R. H. 3 1 2 1 3 1 / L. H. 4 2 3 2 4 2 } eto. 2.° { R. H. 4 2 3 2 4 2 / L. H. 3 1 2 1 3 1 } eto.

Nr.5
1.° { R. H. 1 3 2 3 1 3 / L. H. 2 4 3 4 2 4 } 2.° { R. H. 2 4 3 4 2 4 / L. H. 1 3 2 3 1 3 }

Nr.6
1.° { R. H. 4 3 2 / L. H. 3 2 1 } 2.° { R. H. 3 2 1 / L. H. 4 3 2 }

Nr.7
1.° { R. H. 2 3 4 / L. H. 1 2 3 } 2.° { R. H. 1 2 3 / L. H. 2 3 4 }

Nr.8
1.° { R. H. 3 2 1 / L. H 2 3 4 } 2.° { R. H. 4 3 2 / L. H. 1 2 3 }

Nr.9
1.° { R. H. 1 2 3 / L. H. 4 3 2 } 2.° { R. H. 2 3 4 / L. H. 3 2 1 }

Nr.10
1.° { R. H. 3 1 2 1 / L. H. 2 4 3 4 } 2.° { R. H. 4 2 3 2 / L. H. 1 3 2 3 }

Nr.11
1.° { R. H. 1 3 2 1 / L. H. 4 2 3 2 } 2.° { R. H. 2 4 3 4 / L. H. 3 1 2 1 }

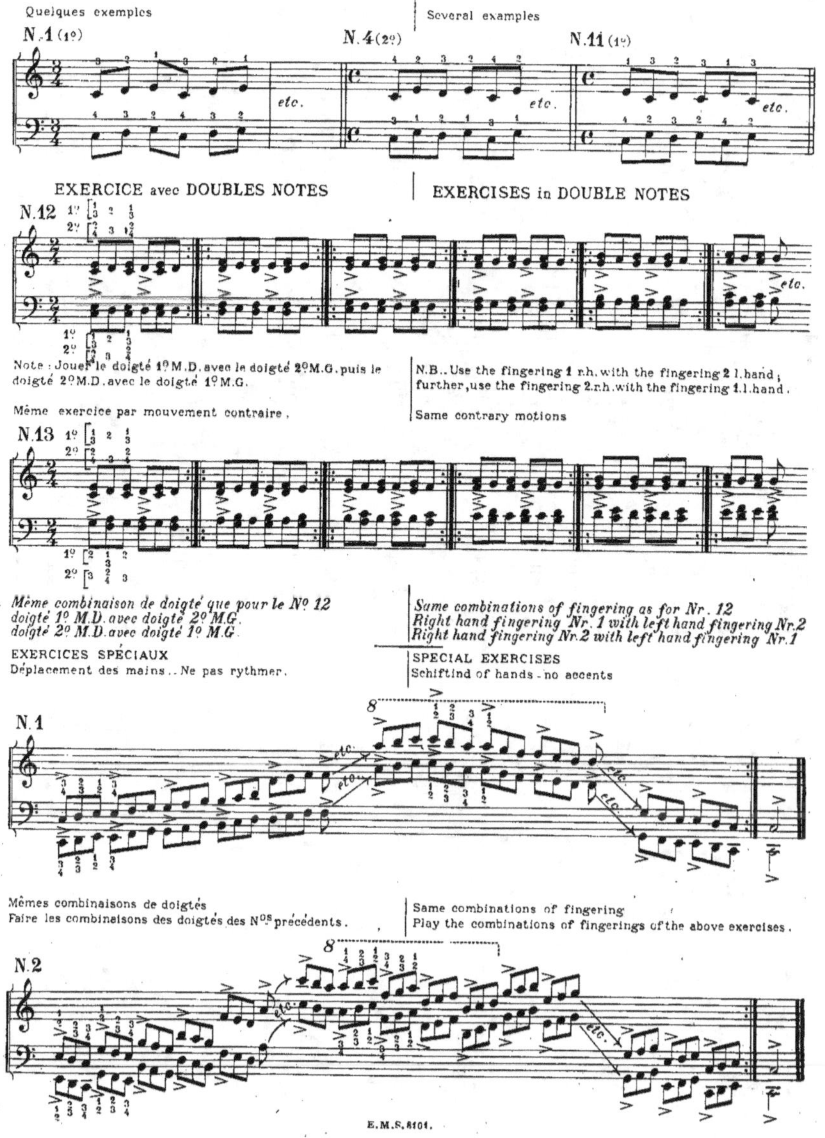

Quelques exemples
Several examples
N.1 (1º)
N.4 (2º)
N.11 (1º)
etc.
etc.
etc.
EXERCICE avec DOUBLES NOTES
EXERCISES in DOUBLE NOTES
N.12
etc.
Note : Jouer le doigté 1º M.D. avec le doigté 2º M.G. puis le
doigté 2º M.D. avec le doigté 1º M.G.
N.B.. Use the fingering 1 r.h. with the fingering 2 l.hand,
further, use the fingering 2 r.h. with the fingering 1 l.hand.
Même exercice par mouvement contraire.
Same contrary motions
N.13
Même combinaison de doigté que pour le Nº 12
doigté 1º M.D. avec doigté 2º M.G.
doigté 2º M.D. avec doigté 1º M.G.
Same combinations of fingering as for Nr. 12
Right hand fingering Nr.1 with left hand fingering Nr.2
Right hand fingering Nr.2 with left hand fingering Nr.1
EXERCICES SPÉCIAUX
Déplacement des mains.. Ne pas rythmer.
SPECIAL EXERCISES
Schiftind of hands - no accents
N.1
etc.
Mêmes combinaisons de doigtés
Faire les combinaisons des doigtés des Nos précédents.
Same combinations of fingering
Play the combinations of fingerings of the above exercises.
N.2
E.M.S.8101.

MÊMES EXERCICES. Mouvements contraires. | SAME EXERCISES. Contrary motion.

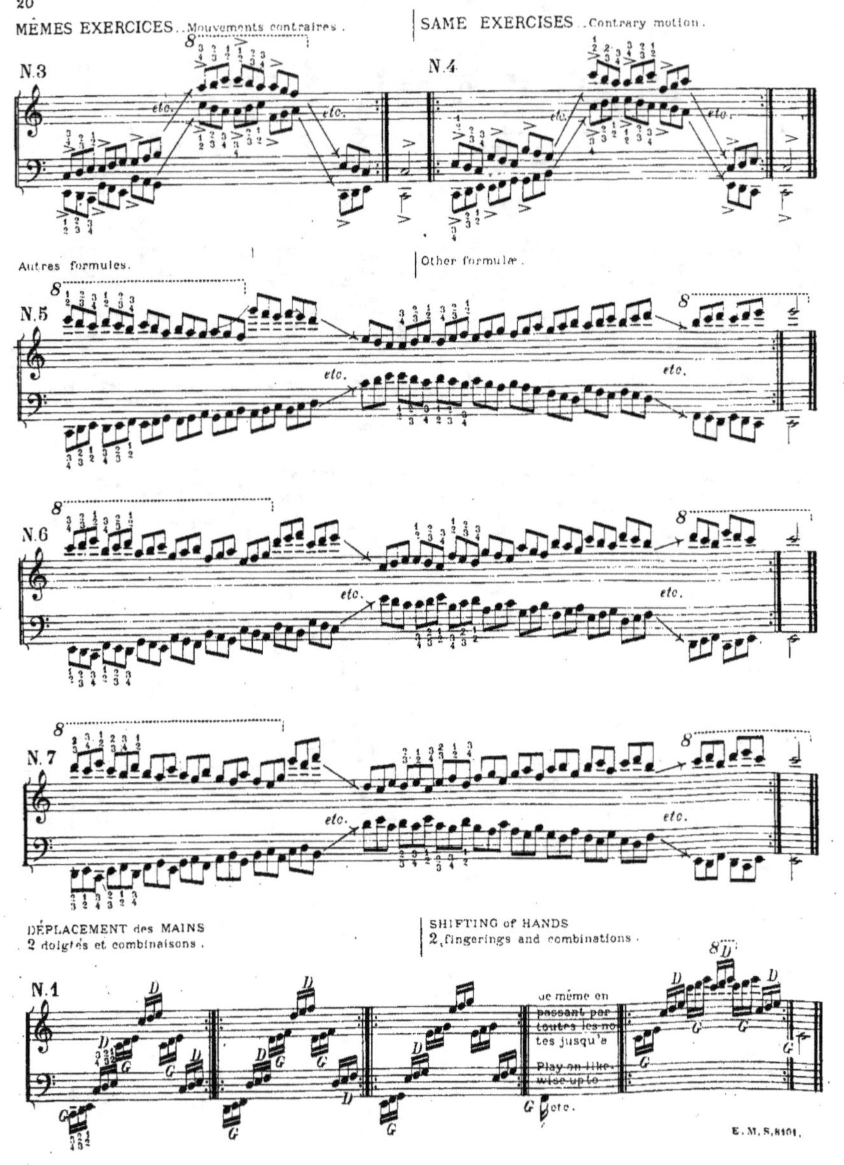

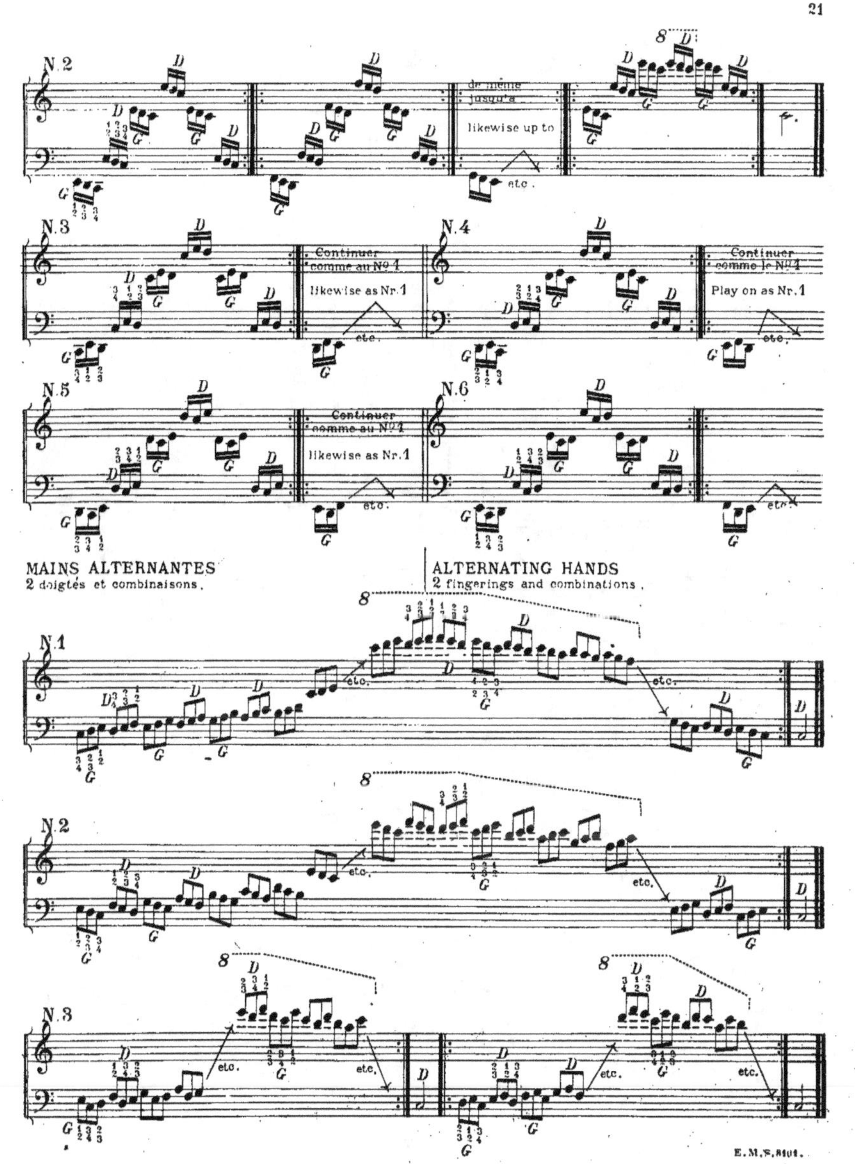

N. 2
de même
jusqu'à
likewise up to
etc.
N. 3
Continuer comme au N.º 1
likewise as Nr. 1
etc.
N. 4
Continuer comme le N.º 1
Play on as Nr. 1
etc.
N. 5
Continuer comme au N.º 1
likewise as Nr. 1
etc.
N. 6
etc.
MAINS ALTERNANTES
2 doigtés et combinaisons.
ALTERNATING HANDS
2 fingerings and combinations.
N. 1
etc.
etc.
N. 2
etc.
etc.
N. 3
etc.
etc.
etc.
etc.
E. M. F. 8101.

IV

EXERCICES DE 2 DOIGTS	EXERCISES FOR 2 FINGERS

Mouvement conjoint	Conjunct motion
Combinaisons diverses	Divers combinations
Mouvements contraires	Contrary motion
Deplacement des mains	Shifting of hands
Mains alternantes	Afternating hands

3 doigtés {1º 2º 3º / 1.2 2.3 3.4 (pour *tous* les exercices.)

3 fingerings {1º 2º 3º / 1.2 2.3 3.4 (for all the exercises.)

Egalement pour *tous* les exercices .. Faire en plus les com - binaisons de doigtés suivantes :

Also for all these exercises play, besides, the following com - binations of fingering :

1º		3º		5º	
main droite {1.2		m.d. {2 . 3		m. d. {3.4	
main gauche {2.3		m.g. {1 . 2		m. g. {1.2	

2º		4º		6º	
m. d. {1 . 2		m.d. {2 . 3		m. d {3.4	
m. g. {3.4		m.g. {3 . 4		m.g. {2.3	

1º		3º		5º	
right hand {1.2		r. h. {2.3		r. h. {3_4	
left hand {2.3		l. h. {1 . 2		l. h. {1 . 2	

2º		4º		6º	
r. h. {1.2		r. h. {2.3		r. h. {3.4	
l. h. {3.4		l. h. {3.4		l. h. {2 ~ 3	

Trois doigtés et combinaisons :

3 fingerings and combinations :

N.1

Même formule à la Sixte et à la Tierce.
Mêmes doigtés et combinaisons .

The same formula in the Sixth and in the third.
The same fingerings and combinations.

N.1ᵇ   N.1ᶜ

Mouvement contraire   Contrary motion .

N.2

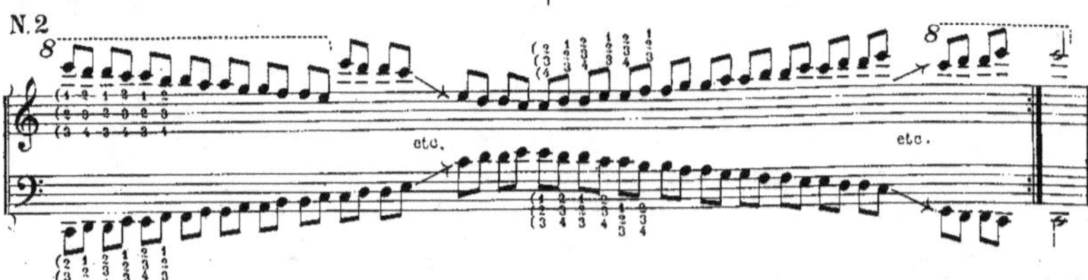

Nᵒˢ 3ᴬ et 3ᴮ Mouvement contraire (de la formule du Nᵒ1.) | Contrary motion (from the formula of Nr.1.)

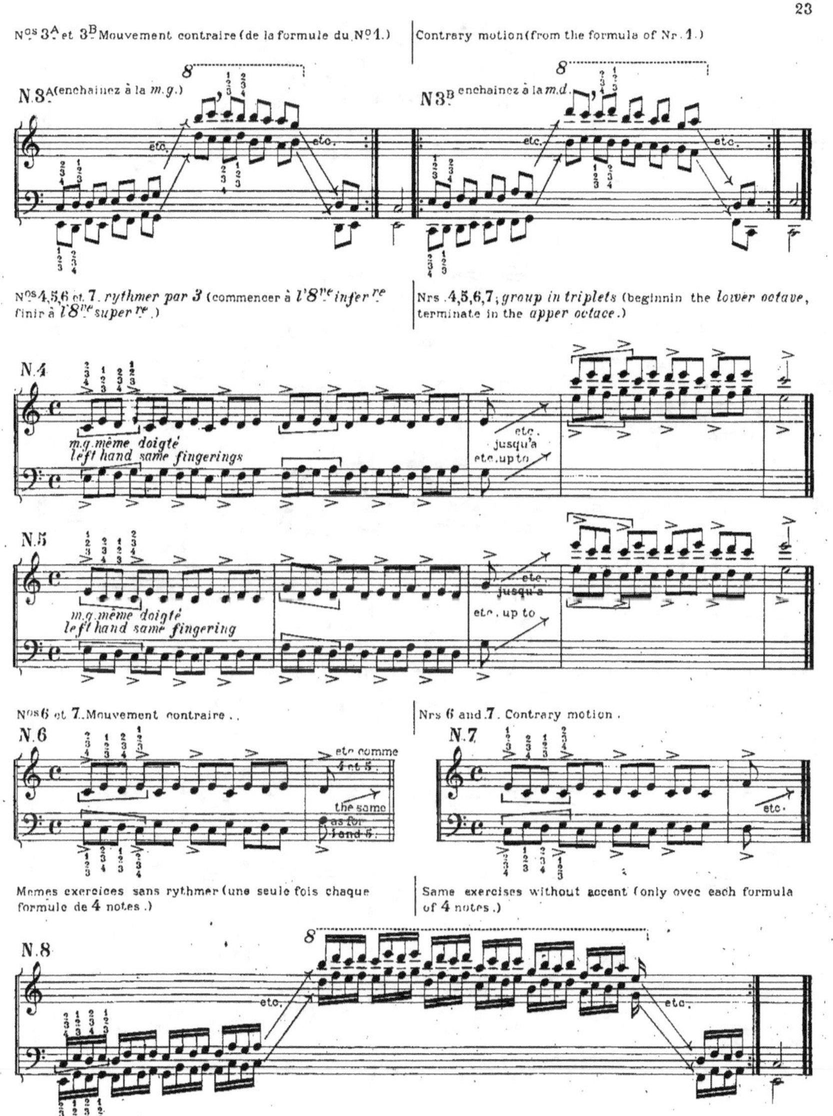

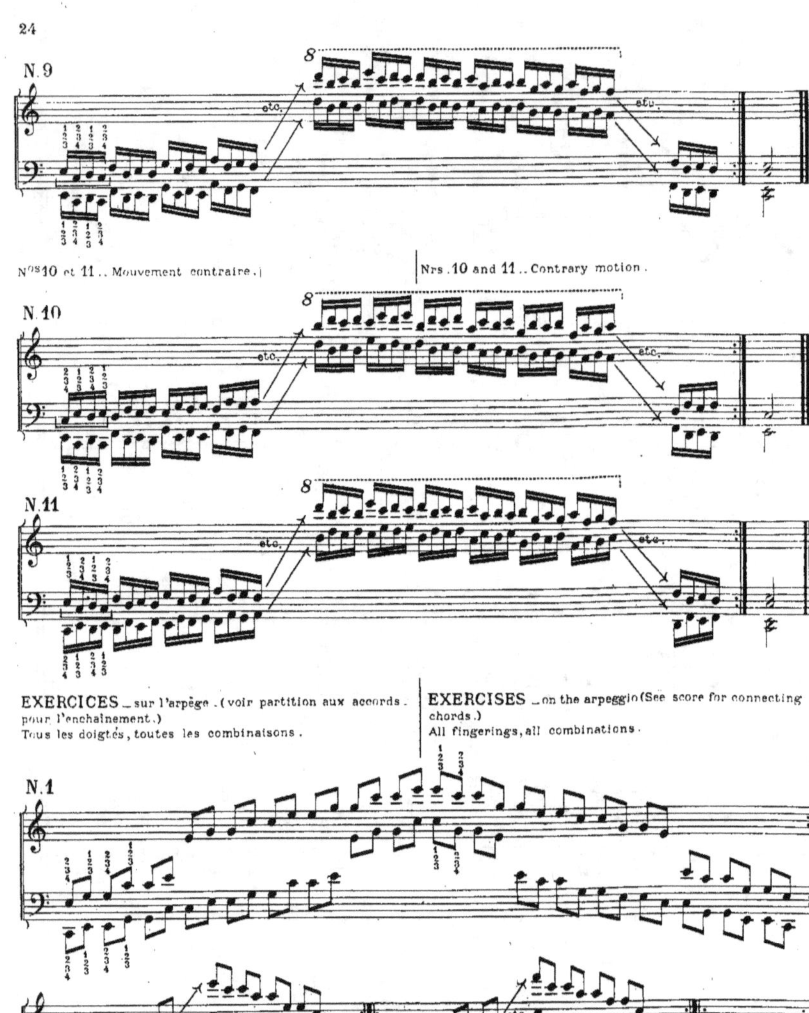

N.9
Nᵒˢ10 et 11 .. Mouvement contraire.
Nrs. 10 and 11 .. Contrary motion.
N.10
N.11
EXERCICES — sur l'arpège. (voir partition aux accords. pour l'enchaînement.)
Tous les doigtés, toutes les combinaisons.
EXERCISES — on the arpeggio (See score for connecting chords.)
All fingerings, all combinations.
N.1

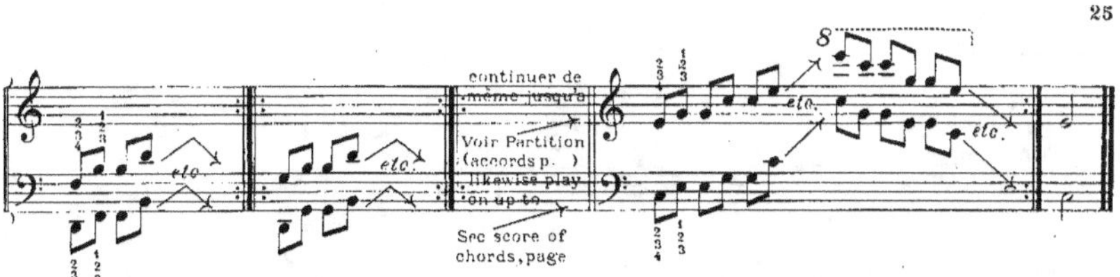

Même formule.. Mouvement contraire.

Same formula.. Contrary motion.

N.2

Mêmes exercices sur l'accord de 7ᵐᵉ.

Same exercises for the chord of the 7th.

N.1ᵃ

Nᵒˢ 1ᵇ,1ᶜ,1ᵈ.. Points de departs différents.
Mêmes doigtés et combinaisons

Nrs. 1ᵇ,1ᶜ,1ᵈ. Different starting points.
Same fingerings and combinations.

N.1ᵇ

N.1ᶜ

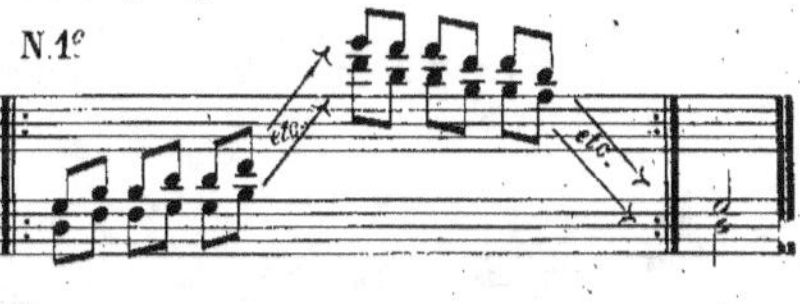

N.1ᵈ

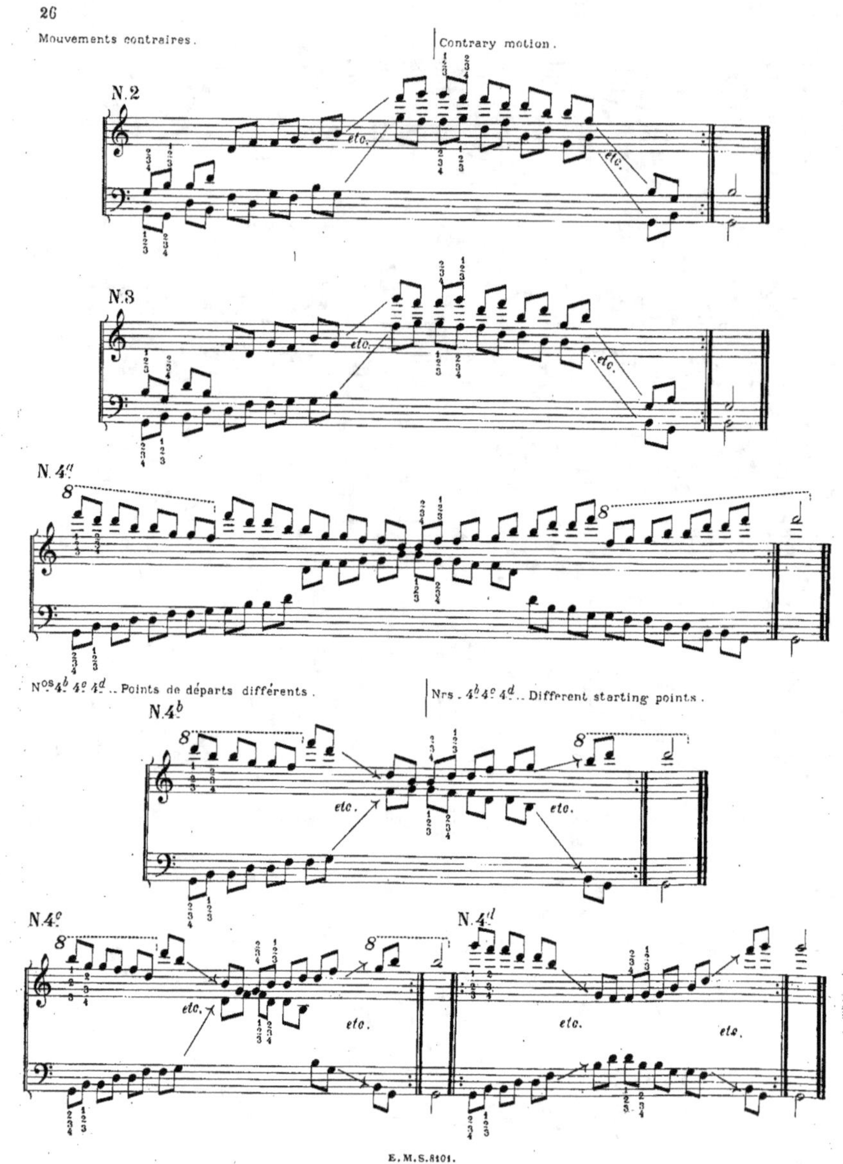

26
Mouvements contraires.
Contrary motion.
N.2
N.3
N.4ᵃ
Nᵒˢ. 4ᵇ 4ᶜ 4ᵈ .. Points de départs différents.
Nrs. 4ᵇ 4ᶜ 4ᵈ .. Different starting points.
N.4ᵇ
N.4ᶜ
N.4ᵈ
etc.
E.M.S.8101.

Faire également *tous les exercices* sur l'accord de 7ᵐᵉ en en *RÉ♭, MI♭, FA, SOL♭, LA♭* et *SI♭*.

Play in the same way *all the exercises* for the chord of the 7ᵗʰ in *D flat, E flat, F, G flat, A flat*.

TABLEAU DES ACCORDS
pour ces exercices

TABLE OF CHORD
for these exercises

MAINS ALTERNANTES.
Toujours les 3 doigtés.. 1.2 2.3 3.4 et les combinaisons de doigtés.

ALTERNATING HANDS.
Go on playing the 3 fingerings and their combinations.

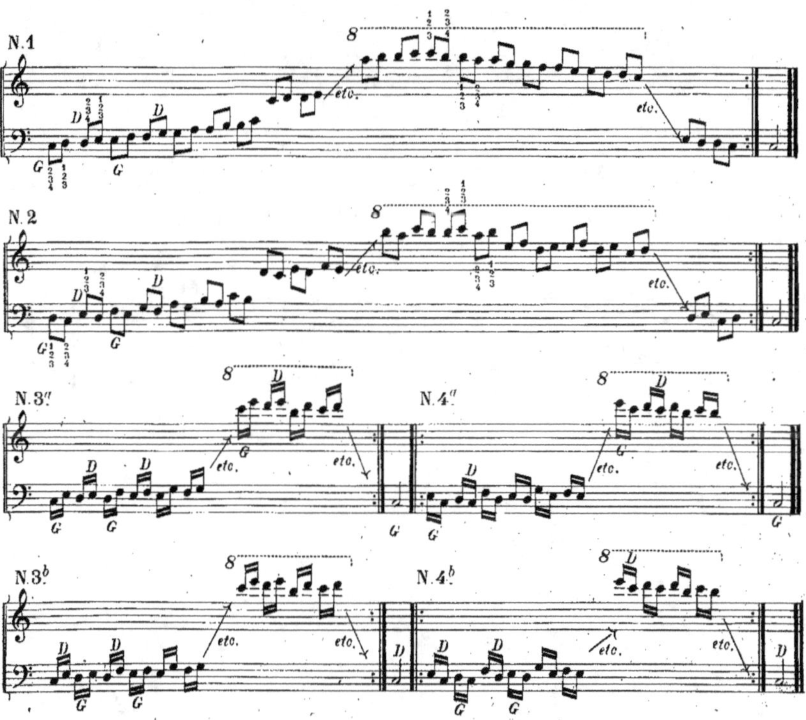

E.M.S.8101.

Mains alternantes sur l'*accord de 7me* | Alternatings hands for the *chord of the 7th*.

N.1^a

N.1^b

N.2^a   **N.3^b**

Jouer aussi ces exercices (N°s 1^a 1^b 2^a et 2^b) en *RÉb, MIb, FA, SOLb, LAb* et *SIb*.

Play in the same way these exercises (Nrs. 1^a,1^b,2^a,2^b,) in *Db,Eb,F,Gb,Ab,Bb,*

Voir le tableau des accords page 27 (après les exercices de 7me mains ensemble.)

See the table of chords (p.27, after the exercises for the chord of the 7th, both hands.)

DÉPLACEMENT DES MAINS | SHIFTING OF HANDS

Tous les doigtés et combinaisons. | All the fingerings and combinations.

N.1

N.2

N.3

N.4

V

<table>
<tr><td>

ARPEGGIOS..4 DOIGTS

Formules ordinaires
Mouvements contraires
Décalages
Formules avec doubles notes
Formules avec triples notes
Combinaisons diverses
Formules spéciales
Arpeggio sur l'accord de 7me
Exemples pour grands arpeggios.

PARTITION pour tous les arpeggios (4 doigts.)
  s'applique également aux arpèges et autres exercices.

Note(1) Les exercices difficiles ne se feront que de *A* à *B*.

</td><td>

ARPEGGIOS..4 FINGERS

Common formulæ
Contrary motion
Shifts
Formulæ with double notes
Formulæ with triple notes
Divers combinations
Special formula
Arpeggio of the chord of the 7th
Examples for large arpeggios

SCORE for all the arpeggio exercises (4 fingers)
This score may be used also for other arpeggios and exercises.

N.B..The difficult exercises should be played from *A* to *B* only.

</td></tr>
</table>

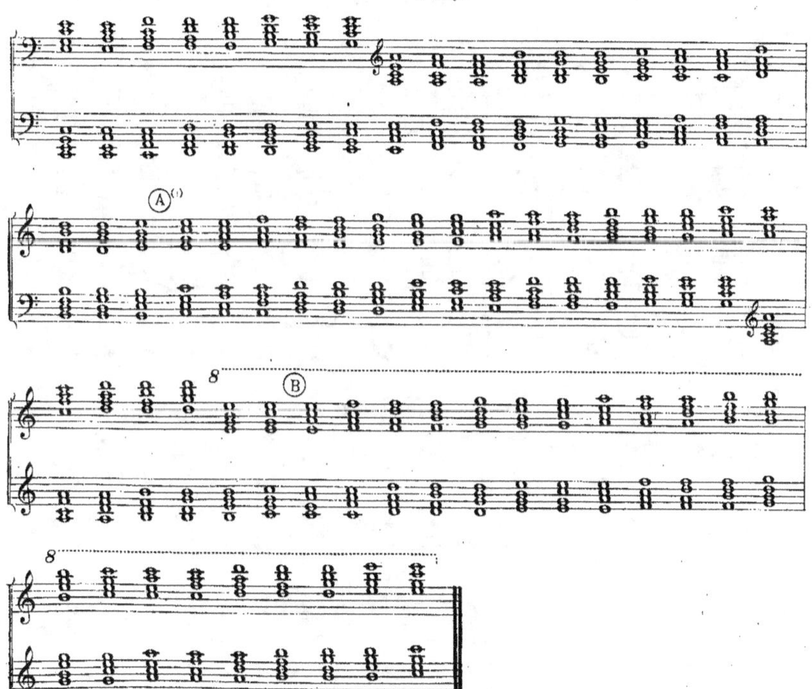

30

ARPEGGIOS .. 4 Doigts

(*A jouer sur la Partition*)
Rythmer par 3
N.ºˢ 1 et 2.

ARPEGGIOS 4 Fingers

(*use the score*)
Group by three
Nrs .1 and 2.

Note: Jouer tous ces exercices par mouv^t contraire
Exemples :

N.B.. Play all these exercises in contrary motion:
Examples :

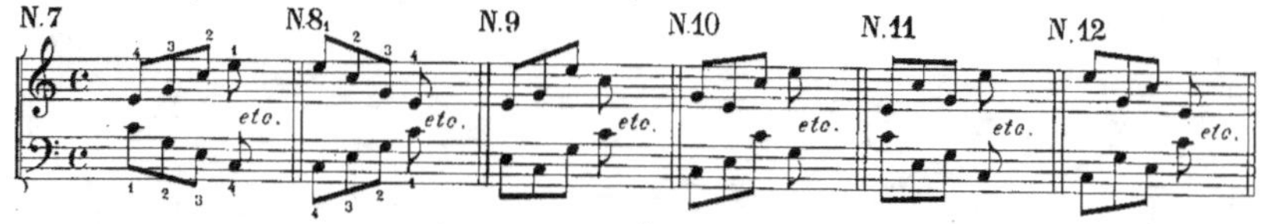
N.7
N.8
N.9
N.10
N.11
N.12
etc.
etc.
etc.
etc.
etc.
etc.

Note:. Jouer aussi des combinaisons différentes pour l independance des doigts.

Exemples { M.D. du N°1 avec M.G. du N°3
M.G. du N°2 avec M.D. du N°4 etc, etc ....

Quelques exemples :

N.B.. Play also different combinations for the independence of the fingers.

Examples : { R.H. of Nr. 1 with L.H. of Nr. 3 . .
L.H. of Nr. 2 with R.H. of Nr. 4 etc, etc ....

Several examples:

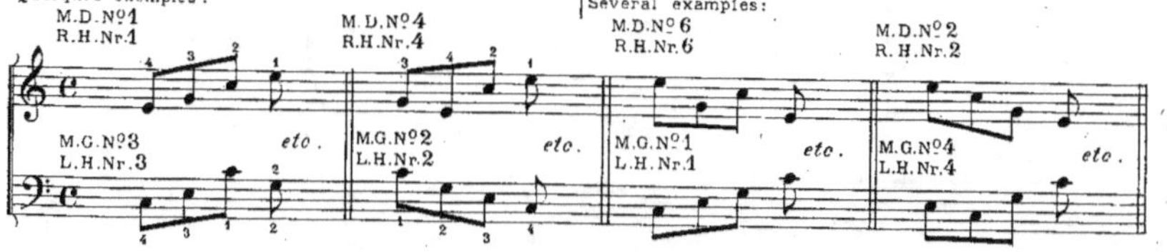
M.D. N°1
R.H. Nr. 1
M.D. N°4
R.H. Nr. 4
M.D. N°6
R.H. Nr. 6
M.D. N°2
R.H. Nr. 2
M.G. N°3
L.H. Nr. 3
etc.
M.G. N°2
L.H. Nr. 2
etc.
M.G. N°1
L.H. Nr. 1
etc.
M.G. N°4
L.H. Nr. 4
etc.

Exemples d'exercices avec la main gauche décalée

Examples of exercices with shifts in the left hand part.

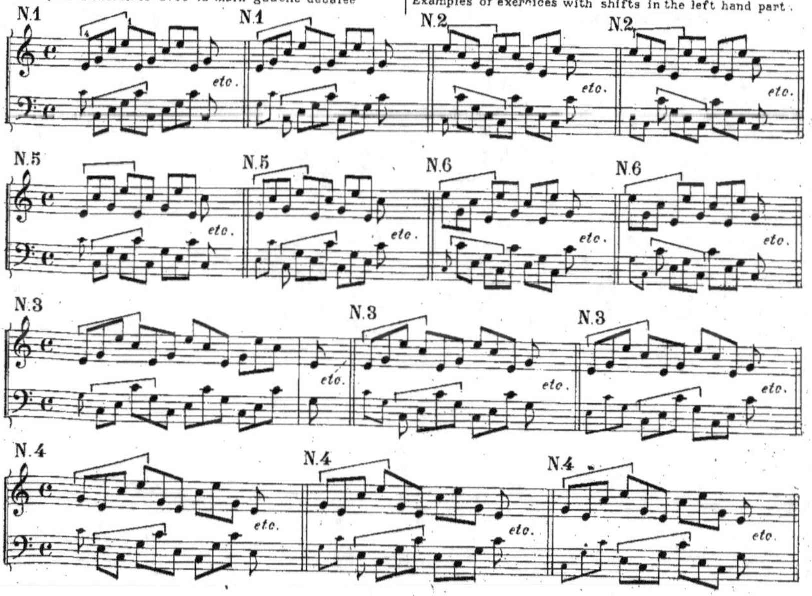
N.1
N.1
N.2
N.2
N.5
N.5
N.6
N.6
N.3
N.3
N.3
N.4
N.4
N.4
etc.

EXERCICES sur L'ARPEGGIO *(avec doubles notes)*

(Toujours sur la Partition page 29)

a Rytmer par 2 ou par 4 (voir exemple A)

EXERCISES FOR THE ARPEGGIO, *(with double notes)*

(See score p.29).

Group by 2 or by 4 (see example A)

Rythmer par 4. Exemple *(Exercice N°1)*

Group by 4 : Example *(Exercise N°1)*

Les mêmes exercices *(mouvement contraire)*

Same exercises *(contrary motion)*

Note..Rythmer aussi ces exercices en quartolets *(Ex.A)*

N.B..Group the notes of these exercises also in quadruplets *(Ex.A)*

Mêmes exercices..Combinaisons différentes

Quelques exemples :

Same exercises..Different combinations

Several examples

MÊMES EXERCICES :. la main gauche décalée
(Jouer toutes les combinaisons .)
Exemples :

SAME EXERCISES :. Shifts in the left hand .
(Play all the combinations .)
Examples :

MÊMES EXERCICES .. Main gauche décalée et mouve-
ment contraire .
(Jouer toutes les combinaisons)
Exemples :

SAME EXERCISES .. Shifts in the left hand contrary
motion .
(Play all the combinations)
Examples :

{ M.D. *N.º 1* } { M.D. *N.º 5* } { M.D. *N.º 11* } { M.D. *N.º 2* }
1.{ M.G. *N.º 4* } 2.{ M.G. *N.º 2* } 3.{ M.G. *N.º 12* } 4.{ M.G. *N.º 5* }

{ R.H. *Nr. 1* } { R.H. *Nr. 5* } { R.H. *Nr. 11* } { R.H. *Nr. 2* }
1.{ L.H. *Nr. 4* } 2.{ L.H. *Nr. 2* } 3.{ L.H. *Nr. 12* } 4.{ L.H. *Nr. 5* }

Ex.1   *Ex.2*   *Ex.3*   *Ex.4*

Exercices à rythmer par *3*
Double notes et triples notes
à jouer aussi sur la partition page 29

Exercises of which the notes are to be grouped by three.
Double notes and triple notes
Use the score, page 29

N.1   N.2   N.3   N.4   N.5   N.6   N.7

Les Mêmes par mouvement contraire .

The same in contrary motion .

N.1*ᵇ*   N.2*ᵇ*   N.3*ᵇ*   N.4*ᵇ*   N.5*ᵇ*   N.6*ᵇ*   N.7*ᵇ*

Note :. Jouer *tous* ces exercices avec *toutes* les différentes
combinaisons .
Par exemple : M.D. du N.º 1 avec M.G. des N.ºˢ 3,4,5,6, etc ....
  »   M.G. du N.º 2 « M.D. des N.ºˢ 3,4,5,6, etc ....
Quelques exemples :

N.B .. Play all these exercises with all the different
combinations .
F.I.:R.H. Nr.1 with . L.H. Nrs. 2,3,4,5, etc ....
  »   L.H. of Nr. 2 with R.H. Nrs. 3,4,5,6, etc ....
Several examples :

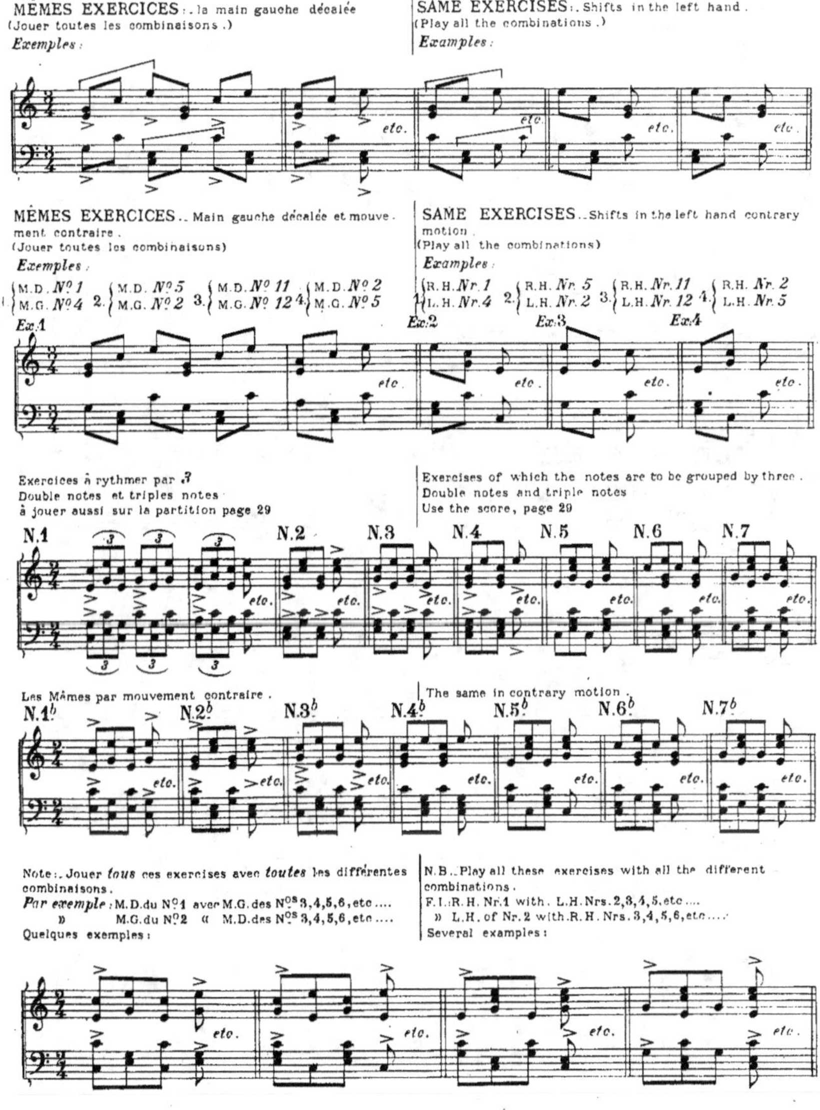

Autres formules.
(Formules indiquées par le signe ⌐¬)
à rythmer par 3.

Other formulæ
(Formulæ indicated by the sign ⌐¬)
Notes to be grouped in triplets.

Mêmes formules par mouvement contraire.

Same formulæ in contrary motion.

Jouer toutes ces formules Nᵒˢ *8* à *20* en employant toutes les combinaisons.. Soit : M.D. Nᵒ *8* avec tous les autres Nᵒˢ M.G. etc ....
Quelques exemples :

Play all these formulæ Nrs. *8* to *20*, using all combinations, F.l. right hand Nr. *8* with all the other ones left hand, etc ....
Several examples :

Les mêmes par mouvement contraire

The same in contrary motion.

Mêmes exercices main gauche décalée
à jouer sans rythmer.

Same exercises shifts in left hand.
Play without accents.

Autres formules d'exercices sur l'Arpeggio.

Other formulæ of exercises for the Arpeggio.

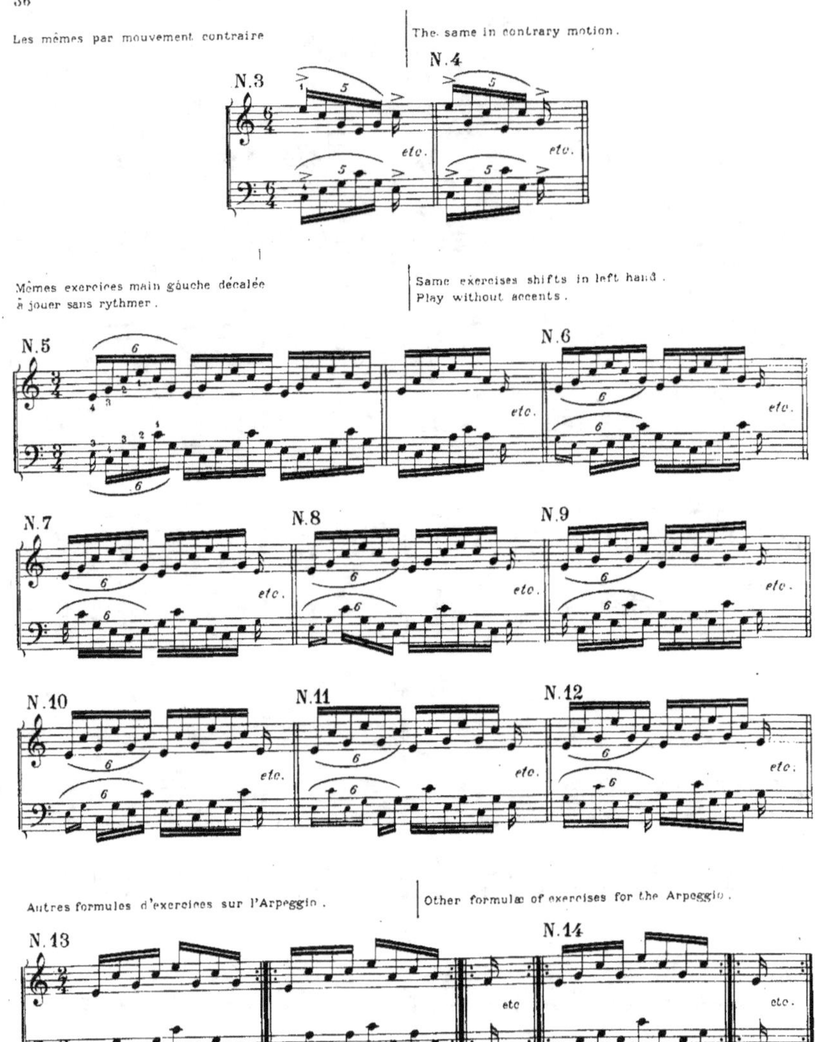

Notes pour les arpèges à 4 doigts

1º Tous les exercices précédents peuvent se jouer aussi sur les positions suivantes :

N.B..For the arpeggios for 4 fingers

1st all the above exercises way be played also on the following positions :

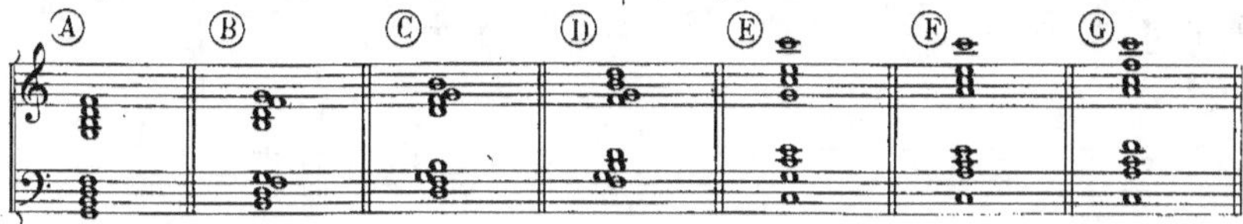

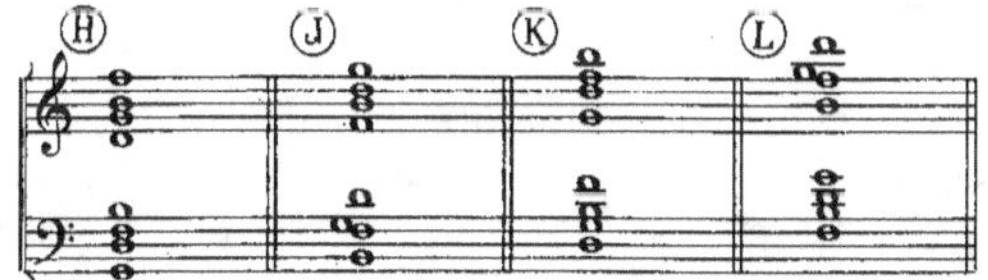

Note : A . B . C . et D de même aux deux octaves supérieures .

E F G
H J K et L de même à l'octave inférieure et à l'octave supérieure .

Les arpeggios sur l'accord de 7me (A.B.C.D.H.J et K) doivent se jouer de la même manière qu'en Ut♭ dans les tonalités suivantes : Ré♭, Mi♭, Fa, Sol♭, La♭, et Si♭ .

N.B.. A . B . C . D in the two upper octaves also

E F G
H J K and L in the lower octave and also in the upper octave .

The arpeggios for the chord of the 7th (A.B.C.D.H.J.K) should be played in the same way as in C♭, in the following keys : D♭, E♭, F, G♭, A♭, B♭ .

PARTITION POUR CES EXERCICES   SCORES FOR THESE EXERCISES

<table>
<tr><td>

2 NOTE SPÉCIALE IMPORTANTE

Il est excellent pour l'indépendance des doigts de jouer (sur 3 accords seulement) chaque formule d'une main avec toutes les formules de l'autre main.

Bien entendu les exercices écrits en triolets avec ceux en triolets - les ♩♩♩♩ avec les ♩♩♩♩ - les ♩♩♩♩♩ avec les ♩♩♩♩♩, etc.

</td><td>

2

It is very useful for the independence of fingers to play (on 3 chords only) each formulæ with one hand and all the other one with the other hand.

Of course, the exercises in triplets go with triplets, the quadruplets with quadruplets, the quintuplets with quintuplets, and so on.

</td></tr>
</table>

VI

ARPEGGIOS - 3 DOIGTS	ARPEGGIOS - 3 FINGERS
Formules ordinaires	Common formulæ
Décalages	Shifts
Mouvements contraires	Contrary motion
Combinaisons diverses *doubles notes*	Divers combinations
Formules avec	Formulæ with *double notes*
Exercices spéciaux	Special exercises
(autres formules à 3 doigts)	(Other formulæ for 3 fingers)
PARTITION pour TOUS les EXERCICES	SCORE for all the exercises
sur l'Arpeggio (3 doigts)	For the 3 fingers Arpeggio
Note : S'applique également aux arpèges .	N.B. Applies as well to arpeggios .

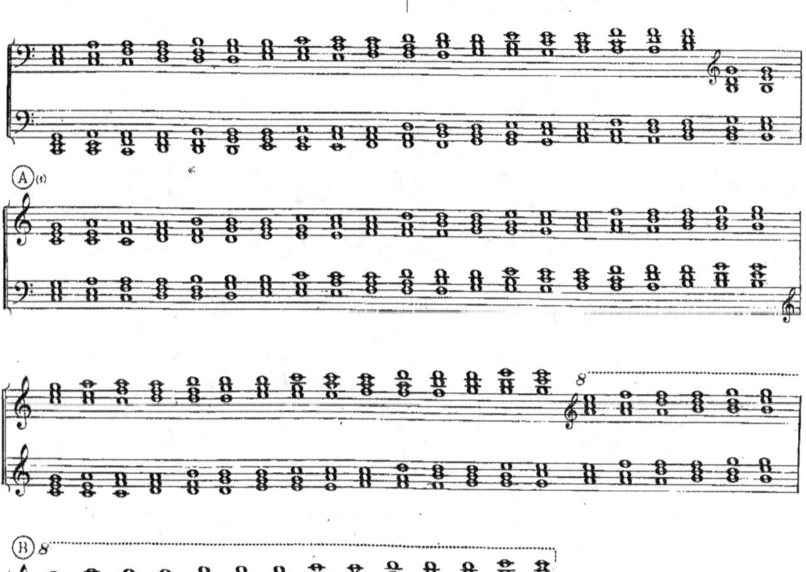

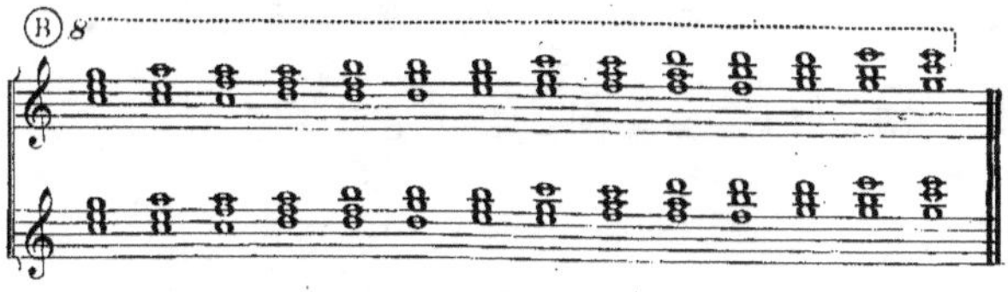

(¹) de A à B seulement pour les exercices difficiles

(¹) From A to B only for difficult exercises .

ARPEGGIO (3 doigts)
à jouer sur la Partition et avec les deux doigtés
Rythmer par 2

ARPEGGIO (3 Fingers)
To be played by means of the score and with both fingerings
The notes to be grouped by pairs.

Les mêmes par mouvement contraire.

The same in contrary motion.

Mêmes exercices .. Main gauche décalée.

Same exercises shifts in left hand.

à rythmer par 3

The notes to be grouped in triplets

N.10
N.11
etc.
etc.
Même exercice par mouvement contraire.
Same exercises in contrary motion.
N.12
N.13
etc.
etc.
N.14
etc.
Exercices Nos 9.10.11. (main gauche décalée)
Exercises Nrs 9.10.11. (with shifts in the left hand)
Nº9ª
Nº9ᵇ
etc.
N.10ª
N.10ᵇ
etc.
etc.
N.10ᶜ
N.11ª
etc.
etc.
N.11ᵇ
N.11ᶜ
etc.
etc.
Note :. Jouer tous les exercices Nos 9.10.11, avec toutes les combinaisons M.D. Nº9 avec M.G. Nº 10 . etc....
N.B..Play all the exercises Nrs 9.10.11, with the combinations Righ hand Nr.9 with left hand Nr 10 , etc....
E.M.S.8101.

Exemples: (A) M.D. Nº 9 M.G. Nº 10 (B) M.D. Nº 11 M.G. Nº 9
Examples (A) R.H. Nr.9 L.H. Nr.10 (B) R.H. Nr.11 L.H. Nr.9
Ex: (A)
(B)
eto.
eto.
N.15
N.16
eto.
eto.
N.17
N.18
eto.
eto.
N.19
N.20
eto.
eto.
N.21
N.22
eto.
eto.
N.23
eto.

Mouvements contraires des Exercices N.ºs 15 à 23 | Contrary motion of the exercises Nr. 15 à 23

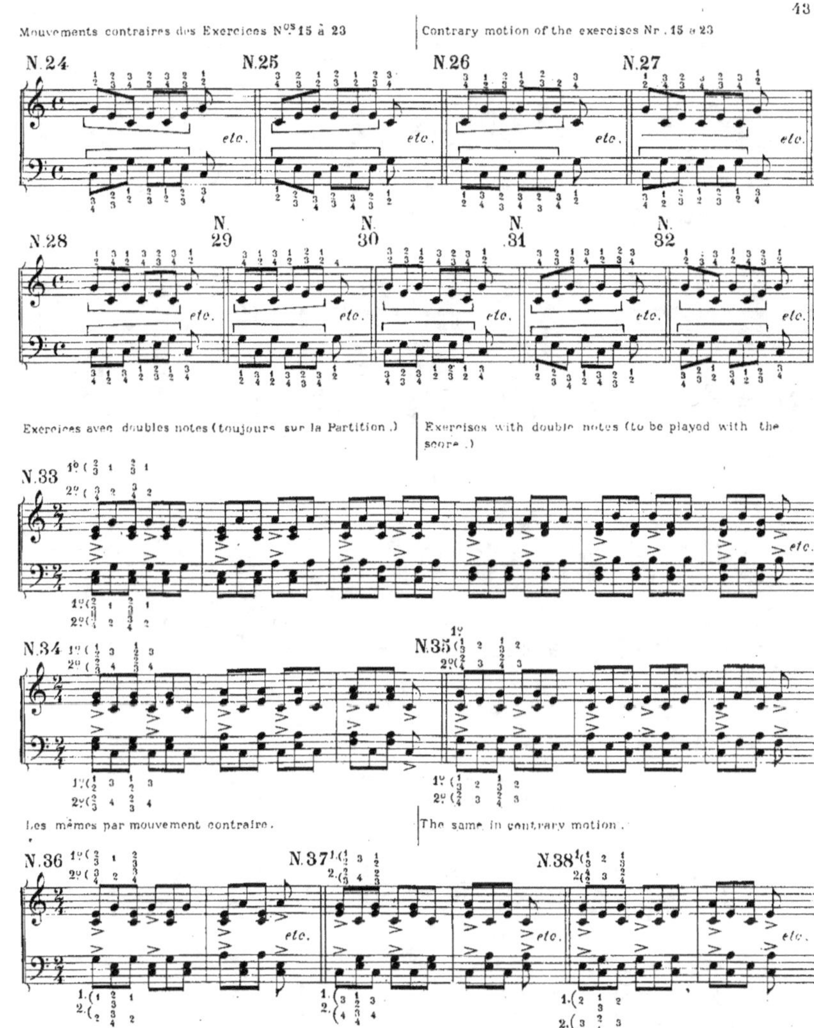

Exercices avec doubles notes (toujours sur la Partition.) | Exercises with double notes (to be played with the score.)

Les mêmes par mouvement contraire. | The same in contrary motion.

Note: Tous les exercices sur les arpeggios à 3 doigts doivent se jouer aussi avec le doigté 1.e main droite avec le doigté 2.e main gauche, puis avec le doigté 2.e main droite avec le doigté 1.e main gauche | N.B. All the 3 fingers exercises for the Arpeggio should be played also with the fingering 1.st right hand and the fingering 2.^d left hand, further with the fingering 2.^d right hand and the fingering 1.st left hand

E.M.S.8101.

Autres formules sur l'Arpeggio (3 doigts)
Note: Commencer à l'8ᵛᵉ inférieure.

Other formulæ for the (3 fingers) Arpeggio.
N.B. Begin in the octave below.

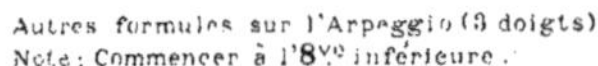

N.1

Mêmes exercices par *mouvement contraire*.

Same exercises in *contrary motion*.

Exercices Nᵒˢ *1,2,3,4 et 5* main gauche décalée.

Exercises Nrs. *1,2,3,4,5* with shifts in the left hand.

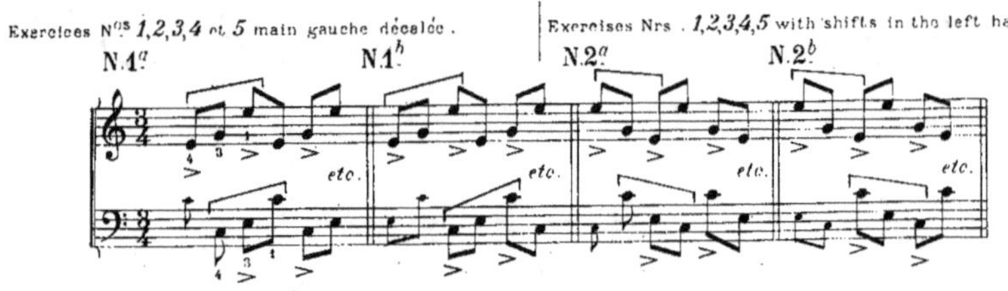

N. 4.ª
N. 4.ᵇ
N. 4.ᶜ
etc.
etc.
etc.
N. 5.ª
N. 5.ᵇ
N. 5.ᶜ
etc.
etc.
etc.
N. 6
N. 7
etc.
etc.
N. 8
N. 9
N. 10
etc.
etc.
etc.
Mêmes exercices .. Mouvements contraires.
Same exercices .. in contrary motion
N. 6 bis
N. 7 bis
N. 8 bis
N. 9 bis
N. 10 bis
etc.
etc.
etc.
etc.
etc.

Mêmes formules .. Main gauche décalée .

Same formulæ with shifts in the left hand .

Mêmes exercices avec double notes .

Same exercises with double notes .

Les mêmes par *mouvement contraire* .

The same in *contrary motion*

ARPEGGIO. 3 DOIGTS.. *formules d'extension*
(*sur les mêmes accords.*)

ARPEGGIO. 3 FINGERS.. *Extansion formulæ*
(*on the same chords.*)

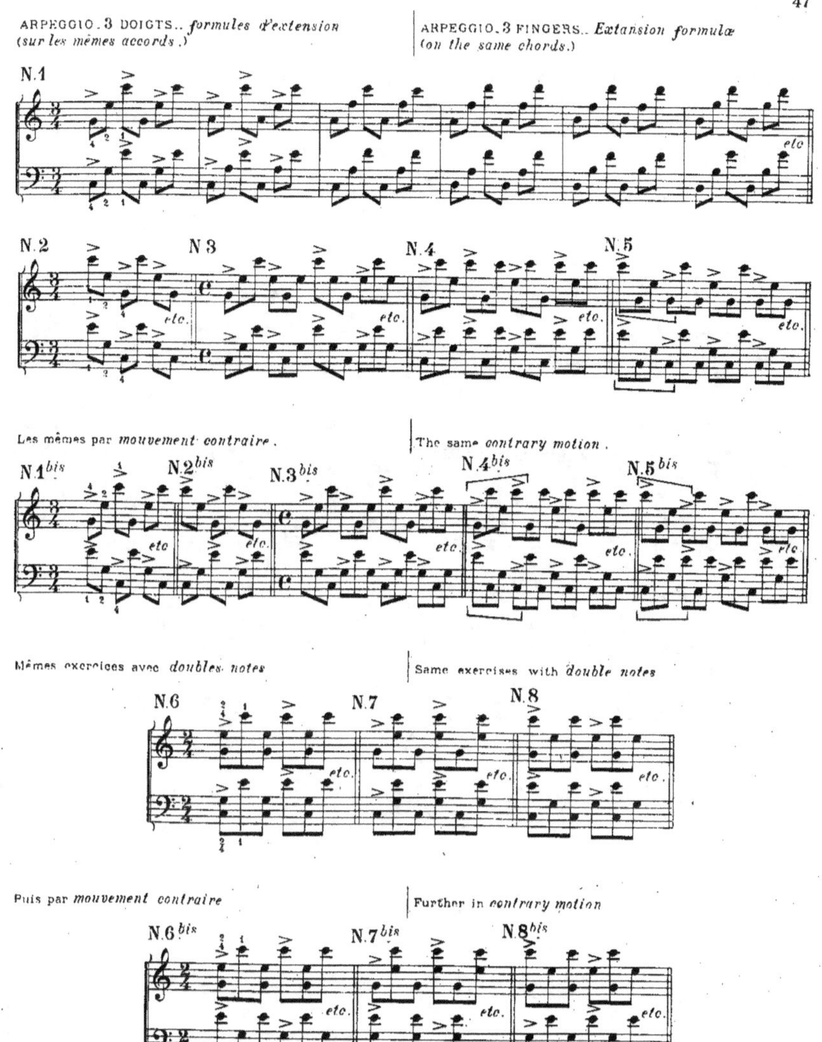

VII

<table>
<tr><td>

ARPEGGIOS à DEUX MAINS ALTERNÉES
4 DOIGTS et 3 DOIGTS

Formules ordinaires
Combinaisons diverses
Accords de 7me

à faire sur la Partition p.29
Rythmer par 3.

</td><td>

ARPEGGIOS for BOTH HANDS ALTERNATING
4 FINGERS and 3 FINGERS

Common formula
Divers combinations
Chords of the 7th

To be play by means of the score p.29 the notes grouped in triplets.

</td></tr>
</table>

N.1

N.2   N.3

N.4 (mélange de 1 et 2)   N.5   N.6

N.7 mélange (5 et 6)   N.8   N.9

N 10   N.11   N.12

Jouer les différentes combinaisons

M.Droite formule 1 . avec *M.Gauche* . formule 2.3.4.etc .
M.Gauche formule 1 . avec *M.Droite* formule 2.3.4.etc .

Quelques exemples :

Play the different combinations .

R.H. formula 1 with *L.H.* formula 2.3.4.etc .
L.H. formula 1 with *R.H.* formula 2.3.4.etc .

Several examples :

Autre formule a rythmer par *3* et *6* .

Another formula the notes of which are to be gruped in triplets and sexteylets .

Comme pour les Arpeggios simultanés . les exercices précédents (arpeggios à 2 mains alternées) doivent se *jouer* sur les positions suivantes et aux trois registres de la harpe .

The same for the two part arpeggios, the above exercises (alternating hands) should be played on the following positions and in the three registers of the harp .

Quelques examples :

Several examples :

N.13 Pos. G
etc.
Arpeggios des deux mains alternées (3 doigts)
à jouer sur la Partition
rythmer par 2 .
Alternating hands in Arpeggios . (3 fingers.)
make use of the score .
group notes by pairs .
N.1
N.1 2°
etc.
etc.
N.3   N.4   N.5   N.6
etc.   etc.   etc.   etc.
Autre formule à rythmer par 3 et 6 .
Other formula . The notes to be grouped by triplets and sextuplets .
N.7
etc.
Mêmes exercices.. Autres combinaisons
Same exercises .. Other combinations .
N.1 A   N.1 B   N.1 C   N.1 D   N.1 E   N.2 A
etc.   etc.   etc.   etc.   etc.   etc.
N.2 B   N.2 C   N.2 D   N.2 E   N.3 A   N.3 B
etc.   etc.   etc.   etc.   etc.   etc.
E.M.S.8101.

Jouer tous les exercices précédents en les rythmant par *5* (sauf le N.º7.) *Exemple :* | Play all the above exercises in groups of *5* notes (except Nr .7.) *Example :*

Note : Tous ces exercices sur les arpeggios à 3 doigts (successifs) doivent se faire avec les 2 doigtés . puis le doigté 1.ºm.droite avec le doigté 2.ºm.gauche et le doigté 2.ºm.droite avec le doigté 1.ºm.gauche . Quelques examples : | N.B . . All these exercises on the arpeggios for 3 fingers and alternate hands should be played with both fingerings . Further the right hand fingering 1.º with the left hand fingering 2.º; and the right hand fingering 2.º with the left hand fingering 1.º Several examples :

VIII

ARPEGGIOS 4 DOIGTS
DÉPLACEMENT DES MAINS

Formules ordinaires
Décalages
Accords de 7me
Combinaisons diverses
Mouvements contraires
Formules avec doubles notes
Formules spéciales

ARPEGGIOS FOR 4 FINGERS
SHIFTINGS IN BOTH HANDS

Common formulæ
Shifts
Chords of the 7 th
Divers combinations
Contrary motion
Formulæ with double notes
Special formulæ

N.1 (Rythmer par 3)

Nr.1 (The notes to be grouped in triplets)

Jouer les mêmes sur les formules suivantes.
Commencer à l'8^{ve} inférieuré.

Play likewise the following formulæ.
Begin in the lower octave.

Note:.1º Il est aussi excellent de jouer aussi ces exercices en prenant d'autres tonalités soit en Reb,Mib,Fa,Solb,Lab,Sib majeur. 2º: Cette observation s'applique aussi bien aux exercices précédents qu'à tous ceux qui suivent (arpeggios avec déplacement des mains.)

N.B..1 st It is very useful to play also exercises in other keys,viz, in Db,Eb,F,Cb,Ab,Bb,.2nd.This applies to the above exercises and as well to all the following ones (arpeggios with shiftings.) 3 rd. as in Nr.1

E.M.S.8401.

Mêmes formules (Main gauche décalée)
Commencer à l'8^{ve} inférieure .

Same formulæ (shifts in the left hand.)
Begin in the lower octave.

Note : Ne pas oublier de jouer ces exercices sur les formules *1 A* et *1 B*

N.B. Remember playing these exercises on the formulæ
1 A and *1 B*

Autres dispositions de l'exercice N.º 1 :(point de départ différent pour la main gauche.)

Other dispositions of exercise Nr 1 .
Different starting points for the left hand .

De même sur les formules *1 A* et *1 B*

Likewise on the formulæ *1 A* and *1 B*

Note : Appliquer à l'exercice N.º 2 toutes les combinaisons de
l'exercice N.º 1. main gauche décalée et points de départ,
différents .

N.B. Apply to exercise Nr. 2 all the combinations of exercise
Nr. 1 . Shifts in the left hand, and different starting points .

MOUVEMENT CONTRAIRE | CONTRARY MOTION

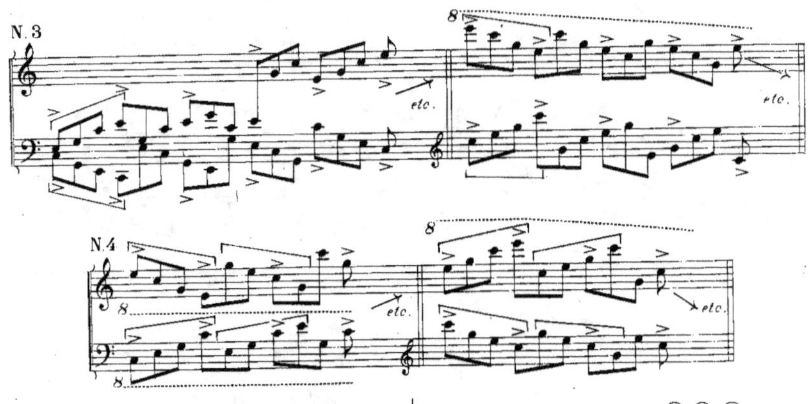

N^{os} *3* et. *4* sur les autres formules (A) (B) (C).
Exemples : . | N^{rs} *3* and *4* on the other formulæ (A) (B) (C).
Examples : .

Autres formules . | Other formulæ .

Formules avec *doubles notes*
1º Commencer à 18ve inférieure
2º Redescendre de la même manière .. (Ex; Nº 9.)
3º Rythmer par 2.

Formulæ with *double notes*
1 st. Begin in the lower octave
2 nd. Play downwards in the same way. (Ex. Nr 9.)
3 rd. Group notes in pairs.

Recommandation importante ..ne pas oublier de jouer tous ces exercices sur les formules A,B et C..Nos 9 à 26.

N.B. Take good care to play all these exercises on the formulæ A,B and C..Nrs 9 to 26.

Note :. Dans ces formules Nos *12, 13* et *14* certaines notes se trouvent jouées *immédiatement* après avoir été jouées par l'autre main ne placer qu'au dernier moment.

N.B..In these formulæ Nrs *12, 13*, and *14*, certain notes are to be played, immediately after having been played by the other hand Put the second hand in position but in the last moment.

AUTRES FORMULES .. Mouvement contraire
(Redescendre de la même manière)
Commencer à l'8.ve inférieure .

OTHER FORMULAE .. Contrary motion
Play down in the same way
Begin in the lower octave .

Formules speciales (Toujours sur la *partition*)
(Mouvement contraire pour le déplacement des mains.)

Special formulæ (once more make use of the score .)
Contrary motion for the shifting of hands .

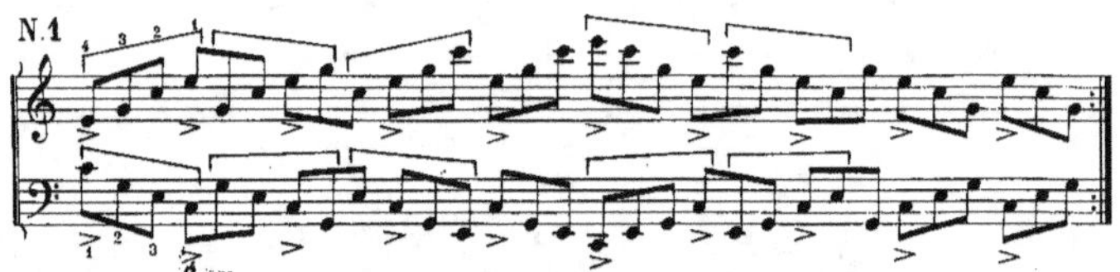

Puis jouer sur l'exemple du N.º1 toutes les formules suivantes .

Further play on the example of Nr 1 all the following formulæ.

Les mêmes *avec points de departs differents* pour la main droite : . quelques exemples : .

The same with different starting points for the right hand several examples :

Note : . La formule sur l'accord de 7.me(1Ⓒ) doit se jouer aussi en *Ré♭, Mi♭, Fa, Sol♭, Lab, et Si♭*. Voir les accords de ces tonalités sur la partition page 38 .

N.B.. The formula on the chord of the 7 th should be playing also in *D♭, E♭, F, G♭, A♭, B♭* . See the chords of these keys in the score of page 38 .

E.M.S.8101.

Jouer aussi sur l'exemple du Nº 1 mais en redescendant de la même manière (les NOS 2,3,4,5 et 6.)

Note : Ne pas oublier de jouer ces formules avec les points de départs différents de la main droite.(Exemples de 1 bis etc)

Play also on the exampt of Nr.1 but coming down in the same way.(the Nr.2,3,4,5 and 6.)

N.B..Do not forget to play these formulæ from different starting points of the right hand .(Examples 1 bis etc.)

Note: à jouer aussi en $Ré\flat$, $Mi\flat$, Fa, $Sol\flat$, $La\flat$ et $Si\flat$

N.B..Play also in $D\flat$, $E\flat$, F, $G\flat$ $A\flat$ and $B\flat$.

Mouvement contraire | Contrary motion

N.9

IX

ARPEGGIOS SUCCESSIFS avec DÉPLACEMENT
DES MAINS .. 4 DOIGTS .. et 3 DOIGTS

MAINS ALTERNANTES et ENSEMBLE

Formules ordinaires
Combinaisons diverses
Formules avec doubles notes
Décalages
Accords de 7me
Mouvements contraires
Points de départs différents
Formules spéciales

ALTERNATING HANDS and SHIFTINGS
4 FINGERS .. and 3 FINGERS

ALTERNATING HANDS SIMULTANEOUTLY

Common formulæ
Divers combinations
Formulæ with double notes
Shifts
Chords of the 7 th
Contrary motions
Different starting points
Special formulæ

Jouer cet exercice N°1 sur les formules ci-après ainsi que tous les exercices qui suivent (N°s 2,3,4 etc.) (Puis en prenant les tonalités de Ré b, Mi b, Fa, Sol b, La b, et Si b.) (Voir les partitions de l'Arpeggio et des accords de 7me p. 29 et 38)

Play this exercise Nr.1 on the following formulæ. As well as all the following other exercises, Nrs 2,3,4 etc. Further in the keys of Db, Eb, F, Gb, Ab, Bb. See score of the arpeggio and of the chords of the 7 th, page 29 and 38.)

Note: Commencer à l'8^{ve} inférieure.

N.B. Begin in the lower octave.

60
N.2
MOUVEMENT CONTRAIRE(Ne pas oublier les formules Ⓐ Ⓑ et Ⓒ) du N°1.
CONTRARY MOTION(Do not forget the formulæ Ⓐ Ⓑ Ⓒ of Nr.1.
N.3
etc.
etc.
N.4
etc.
etc.
Autres formules
(redescendre de la même manière qu'en montant.)
Other formulæ
Play down in the same way as up.
N.5
N.6
etc.
etc.
N.7
N.8
etc.
etc.
N.9
N.10
etc.
etc.
Ne pas oublier les formules Ⓐ Ⓑ et Ⓒ du N°1.
Do not forget the formulæ Ⓐ Ⓑ Ⓒ of Nr.1.
E.M.S.8101.

COMBINAISONS des FORMULES

Quelques exemples :

(Toutes les formules de la main Droite doivent se jouer avec toutes les autres formules de la main Gauche .)
Commencer à l'8ᵛᵉ inferieure.

COMBINATIONS OF FORMULAE

Several examples :

Each formula for the right hand should be played will all the other formula for the left hand .
Begin in the lower octave .

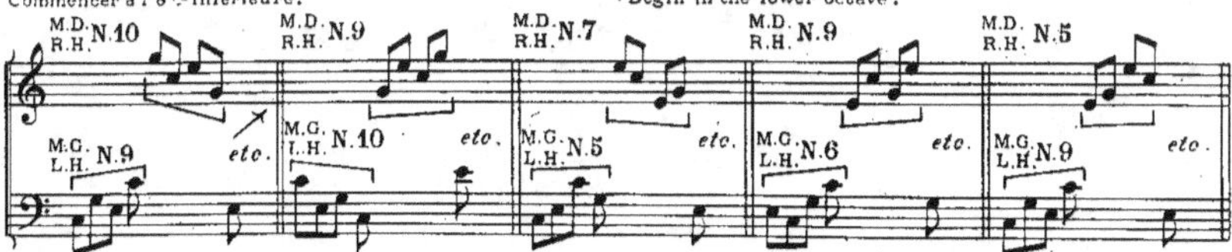

Jouer les formules Ⓐ Ⓑ et Ⓒ du Nº 1 .

Play the formulæ Ⓐ Ⓑ Ⓒ of Nr.1

FORMULES avec DOUBLES NOTES .

FORMULAE WITH DOUBLE NOTES

Note : Jouer les formules précédentes Nᵒˢ 11 à 20 sur l'exemple du Nº 1 sans oublier l'accord de 7ᵐᵉ (C) et les differentes tonalités .

N.B. Play the above formulæ Nrs (11 to 20) on the example of Nr 1, not forgetting the chord of the 7th (C) and the different keys.

Autre exercice. | Other exercise.

N. 21

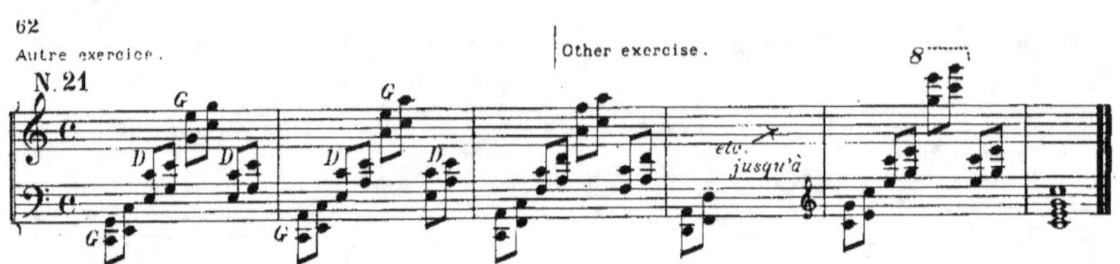

Note: Jouer le même exercice sur les accords de **7**me (en *Ut*b. *RE*b. *MI*b. *FA. SOL*b. *LA*b. *SI*b.) Voir page **38** les formules de **7**me

Jouer de même la formule suivante.

N.B. Play the same exercise on the chords of the **7** th (in *C*b *D*b, *E*b, *F*, *G*b, *A*b, *B*b,) see page **38** the formulæ with **7** ths.

Play likewise the following formula:

N.22

ARPEGGIOS (3 DOIGTS).

Déplacement des mains
(Rythmer par 2)

Note: (Jouer les 2 doigtés) puis le doigté **1** M.D. avec le doigté **2** M.G. et le doigté **2** M.D. avec le doigté **1** M.G. (*pour tous les exercices*.)

ARPEGGIO FOR (3 FINGERS)

Shifting of hands
Group notes by pairs

N.B. Play the two fingerings, further the right hand fingering **1** with the left hand fingering **2** and right hand fingering **2** with left hand fingering **1**. This for all the exercises.

N.1

Puis jouer, de même sur l'exemple du N°1 les formules ci-après (A,B,C) ainsi que celles qui suivent (N°s 2,3,4 etc.) (Commencer à l'8ve inférieure.)

Further play on the example Nr.1 the following formulæ A.B.C. as well as the following Nrs. 2,3,4 etc. Begin in the lower octave

MOUVEMENT CONTRAIRE
Note : Ne pas oublier les formules *A, B* et *C*.

CONTRARY MOTION
N.B. Do not forget the formulæ *A, B* and *C*.

Mêmes exercices avec la *main gauche décalée*

Same exercise *with shifts in the left hand*

Jouer les formules A.B.C.
(Commencer à l'8ve inférieure, Comme sur le N°1.)

Play the formulæ A.B.C.
Begin in the lower octave on Nr.1

Autres exercices par mouvement contraire.
(sans rythmer)
Mêmes *doigtes*. mêmes *combinaisons* de doigtés.

Other exercises in contrary motion.
(without accents)
Same *fingerings*. same *combinations* of fingerings.

Jouer de même les formules suivantes :

Play likewise the following formulæ :

Les 3 exercices suivants se jouent sur l'exemple du N.º1 formules A B C D E et F.

The following three exercises should be played on the example of Nr.1; formulæ A B C D E and F

Note : Il est excellent de jouer les 4 exercices précédents en Ré♭, Mi♭, Fa, Sol♭, La♭ et Si♭.

N.B. It is very useful to play the above 4 exercises in D♭, E♭, F, G♭, A♭ and B♭.

EXERCICE SPECIAL
Note :- (Ne pas oublier les différentes combinaisons de doigtés)
Points de départs différents (M.D.)

SPECIAL EXERCISE
N.B .-.Do not forget the different combinations of fingerings
Different starting points (right hand .)

Mouvement contraire
Points de départs différents

Contrary motion
Differents starting points

N.9

N.9 Ⓐ N.9 Ⓑ N.9 Ⓒ

etc. etc. etc.

Autres formules .(Ne pas redescendre)
Points de départs différents

Other formulæ .(Do not play downwards .)
Different starting points.

N.10 N.10 *bis* N.10 *ter*

etc. etc. etc.

Points de départs différents

Different starting points.

N 11 N.11 *bis* N.11 *ter*

etc. etc. etc.

Ne pas oublier les autres formules A B C . Jouer aussi
avec les points de départs différents: Exemple sur le N.º10 .

Do not forget the other formulæ .A B C to be played also
from different starting points : Example Nr.10 .

Ⓐ Ⓑ Ⓒ

etc. etc. etc.

Mouvement contraire . Ne pas redescendre .
Points de départs différents .

Contrary motion Dot not play downards .
Different starting points .

N.12 N.12 *bis* N.12 *ter*

etc. etc. etc.

Points de départs différents .

Different starting points

N.13   N.13 *bis*   N.13 *ter*

Formule spéciale

Special formula

N.14

N.14 Ⓐ   N.14 Ⓑ   N.14 Ⓒ

FORMULES AVEC DOUBLES NOTES.
Commencer à l 8ᵛᵉ inférieure .
Jouer les combinaisons de doigtés .

FORMULAE WITH DOUBLE NOTES .
Begin in the lower octave .
Play the combinations of fingerings .

N.1   Ⓐ   Ⓑ   Ⓒ

Jouer de même les exercices suivants :

Play likewise the following exercises :

N.2

N.3
N.4
etc.
etc.
Formules avec doubles notes.(suite)
Commencer à l'8ve inférieure.
More formulæ with double notes.
Begin in the lower octave.
N.5
N.5 (A)
N.5 (B)
N.5 (C)
etc.
etc.
etc.
etc.
N.6
N.6 (A)
N.6 (B)
N.6 (C)
etc.
etc.
etc.
etc.
Autres exercices (ne pas redescendre)
(Commencer à l'8ve inférieure)
Jouer les combinaisons A,B et C.
Other exercises (do not play downwards.)
(Begin in the lower octave)
Play the combinations A,B and C
N.7
N.8
N.9
N.10
etc.
etc.
etc.
etc.
Autres exercices.. Mouvement contraire.
Employer les 2 doigtés.
et jouer les combinaisons de doigtés.
Other exercises, contrary motion.
Make use of both fingerings.
And of the combinations of fingerings.
N.1

Jouer de même les formules suivantes :

Play likewise the following formulæ.

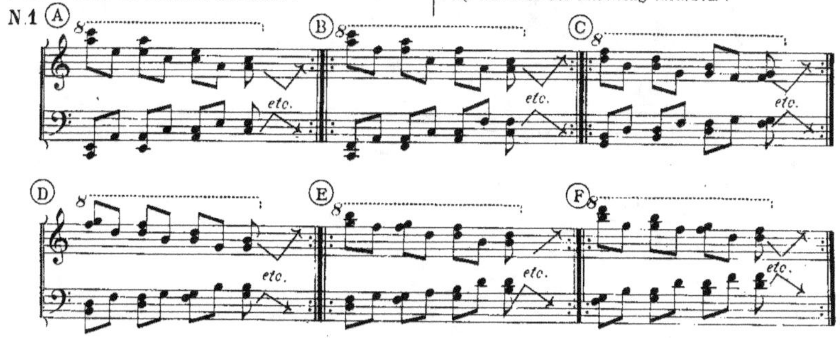

Jouer les exercices suivants sur l'exemple du N°1.

Play the following exercises on the example of Nr.1.

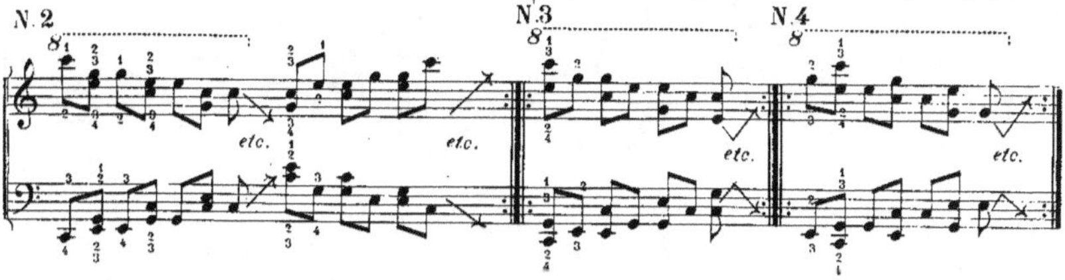

Mêmes exercices .. Combinaisons différentes.
à jouer sur les formules du N°1.

Same exercises .. Different combinations.
To be played on the formulæ of Nr.1.

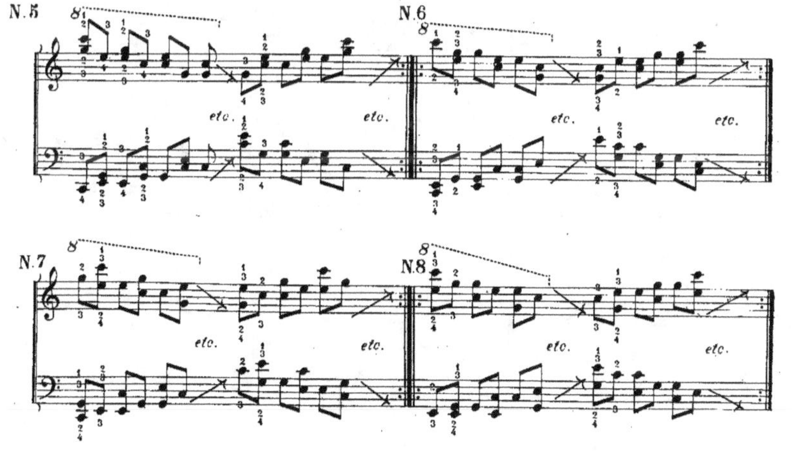

ARPEGGIOS A DEUX MAINS ALTERNÉES (3 doigts)
(Mains alternantes)
(Jouer les 2 doigtés et les combinaisons de doigtés)

ARPEGGIOS WITH ALTERNATING HANDS (3 fingers)
Play both fingerings and the combinations of fingerings .

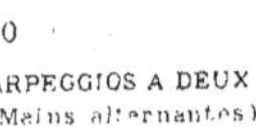

N.1

Continuer cet exercice de la manière suivante en
prenant pour modèle le N.º1
(Commencer à l'8.ᵛᵉ inférieure) .

Play on this exercise in the following way, on Nᵣ 1 as
pattern .
(Begin in the lower octave) .

N.1 (A) (B) (C)

(D) (E) (F) (G) (H)

(I) (K) (L) (M) (N) (O)

(Accord de 7me) (à jouer aussi en *Ré♭, Mi♭, Fa, Sol♭, La♭ et Si♭.*)

(Chord of the 7th) (to be played also in *D♭, E♭, F, G♭, A♭ and B♭.*)

Autres formules à jouer sur le modèle du Nº1. Avec tous les développements A, B, C, etc. jusqu'à P (accord de 7me) et tous les doigtés.

Commencer à l'8^{ve} inférieure.

Other formula to be played on Nr. 1 as a pattern, with all the combinations A, B, C, etc. to P (chord of the 7th.) and all the fingerings.

Begin in the lower octave.

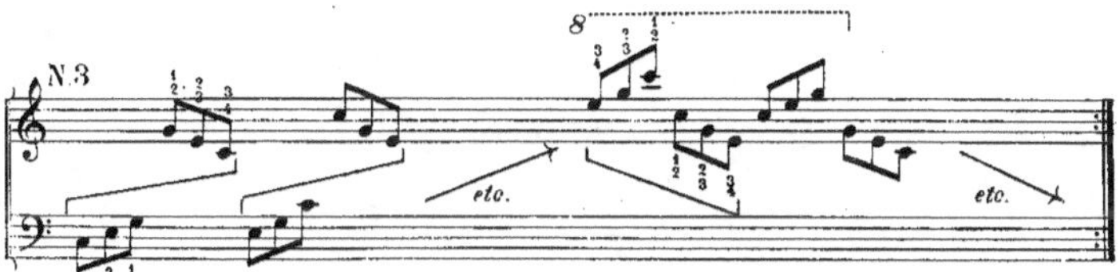

N.6
etc.
etc.
Mêmes exercices avec DOUBLES NOTES.
Toujours sur le modèle du Nº1.
Same exercises with DOUBLE NOTES
on Nr.1 as a pattern.
N.7
N.8
N.9
etc.
etc.
etc.
N.10
N.11
N.12
etc.
etc.
etc.
Autres formules. Ne pas oublier les accords de 7me.
Other formulæ. Do not forget the chords of the 7th.
N.13
G
D
D
D
G
G
D
D
G
G
etc. jusqu'à:
up to:
G
G
G
D
D
D
D
(Comme le Nº13.)
(as Nr.13.)
N.14
D
G
D
G
D
D
G
etc.
G
G
G
E.M.S.8101.

X

ARPEGGIOS..2 DOIGTS MAINS ALTERNANTES	ARPEGGIOS FOR 2 FINGERS AND 2 ALTERNATING HANDS
Formules ordinaires Combinaisons diverses Accords de 7me	Common formulæ Divers combinations Chords of the 7th
Rythmer par 3 2 doigtés (1? 1.2 2ª 2.3)	Notes to be grouped in triplets Two fingerings (1 st, 1.2, 2 nd 2.3.)
Jouer les 2 doigtés . plus une combinaison m.g. 3.2 avec m.d. 2.1	Play both fingerings and besides one combination : l.h.3.2 with l.h. 2.1 . for all the exercises .

N.1 Commencer à l'8^{ve} inferieure . | Begin in the lower octave .

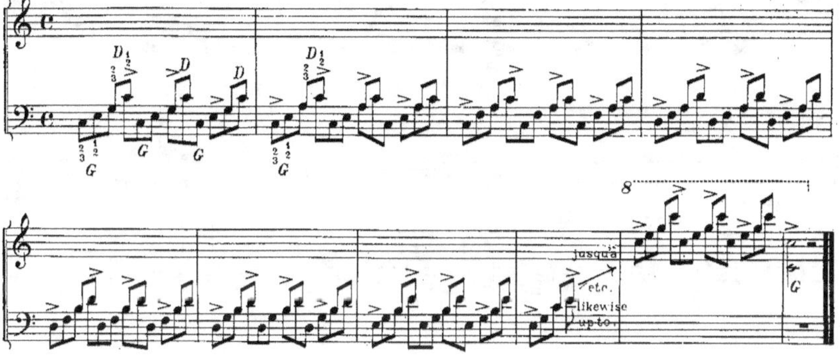

Mêmes observations . | Same observations .

N.2

N.ºs 3 et 4 (à jouer sur le modèle du N.º1 .) | Nrs 3 and 4 (to be played on Nr 1 .)

N.3   etc .   **N.4**   etc .

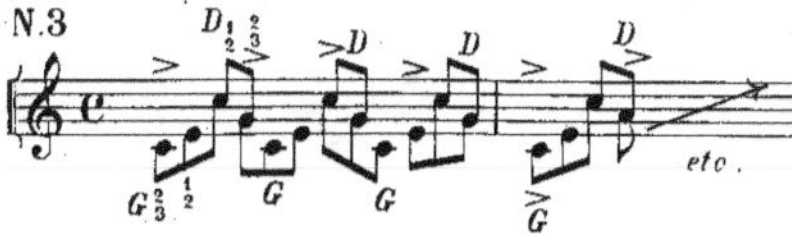

N.⁰ˢ 5,6,7,8 et 9 . sans rythmer .
Mêmes doigtés et combinaisons .

Nrs 5,6,7,8 and 9 , without accents .
Same fingerings and combinations as above .

N.⁰ˢ 6,7 et 8 (sur le modèle du N.⁰5 :)

Nrs 6,7 and 8 (on Nr.5 as pattern :)

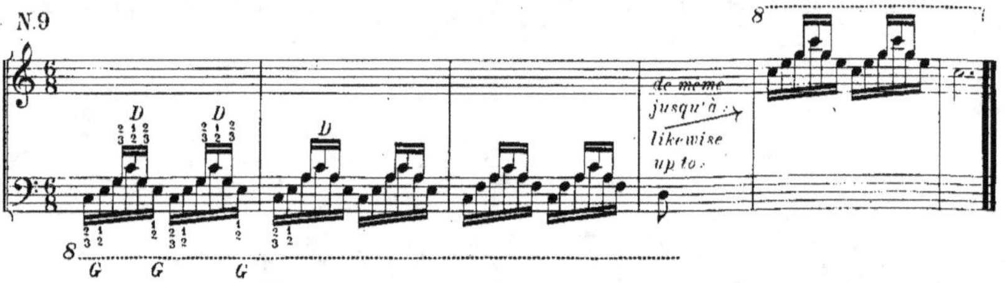

EXERCICES SUR L'ACCORD DE 7ᵐᵉ mêmes observations .
à jouer également en Re♭, Mi♭, Fa, Sol♭, La♭ et Si♭ .
(partition page .58.)
N⁰ˢ 1,2,3 et 4 rythmer par 3 .

EXERCISES ON THE CHORDS 7th. same observations
To be played also in D♭ E♭ F G♭ A♭ and B♭
(see score page 58.)
Nrs 1,2,3,4 the notes to be grouped in triplets .

Nos 2 3 et 4 sur le modèle du N°1.

Nrs 2,3,4 on pattern Nr. 1

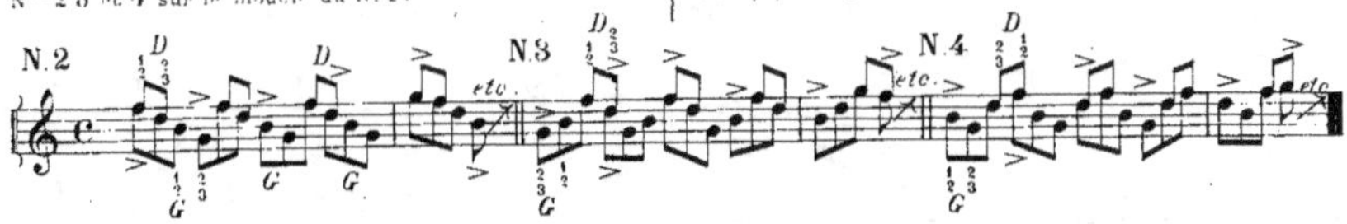
N.2
N.3
N.4
etc.
etc.
etc.

N.5 (sans rythmer). 5 fois chaque reprise.

Nr. 5 (without accents). Play eacle bar 5 times.

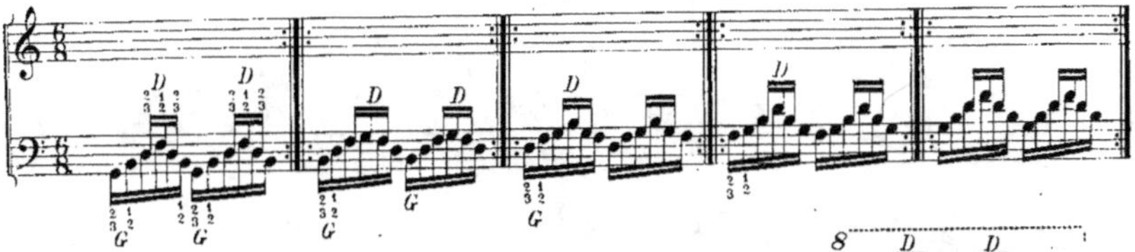

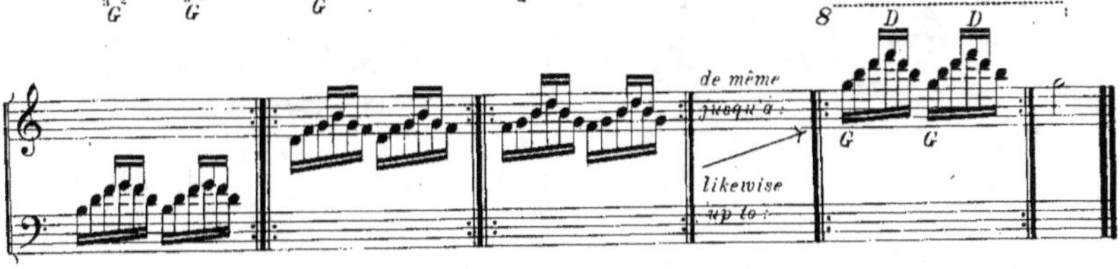
de même jusqu'à:
likewise up to:

DEPLACEMENT DES MAINS:

2 doigtés.. 1 combinaison de doigtés
21 | 32 | 3,2 m.g. avec 2,1 m.d.

Sans rythmer.

SHIFTINGS:

2 fingerings.. 1 combination of fingerings
21 | 32 | l.h 3,2 with r.h. 2,1.

Without accents

N.1 (A)

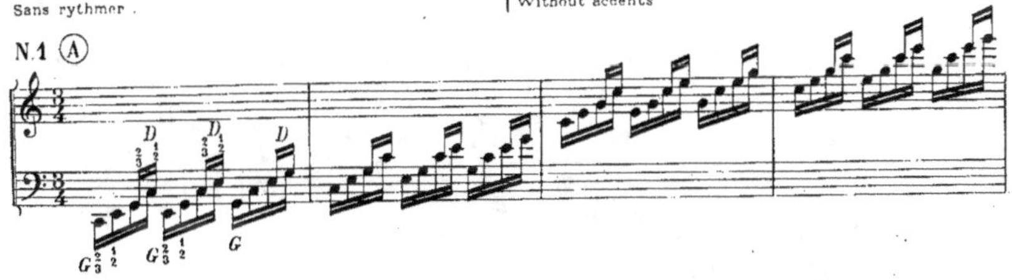

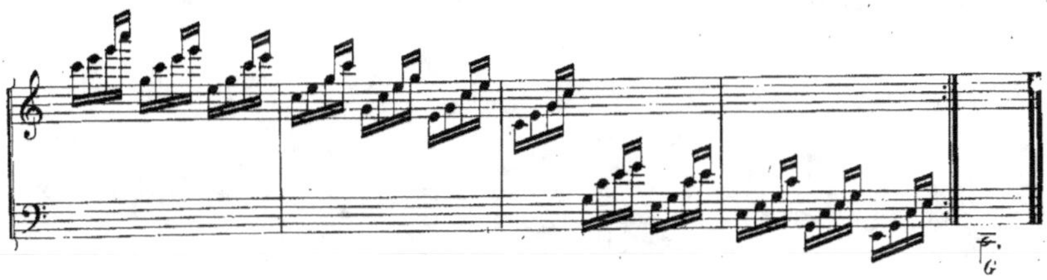

Jouer sur le modèle du N.º 1ª toutes les formules suivan-tes. | Play on Nr. 1ª as pattern all the following formulæ.

Jouer de la même manière que le Nº 1 (A à X) les 3 formules suivantes. Exemples : | Play in the same way as Nr.1 the 3 following formulæ. Examples :

Mêmes exercices sur l'accord de 7.ᵐᵉ à jouer aussi en *Reb, Mib, Fa, Solb, Lab* et *Sib*. (partition page 38) | Same exercises on the chord of the 7th. To be played also in *Db, Eb, F, Gb, Ab* and *Bb* (see score p.38)

Nºˢ 2,3 et 4 (sur le modèle du Nº 1.) | Nrs 2,3,4 (on Nr.1 as pattern.)

XI

<table>
<tr><td>

GAMMES

Formules à **4** doigts.
8 notes . 12 notes . 20 notes . 28 notes .
Mouvements contraires
Formules à 3^{ce} . à la 6te et à la 10me
Décalages de doigtés

1º **8** notes

Modèles A et B pour le Nº**1**
Rythmer par **3** et par **5** .

</td><td>

SCALES

Formulæ for **4** fingers
8 notes . 12 notes . 20 notes . 28 notes
Contrary motions
Formulæ with a 3 rd , a 6 th , and a 10 th .
Shifts in fingerings

1 st **8** notes

Patterns A and B for Nr **1** .
The notes to be grouped in triplets and quintuplets .

</td></tr>
</table>

Rythmer par **3** . La formule se fait **3** fois avant que l'accentuation revienne sur la note de départ .

The notes to be grouped in triplets. The formule to be made thrice before the accentuation comes back on the departing note .

Remarque :. Rythmer par **5** . la formule se fait **5** fois avant que l'accentuation revienne sur la note du départ .

N.B. The notes to be grouped in quintuplets .The formule to be made **5** times before the accentuation comes back on the departing note .

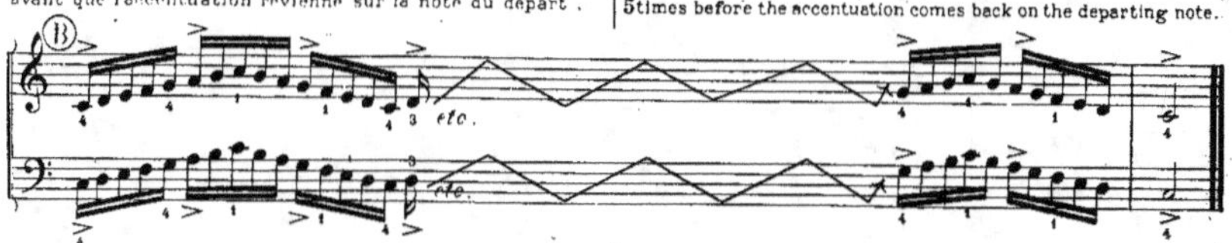

Nº**1** à jouer sur les 2 modèles (A) et (B)

Nr .**1** to be played according to (A) and (B)

Commencer successivement sur toutes les notes entre le (Do 4^{me}inclus) (joué par la M.D. 4^{me}doigt :.et le(Do 2me inclus) (joué par la M.D. 4^{me}doigt .)

Begin successively on all the notes between .
C,4 th finger incl ,right hand and the C 2 nd finger incl . right hand 4 th finger .

Exemple :

Example :

Faire de la même manière les N°s 1A, 1B et 1C. | Play likewise Nrs 1A, 1B and 1C.

N°1 (A) (à la 6te) | Nr.1 (A)(in the sixth)
N°1 (B) (à la 10me) | Nr.1 (B)(in the tenth)

Commencer à l'8^{ve} inférieure. | Begin in the lower octave.

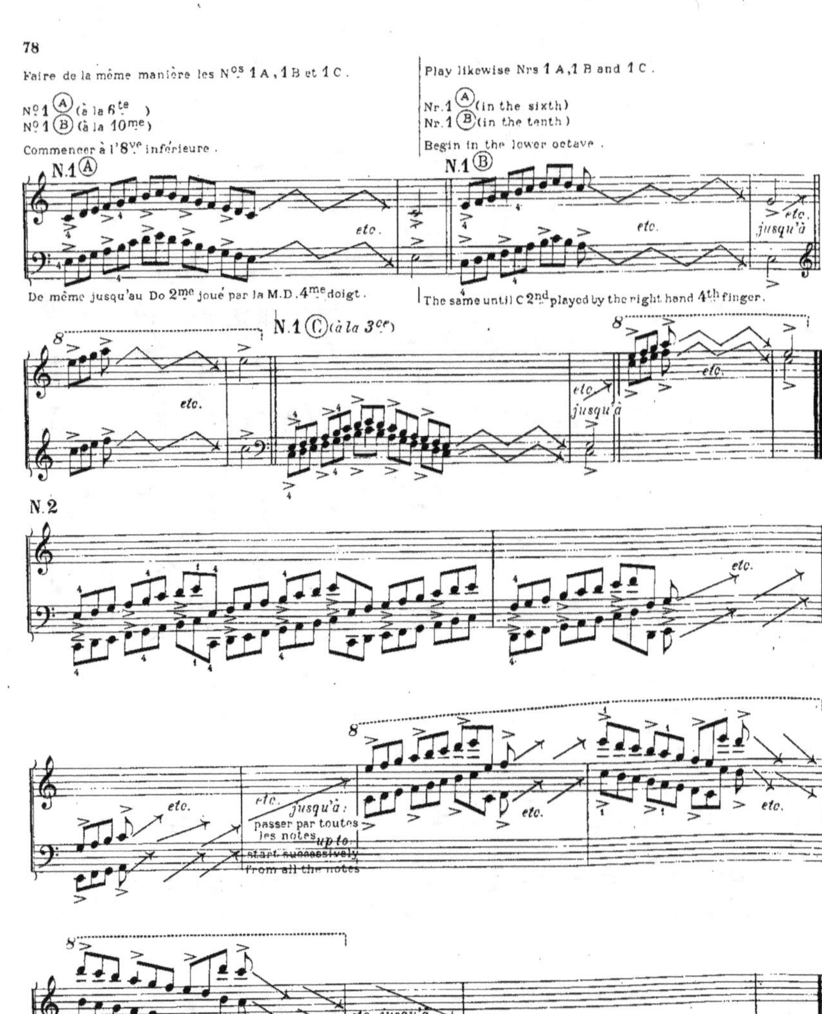

De même jusqu'au Do 2me joué par la M.D. 4me doigt. | The same until C 2nd played by the right hand 4th finger.

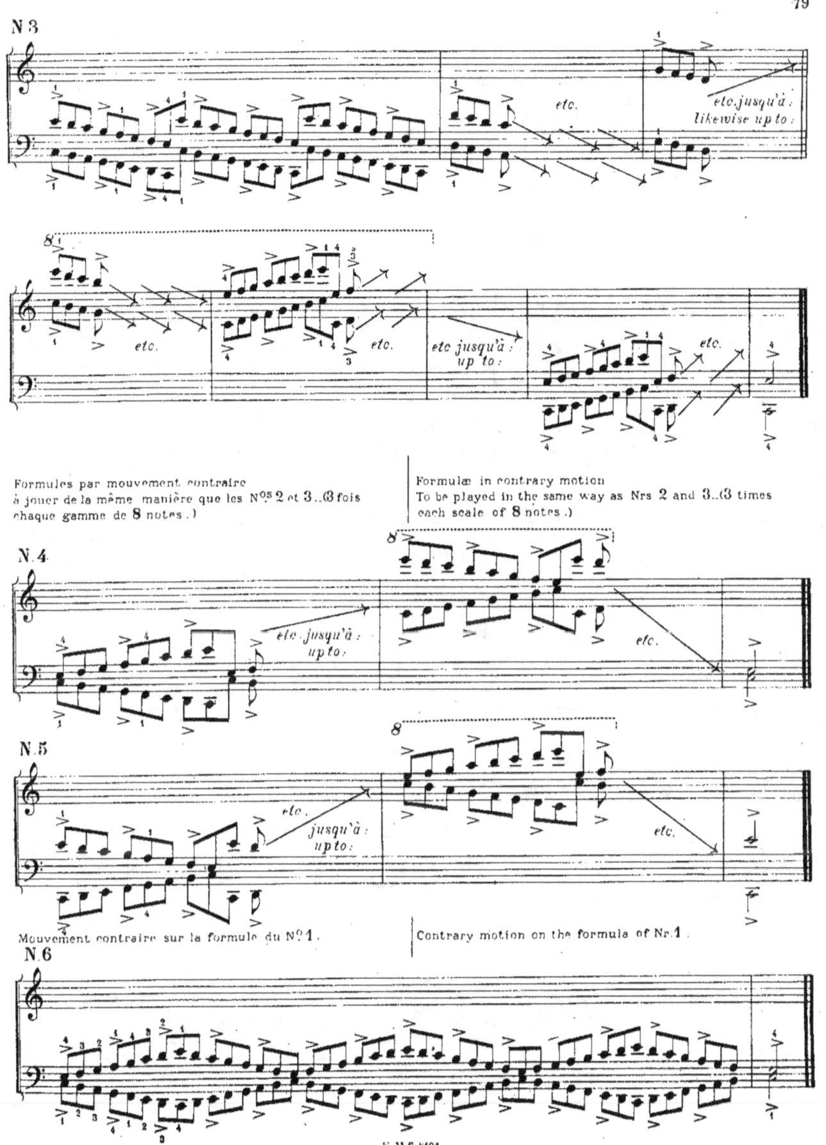

N 3
etc.
etc.jusqu'à:
likewise up to:
etc.
etc.
etc jusqu'à:
up to:
etc.
Formules par mouvement contraire
à jouer de la même manière que les Nos 2 et 3..(3 fois
chaque gamme de 8 notes.)
Formulæ in contrary motion
To be played in the same way as Nrs 2 and 3..(3 times
each scale of 8 notes.)
N.4
etc.jusqu'à:
up to:
etc.
N.5
etc.
jusqu'à:
up to:
etc.
Mouvement contraire sur la formule du No 1.
Contrary motion on the formula of Nr.1.
N.6

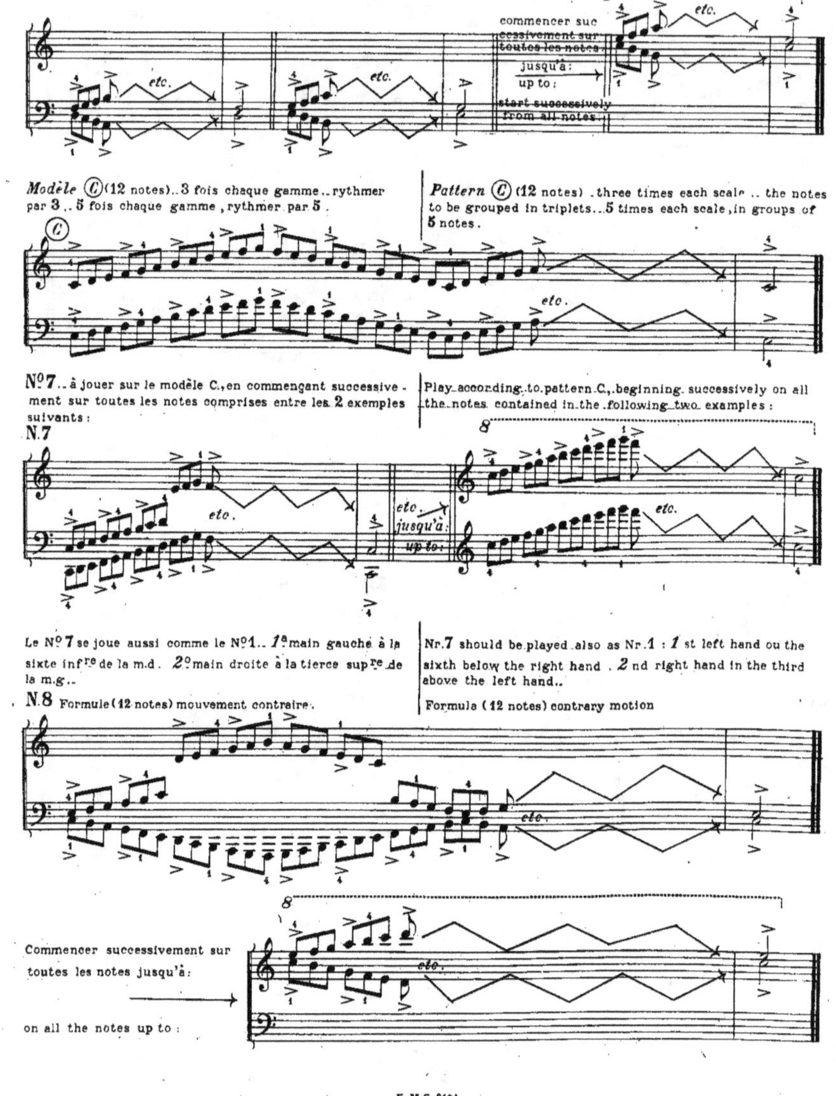

Modèle Ⓒ (12 notes)..3 fois chaque gamme..rythmer par 3..5 fois chaque gamme, rythmer par 5.

Pattern Ⓒ (12 notes) .three times each scale .. the notes to be grouped in triplets..5 times each scale, in groups of 5 notes.

Nᵒ7..à jouer sur le modèle C., en commençant successivement sur toutes les notes comprises entre les 2 exemples suivants:

Play according to pattern C.,beginning successively on all the notes contained in the following two examples:

N.7

Le Nᵒ7 se joue aussi comme le Nᵒ1.. *1ª* main gauche à la sixte infʳᵉ de la m.d. *2ᵒ* main droite à la tierce supʳᵉ de la m.g..

Nr.7 should be played also as Nr.1 : *1* st left hand ou the sixth below the right hand . *2* nd right hand in the third above the left hand..

N.8 Formule (12 notes) mouvement contraire.

Formula (12 notes) contrary motion

Commencer successivement sur toutes les notes jusqu'à:

on all the notes up to :

Formule (20 notes) à rythmer par 3 (3 fois chaque gamme.) | Formula of 20 notes to be grouped in triplets (3 times each scale.)

N.9

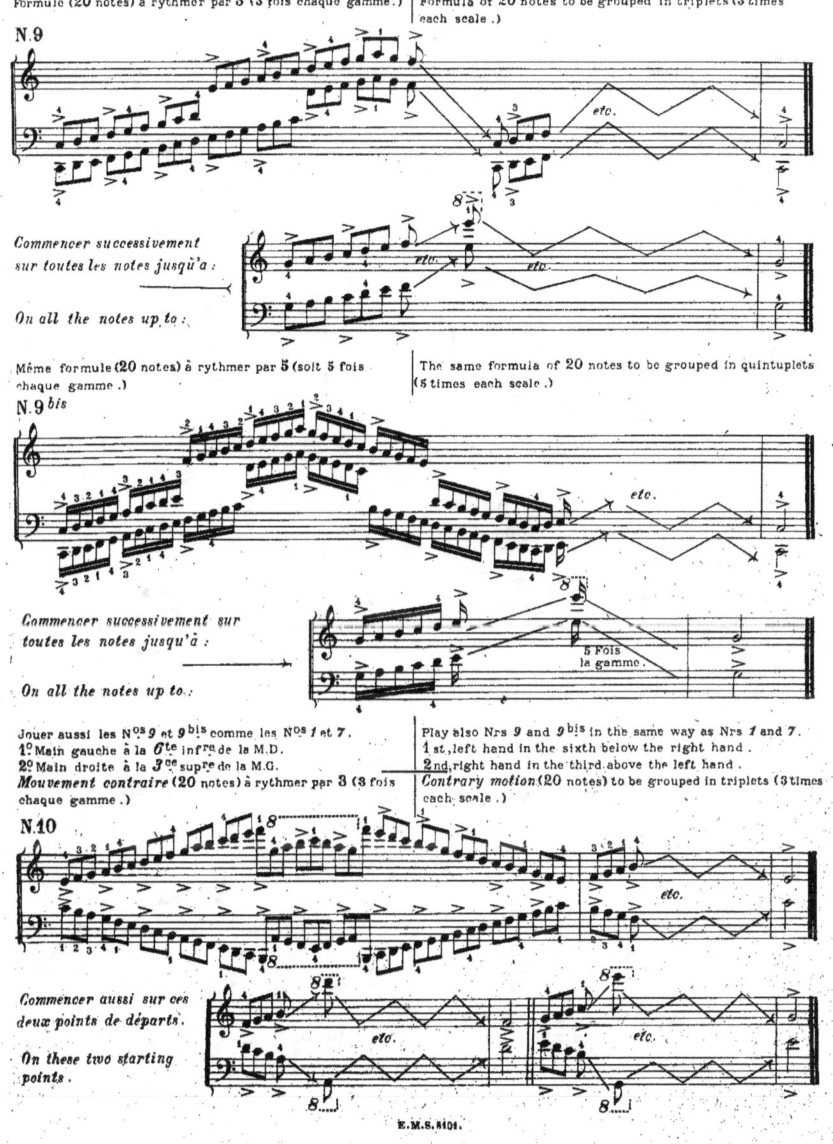

Commencer successivement sur toutes les notes jusqu'a :

On all the notes up to :

Même formule (20 notes) à rythmer par 5 (soit 5 fois chaque gamme.) | The same formula of 20 notes to be grouped in quintuplets (5 times each scale.)

N.9 bis

Commencer successivement sur toutes les notes jusqu'à :

On all the notes up to :

Jouer aussi les Nos *9* et *9 bis* comme les Nos *1* et *7*.
1° Main gauche à la *6te* infra de la M.D.
2° Main droite à la *3ce* supre de la M.G.
Mouvement contraire (20 notes) à rythmer par 3 (3 fois chaque gamme.) | Play also Nrs *9* and *9 bis* in the same way as Nrs *1* and *7*.
1 st, left hand in the sixth below the right hand.
2nd, right hand in the third above the left hand.
Contrary motion (20 notes) to be grouped in triplets (3 times each scale.)

N.10

Commencer aussi sur ces deux points de départs.

On these two starting points.

Formule..(28 notes). à rythmer par 3 .

Formulæ of(28 notes)to be grouped in triplets .

N. 11

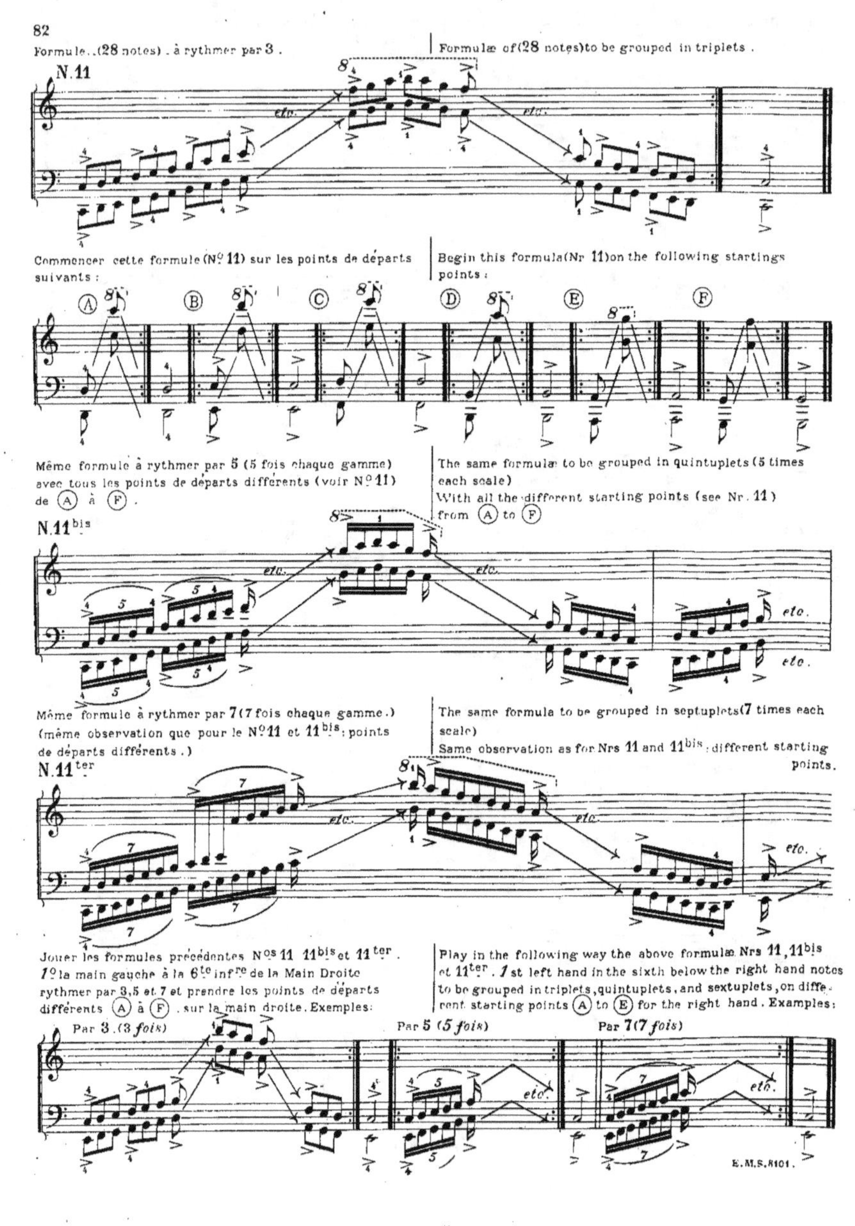

Commencer cette formule (N? 11) sur les points de départs suivants :

Begin this formula(Nr 11)on the following startings points :

(A) (B) (C) (D) (E) (F)

Même formule à rythmer par 5 (5 fois chaque gamme) avec tous les points de départs différents (voir N? 11) de (A) à (F) .

The same formulæ to be grouped in quintuplets (5 times each scale)
With all the different starting points (see Nr. 11) from (A) to (F)

Même formule à rythmer par 7(7 fois chaque gamme.) (même observation que pour le N?11 et 11 bis; points de départs différents .)

The same formula to be grouped in septuplets(7 times each scale)
Same observation as for Nrs 11 and 11 bis: different starting points.

Jouer les formules précédentes N?s 11 11 bis et 11 ter . 1? la main gauche à la 6 te inf re de la Main Droite rythmer par 3,5 et 7 et prendre les points de départs différents (A) à (F) . sur la main droite. Exemples:

Play in the following way the above formulæ Nrs 11 ,11 bis et 11 ter . 1st left hand in the sixth below the right hand notes to be grouped in triplets ,quintuplets, and sextuplets, on different starting points (A) to (E) for the right hand. Examples:

E.M.S.8101.

2.° Main Droite à la **10**^{me} sup^{re} de la Main Gauche rythmer par **3,5** et **7** et prendre les points de départs diffé- rents Ⓐ à Ⓕ sur la Main Gauche. Exemples :

2nd : Right hand in the tenth above the left hand, notes to be grouped in triplets, quintuplets and septuplets, on different starting points from Ⓐ to Ⓕ for the left hand. Examples :

3.° Main Droite à la **3**^{ce} sup^{re} de la Main Gauche. rythmer par **3,5** et **7** Exemples :

3rd : Right Hand in the third above the left hand; Notes to be grouped in triplets, quintuplets and septuplets Examples :

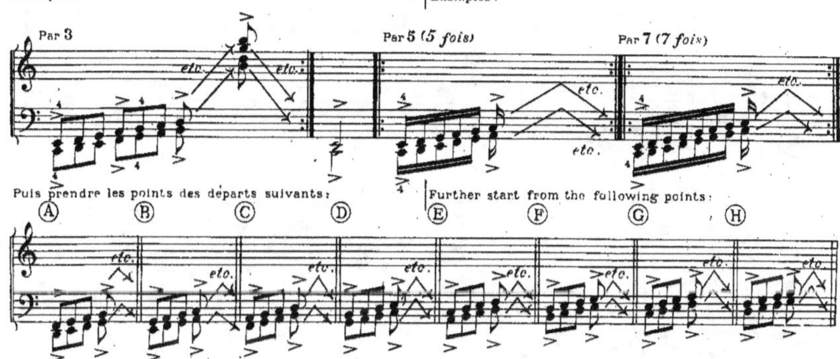

Ne pas oublier de rythmer par **5** et par **7**. Même formule.. *main gauche décalée* (un seul point de départ) .. Rythmer par **3** seulement.

Do not forget to group the notes in quintuplets and septuplets. The same formulæ *with shifts in the left hand* (one starting point only) notes to be grouped in triplets only.

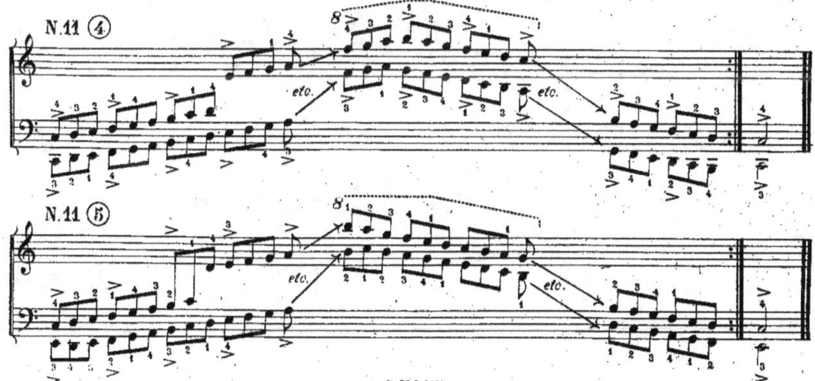

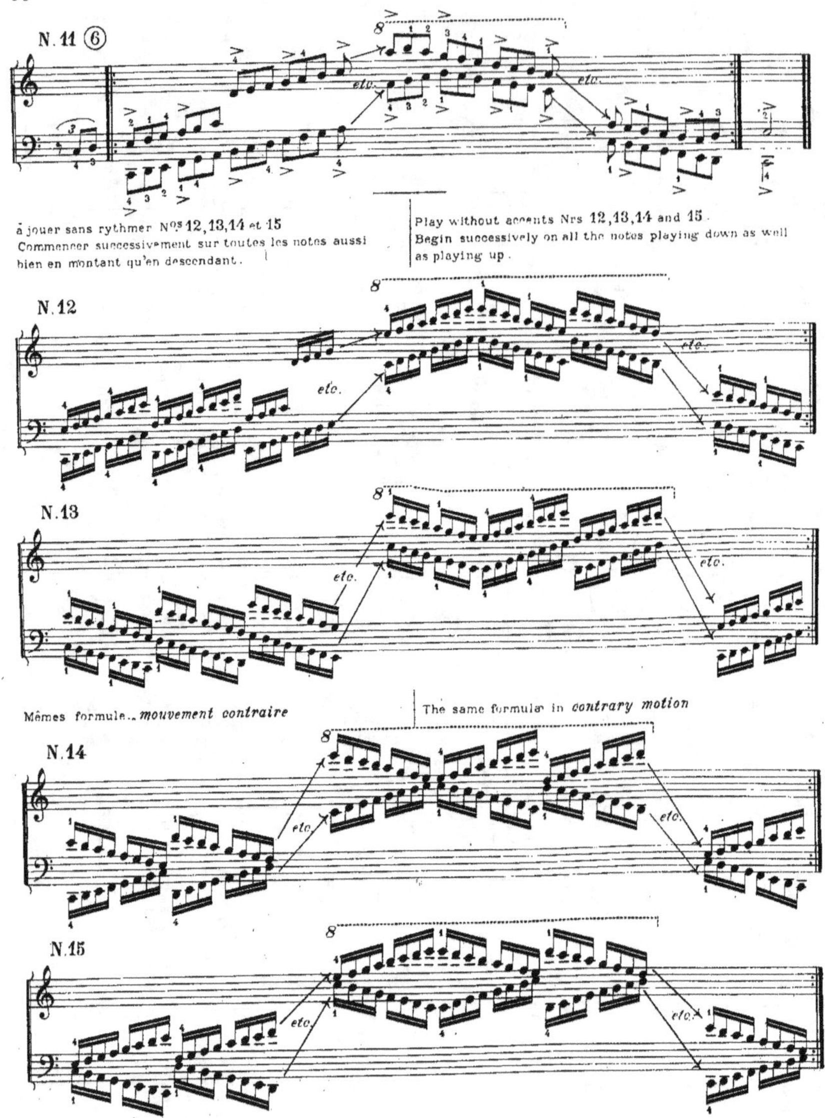

à jouer sans rythmer N°s 12,13,14 et 15
Commencer successivement sur toutes les notes aussi
bien en montant qu'en descendant.

Play without accents Nrs 12,13,14 and 15.
Begin successively on all the notes playing down as well
as playing up.

Mêmes formule.. *mouvement contraire*

The same formula in *contrary motion*

XII

GAMMES	SCALES
Formules à 3 doigts : 9 notes. 12 notes. 30 notes. 36 notes. et 21 notes. Combinaisons de doigtés Mouvements contraires	Formulæ for 3 fingers : 9 notes, 12 notes, 30 notes, 36 notes and 21 notes. Combinations of fingerings Contrary motion

1º : 9 notes | 1st : 9 notes

Modèles (A) (B) (C) (D) pour le Nº 1.. Rythmer par 2 . 4 doigtés différents — Jouer 3 fois chaque gamme .

Patterns (A) (B) (C) (D) for Nr. 1.. Notes to be grouped in pairs . 4 different fingerings — Play each scale 3 times

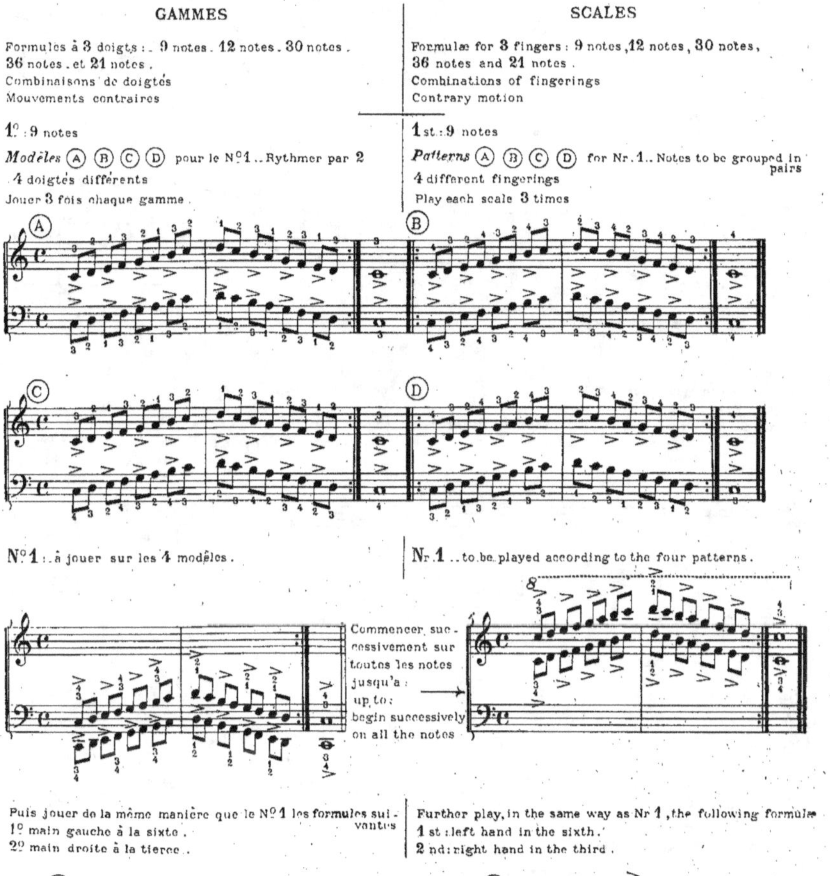

Nº 1 : à jouer sur les 4 modèles .

Nr. 1 .. to be played according to the four patterns.

Commencer successivement sur toutes les notes jusqu'a : → up to : begin successively on all the notes

Puis jouer de la même manière que le Nº 1 les formules suivantes . 1º main gauche à la sixte . 2º main droite à la tierce .

Further play, in the same way as Nr 1 , the following formulæ 1 st : left hand in the sixth . 2 nd : right hand in the third .

N. 1 (A)

N. 1 (B)

Ces différentes formules se jouent aussi en rythmant par 4 | These different formulæ are to be played also grouped in quadruplets

Exemple: / Example:

mouvement contraire (9 notes) | *contrary motion* (9 notes)

Jouer les 2 doigtés et les 2 combinaisons de doigtés (comme pour le Nº1) Rythmer par 2 seulement. | Play the two fingerings and the two combinations of fingerings (as for Nr.1) The notes to be grouped in pairs only.

N.2

Commencer successivement sur toutes les notes jusqu'à: | Begin successively on all the notes up to:

2º *12 notes* | 2 nd. *12 notes*

Mêmes observations que pour le Nº1 | Same observations as for Nr.1
2 doigtés. 2 combinaisons de doigtés | Two fingerings two combinations of fingerings
Rythmer par 2 : . Commencer successivement sur toutes les notes comprises entre le do 5me (m.d.) et le do 3me (m.d.) | the notes to be grouped in pairs : . Begin successively on all the notes between C 5 (right hand) and C 3 (right hand.)

N.3

Même formule (mouvement contraire) | Same formulæ (contrary motion)

N.4

Commencer sur toutes les notes jusqu'à: | up to: on all the notes.

Jouer de même (12 notes) avec 1º m.g. à la sixte inférieure (sur le Nº3) 2º m.d. à la tierce supérieure | Play likewise (12 notes) with left hand in the sixth below (on Nr.3) right hand in the third above

Exemples: Examples:

N.5 (A)   N.5 (B)

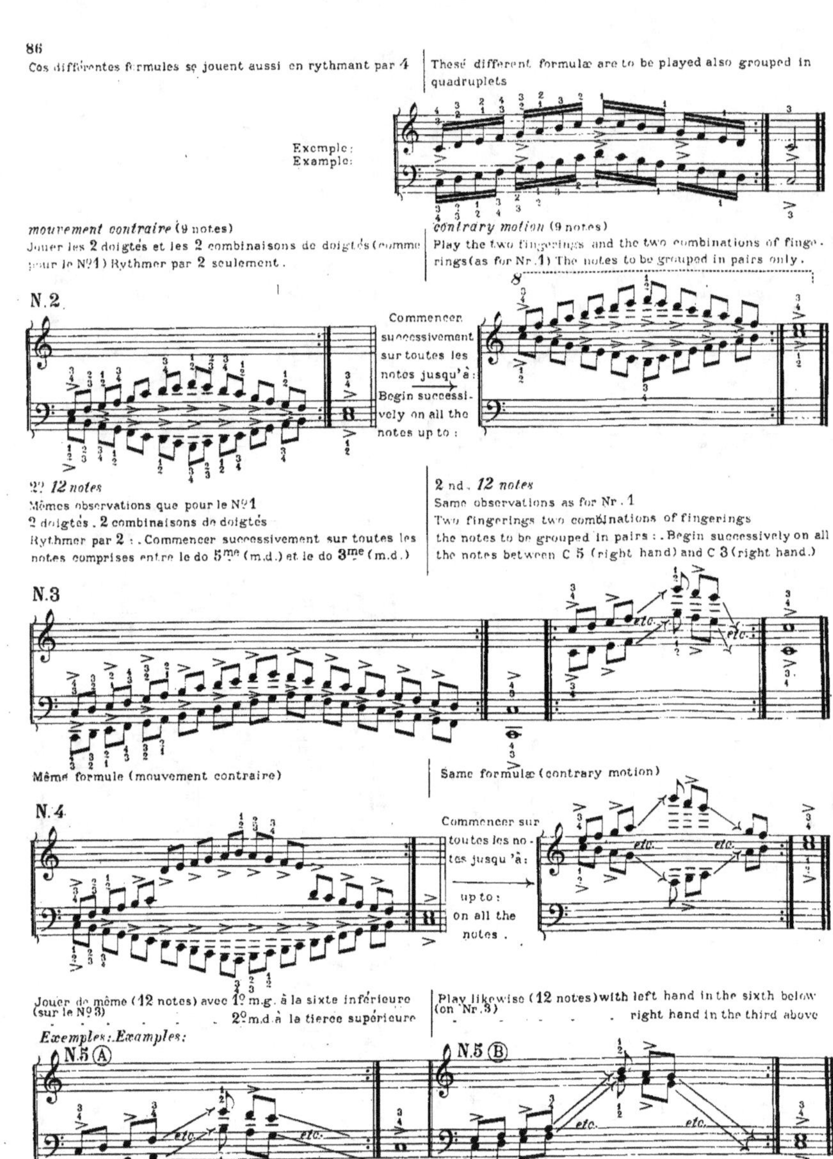

3º 30 notes .. 2 doigtés . 2 combinaisons de doigtés .
Rythmer par 2 et par 4 .

3 rd . 30 notes .. Two fingerings . two combinations of
fingerings . the notes to be grouped in pairs and quadruplets

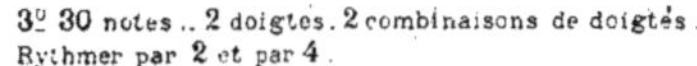

Même formule (30 notes) 1ᵉ m.g. à la sixte inférieure
2º m.d. à la tierce supérieure
(36 notes)

Same formula , 30 notes : 1 st , left hand in the sixth below
2 nd , right hand in third above
(36 notes)

mouvement contraire (21 notes)
Mêmes observations . Rythmer par 2 et par 4 pour les doigtés .

contrary motion. (21 notes)
Same observations ; for the fingerings the notes to be
grouped in pairs and quadruplets .

Formules de 30 notes . *main gauche décalée*   (pour le doigté)
Jouer les 2 doigtés . mais ne pas jouer les combinaisons de
doigtés .

Formulæ for 30 notes . *Shifts in the left hand fingering*
Play both fingerings , but not the combinations of fingerings .

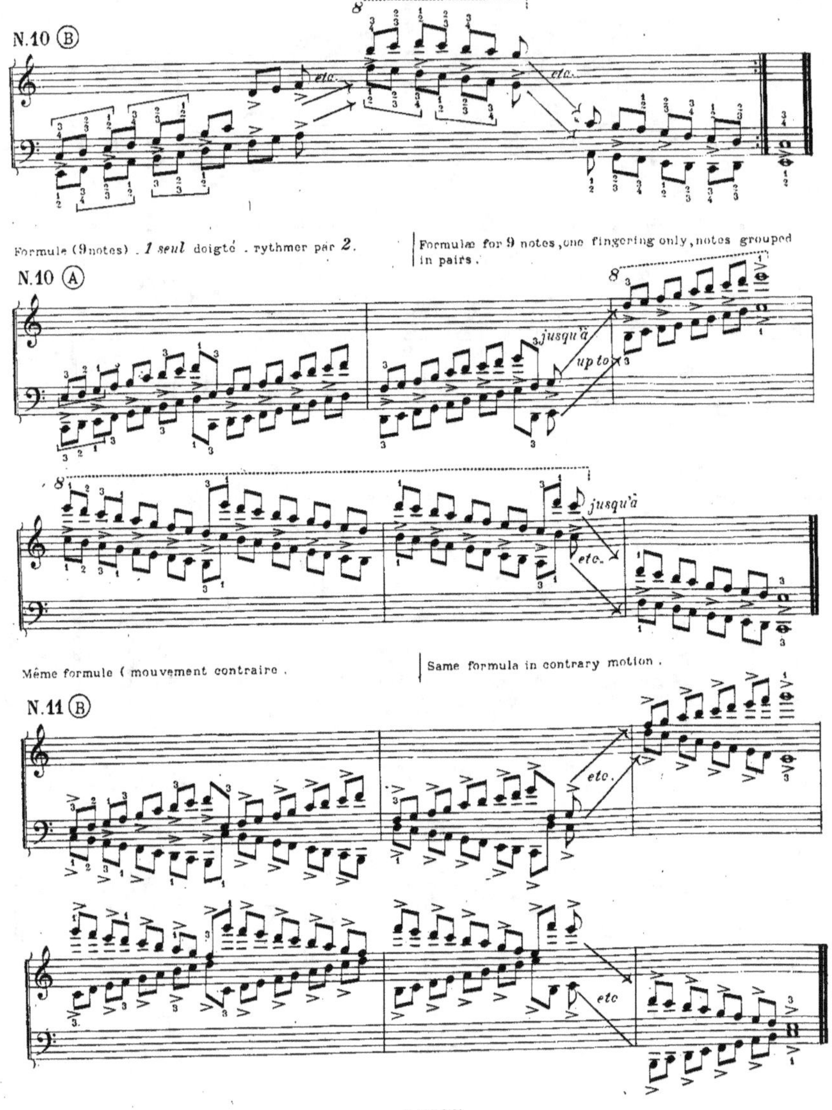

N.10 Ⓑ
etc.
etc.
Formule (9 notes) . *1 seul* doigté . rythmer par **2** .
Formulæ for 9 notes, one fingering only, notes grouped in pairs .
N.10 Ⓐ
jusqu'à
up to
jusqu'à
etc.
Même formule (mouvement contraire .
Same formula in contrary motion .
N.11 Ⓑ
etc.
etc

XIII

GAMMES	SCALES
Formules spéciales avec combinaisons de doigtés et formules avec mains alternantes.	*Special Formulæ* with combinations of fingerings and formulæ with alternating hands.

4 doigts et 3 doigts en montant
1° 3 . . 4 . en descendant

4 fingers and 3 fingers playing up
1st. 3 . . 4 . down

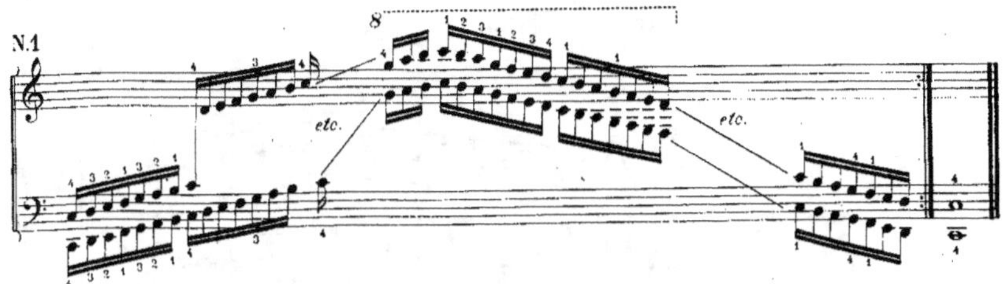

3 doigts et 4 doigts en montant
2° 4 . . 3 . en descendant

3 fingers and 4 fingers playing up
2nd. 4 . . 3 . down

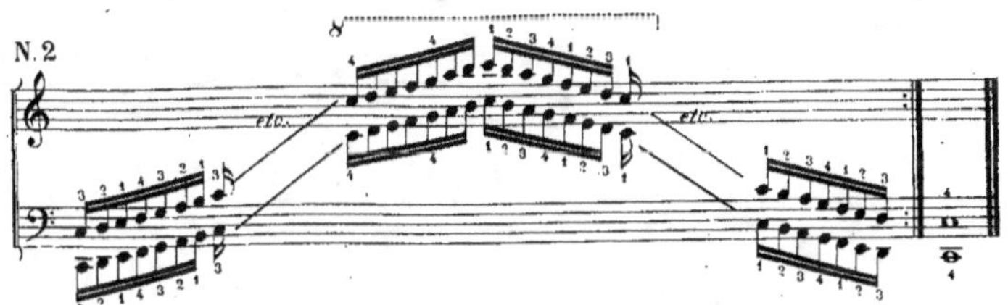

Formule par mouvement contraire (4 doigts et 3 doigts).	Formula in contrary motion (4 fingers and 3 fingers).

FORMULE SPÉCIALE (9 notes)   SPECIAL FORMULA (for 9 notes)

4 doigts 3 doigts et 2 doigts   4 fingers, 3 fingers and 2 fingers

6 doigtés différents { *ne pas rythmer* / *ne pas combiner les doigtés entre eux* }   6 different fingerings { No accents / No combination of fingerings }

N.4

1er et 2me doigtés — 1st and 2nd fingerings

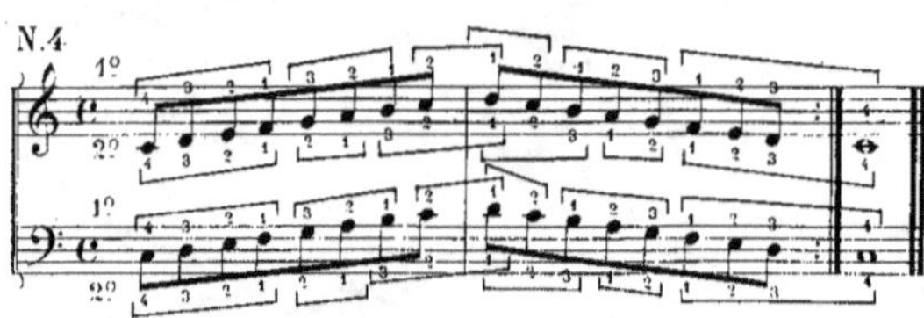

3me et 4me doigtés — 3rd and 4th fingerings

5me et 6me doigtés — 5th and 6th fingerings

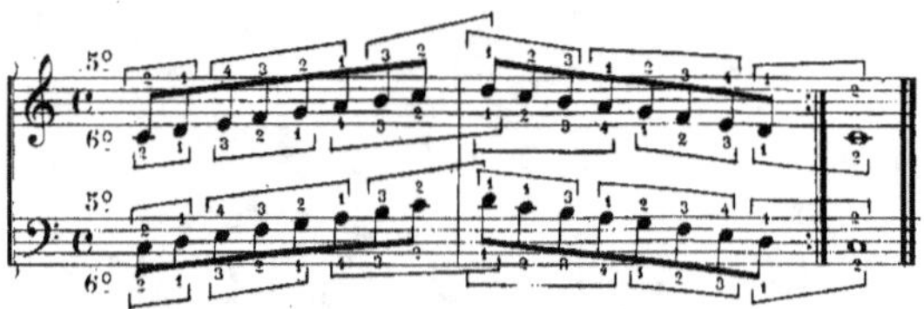

Même formule — *mouvement contraire*
(Mêmes observations que pour le Nº 4)

Same formula *in contrary motion*
(Same observations as for Nr. 4)

N.5

1er et 2me doigtés — 1st and 2nd fingerings

3me et 4me doigtés — 3rd and 4th fingerings

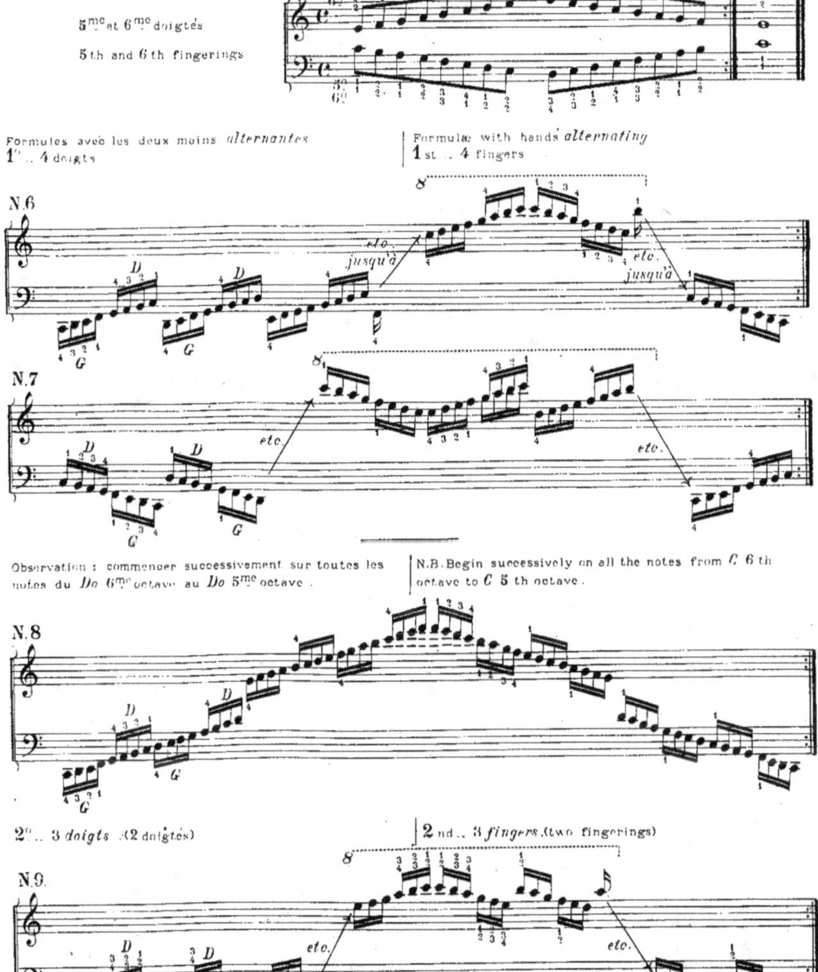
5me et 6me doigtés
5 th and 6 th fingerings
Formules avec les deux mains alternantes
1re .. 4 doigts
Formulæ with hands alternating
1 st .. 4 fingers
N.6
etc.
jusqu'à
etc.
jusqu'à
D
D
D
G
G
N.7
etc.
etc.
D
D
G
G
Observation : commencer successivement sur toutes les
notes du Do 6me octave au Do 5me octave .
N.B. Begin successively on all the notes from C 6 th
octave to C 5 th octave .
N.8
D
D
G
G
2e .. 3 doigts .(2 doigtés)
2 nd .. 3 fingers .(two fingerings)
N.9.
D
D
etc.
etc.
G
G

N.10

Commencer successivement sur toutes les notes du DO 6ᵐᵉ octave au Do 5ᵐᵉ octave | Begin successively on all the notes from C 6 th octave to C 5 th octave

N.11

3°..3 doigts et 4 doigts mélangés | 3 rd..3 fingers and 4 fingerings combined

Commencer successivement sur toutes les notes. du Do 6ᵐᵉ octave au Do 5ᵐᵉ octave (N°ˢ 12 et 13) | Begin successively on all the notes from C 6 th octave to C 5 th octave (Nrs 12 and 13)

N.12

N.13

Note:. Pour les gammes en 3ᶜᵉ en 6ᵗᵉ et en 8ᵛᵉ Voir aux exercices concernant les 3ᶜᵉˢ les 6ᵗᵉˢ et les 8ᵛᵉˢ. | N.B.. For scales in 3 rds, 6 ths and octaves, see exercises in 3 rds, 6 ths and octaves.

XIV

ARPÈGES

4 doigts et 3 doigts (différents doigtes)
Mains alternantes
Accords de 7me
Combinaisons de 4 et 3 doigts
Arpèges ascendants
Arpèges descendants

4 doigts, *mains alternantes*   (ascendantes et descendantes)

Rythmer par 5 (5 fois chaque arpège)
puis par 7 (7 fois chaque arpège) avant d'enchainer .

ARPEGGIOS

4 fingers and 3 fingers (different fingerings)
Alternating hands
Chords of the 7 th
Combinations of 4 and 3 fingers
Arpeggios up wards
Arpeggios downwards

4 fingers . *alternating hands* up and down

Group notes in quintuplets (5 times each arpeggio) before
Further group notes in septuplets (7 times each connecting
arpeggio before connecting)

N.1 Ⓐ

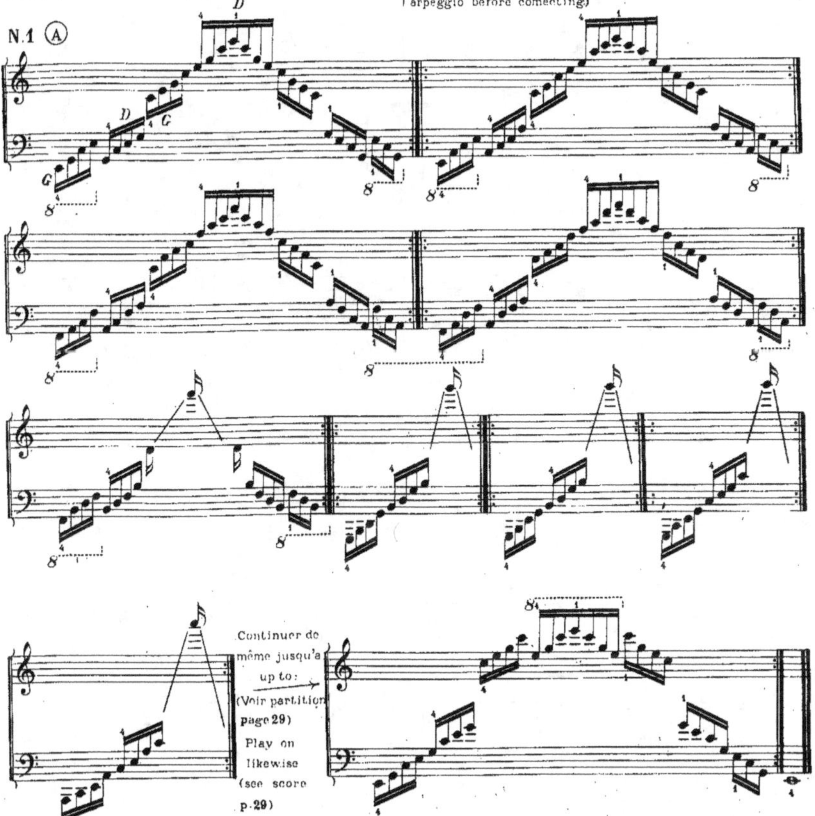

E.M.S.8101.

94

MAINS ALTERNANTES (Arpèges ascendants) *sans rythmer* | ALTERNATING HANDS (up words) *without accents*
1º répéter 5 fois chaque arpège *sans solution de continuité* | 1 st. Play 5 times each arpeggio without intermission
2º *une seule fois* chaque arpège *sans aucun arrêt*. | 2 nd. Once only each arpeggio with any stop.

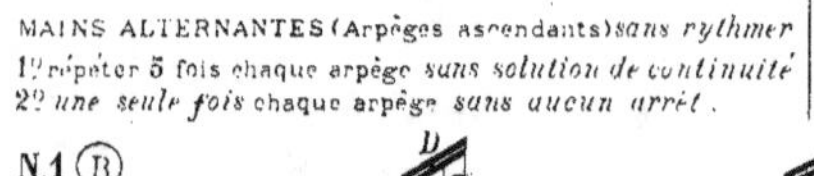
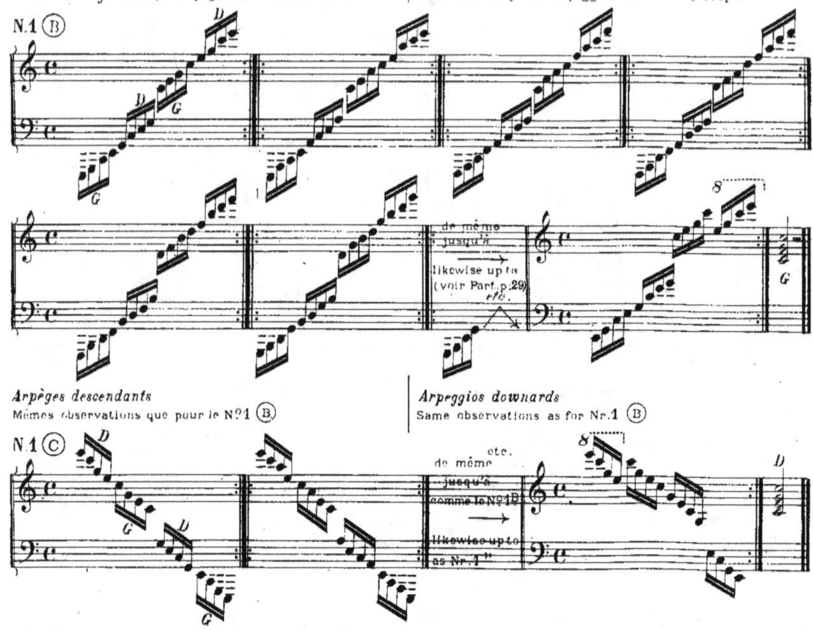

Arpèges descendants
Mêmes observations que pour le N.º1 B.

Arpeggios downwards
Same observations as for Nr.1 B

Même exercice sur l'accord de 7ᵐᵉ (Voir observations
du N.º1 A) Rythmer par 5 et par 7

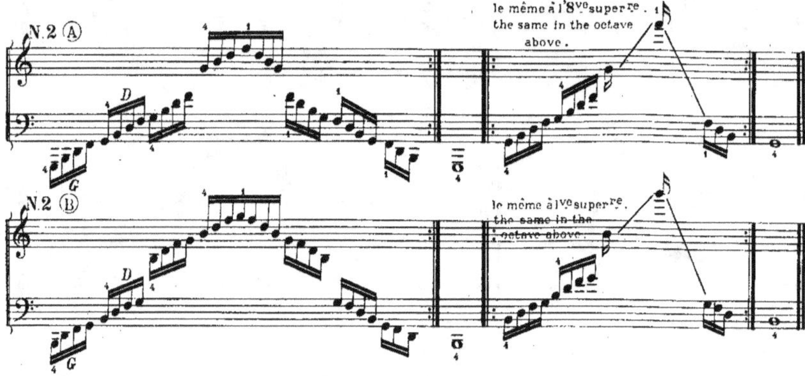

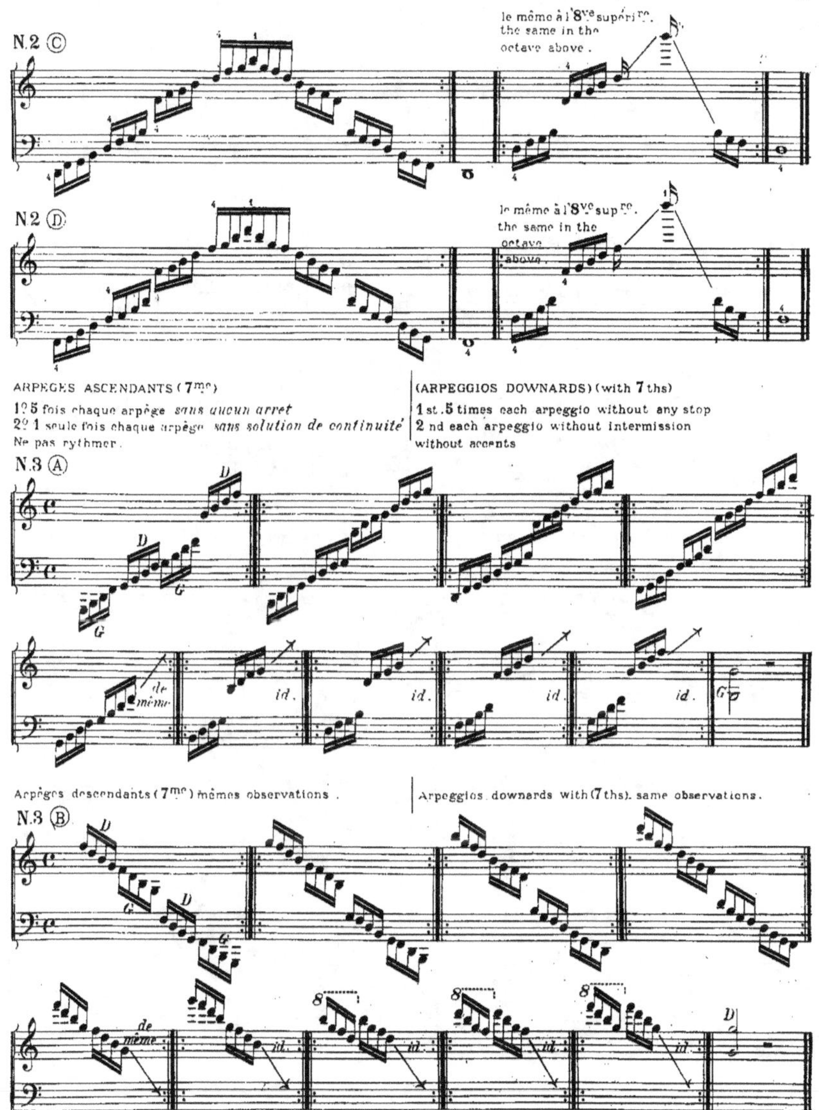

ARPEGES ASCENDANTS (7me)

1º 5 fois chaque arpège *sans aucun arret*
2º 1 seule fois chaque arpège *sans solution de continuité*
Ne pas rythmer.

(ARPEGGIOS DOWNARDS) (with 7 ths)

1st. 5 times each arpeggio without any stop
2 nd each arpeggio without intermission
without accents

N.3 A

Arpèges descendants (7me) mêmes observations.

Arpeggios downards with (7 ths). same observations.

N.3 B

Jouer aussi tous les arpèges sur l'accord de 7me dans les tons suivants: *Réb, Mib, Fa, Solb, Lab et Sib*.
Partition pour ces exercices.

Play also all the arpeggios on the chord of the 7 th in the following keys: *Db, Eb, F, Gb, Ab* and *Bb*.
Score for these exercises.

Arpèges (4 doigts) avec *retour par la main droite*.

Arpeggios for 4 fingers, with *reversal in the right hand*.

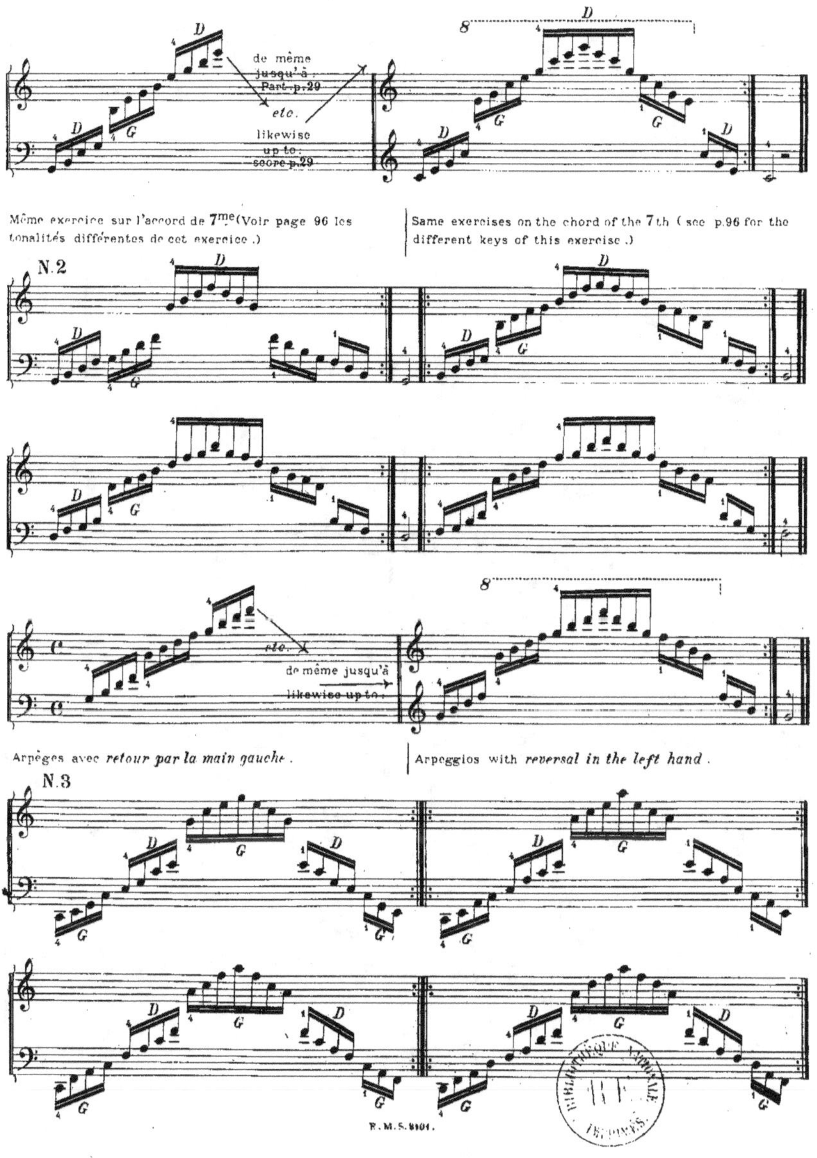
D
de même
jusqu'à
Part. p.29
etc.
likewise
up to
score p.29
8
D
D
G
G
D
Même exercice sur l'accord de 7me (Voir page 96 les tonalités différentes de cet exercice.)
Same exercises on the chord of the 7th (see p.96 for the different keys of this exercise.)
N.2
D
D
D
G
D
G
G
8
etc.
de même jusqu'à
likewise up to
Arpèges avec retour par la main gauche.
Arpeggios with reversal in the left hand.
N.3
D
G
D
G
G
D
G
D
G
G
D
G
G
D
D
G
G
R. M. S. 8101.

Même exercice sur l'accord de 7ᵐᵉ (Voir page 96 pour les différentes tonalités de cet exercice.)

Same exercise on the chord of the 7th (see p. 96 for the different keys of this exercise.)

N.4

ARPÈGES

3 doigts *mains alternantes*
Rythmer par 5 (soit 5 fois chaque arpège)
Employer les 2 doigtés
ne pas combiner les 2 doigtés.

ARPEGGIOS

3 fingers, *alternating hands*
Notes to be grouped in quintuplets (5 times each arpeggio)
Play bot fingerings; do not combine bot fingerings.

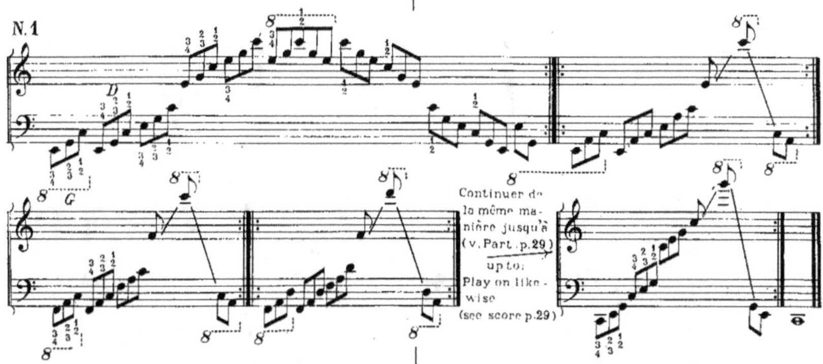

Même exercice sur *l'accord de 7me*
Rythmer par 5
Jouer aussi cet exercice en *Ré♭, Mi♭, Fa, Sol♭, La♭, Si♭*
Comme pour les arpèges à 4 doigts (Voir Partition page 96)
Employer les *2* doigtés

Same exercise on the chord of the 7 th
Group notes in quintuplets
Play also this exercise in *D♭, E♭, F, G♭, A♭, B♭* as has been done
For the exercises for 4 fingers. (see score p.96)
Play both fingerings

ARPEGES ASCENDANTS

2 doigtés (sans combinaisons) . ne pas rythmer
1º Jouer *5* fois chaque mesure *sans aucun arrêt*
2º Jouer *1* seule fois chaque mesure *sans solution de continuité.*

ARPEGGIOS UPWARDS

2 fingerings (without combinations,) without accents
1 st. *5* times each bar *without stopping*
2 nd. once only each bar *without intermission.*

ARPÈGES ASCENDANTS (7me)
Même observation que pour les Nos 3A et 3B.
(à jouer aussi en *Réb, Mib, Fa, Solb, Lab et Sib*
(Voir Part. page 96)

Arpeggios downwards (7 ths)
Same observation as for Nrs 3A and 3B.
To be played also in *Db, Eb, F, Gb, Ab* and *Bb*. See score.p.96

Arpèges descendants _ (7me)
Mêmes observations _ (ne pas oublier les tonalités différentes)

Arpeggios downwards (7 ths)
Same observations (do not forget the different keys.)

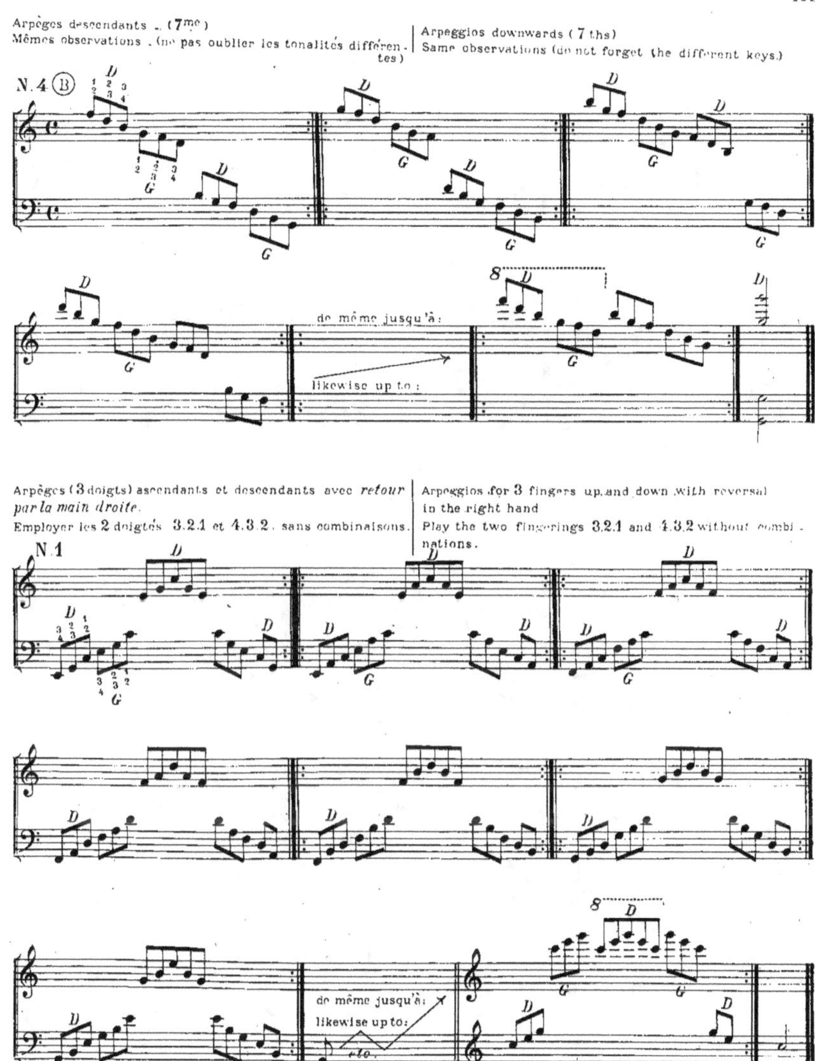

Même exercice sur l'accord de 7me
(Jouer toutes les tonalités habituelles)
Mêmes observations.

Same exercise on the chord of the 7th
(in all the usual keys)
Same observations as above.

Arpéges avec *retour sur la main gauche*
Mêmes doigtés . 3.2.1 . 4.3.2 .. sans combinaisons.

Arpeggios up and down with reversal in the left hand
Same fingerings 3.2.1 . 4.3.2 .. Without combinations.

Même exercice *sur l'accord de 7me*
Mêmes observations, et *autres tonalités*.

Same exercise on the chord of the 7 th same observations,
and other keys.

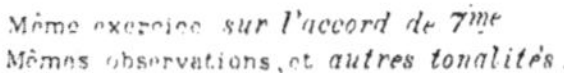

N.4

ARPÈGES

MAINS ALTERNANTES

Combinaisons de 4 doigts et 3 doigts
1º ..*4 doigts* à la main gauche . *3 doigts* à la main droite
Ne pas rythmer .

ARPEGGIOS

ALTERNATING HANDS

Combinations of 4 fingers and 3 fingers
1 st. 4 fingers in the left hand , 3 fingers in the right hand .
Without accents .

N. 1 (A)

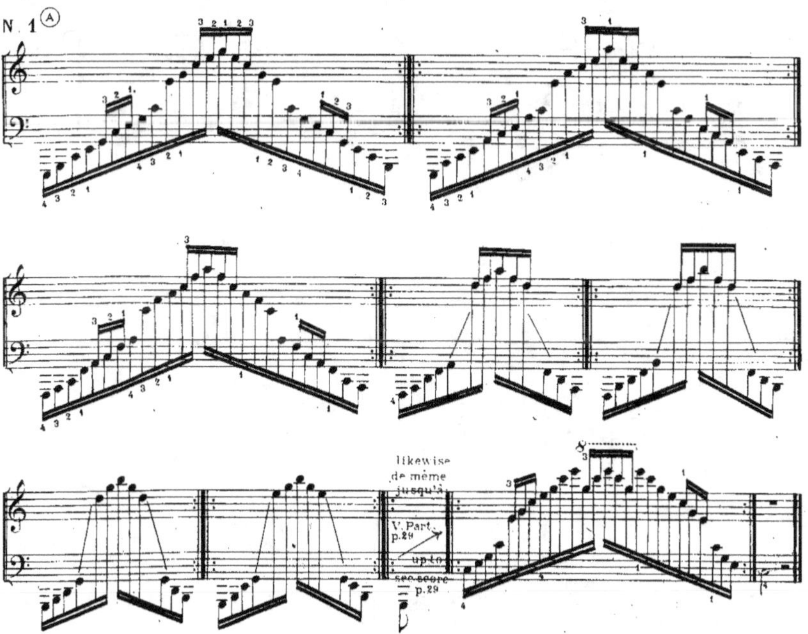

104

Accord de 7me (mêmes observations)
à jouer aussi en *Réb, Mi b, Fa, Solb, Lab* et *Sib* (Part.
page 96.)

Chord of the 7th (same observations)
Play also in *Db, Eb, F, Gb, Ab* and *Bb* (see score, p. 96.)

N. 2 Ⓐ

2? Jouer les mêmes exercices avec *3* doigts à la main
gauche et *4* doigts à la main droite
Exemples :

Play the same exercises with *3* fingers in the left hand
and *4* fingers, in the right hand.
Examples :

N. 1 Ⓑ

N. 2 Ⓑ

eto.

ARPÈGES ASCENDANTS
Mains alternantes
Combinaisons de *4* doigts et *3* doigts
(Enchaîner sans aucun arrêt.)

ARPEGGIOS UPWARDS
Alternating hands
Combinations of *4* fingers and *3* fingers
(Connect without stopping)

N. 1

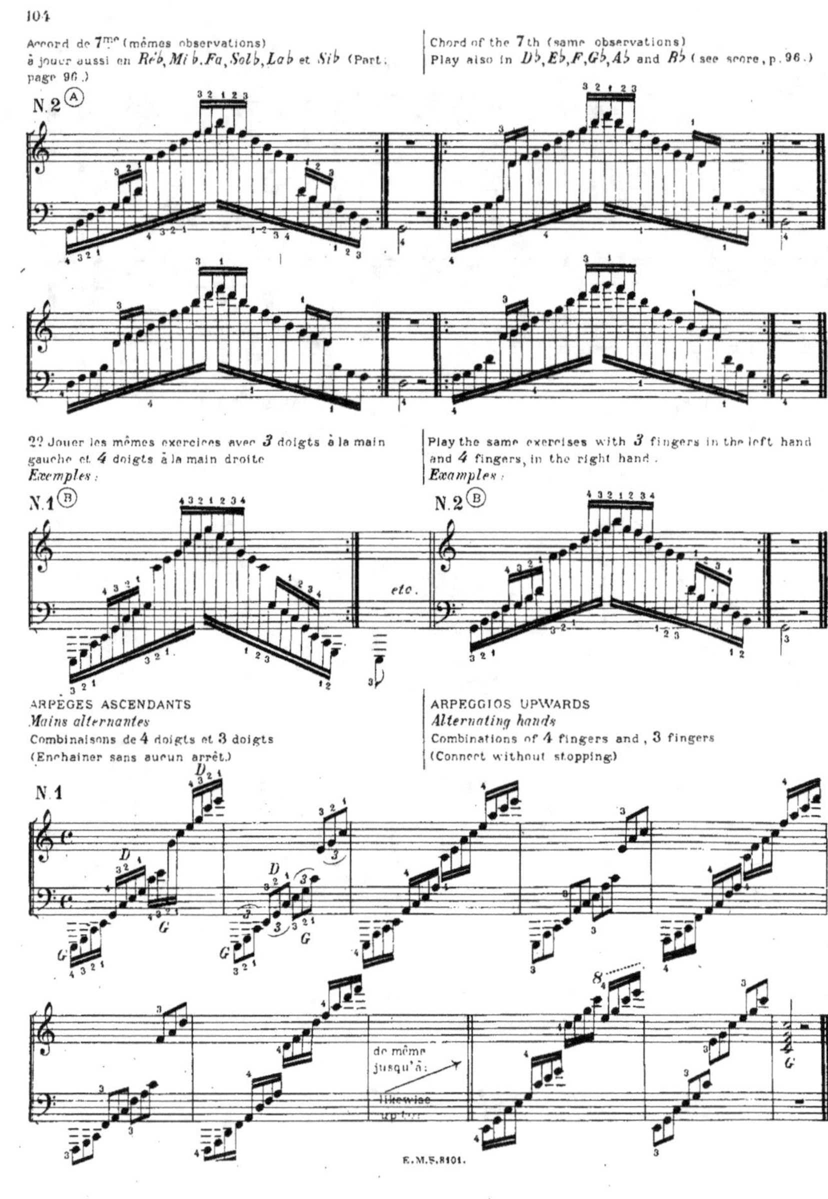

E. M. S. 8101.

Même exercice sur l'accord de **7me**
à jouer aussi en *Reb, Mib, Fa, Solb, Lab* et *Sib*.

Same exercise on the chord of the **7**th
To be played also in *Db, Eb, F, Gb, Ab,* and *Bb*.

N.2

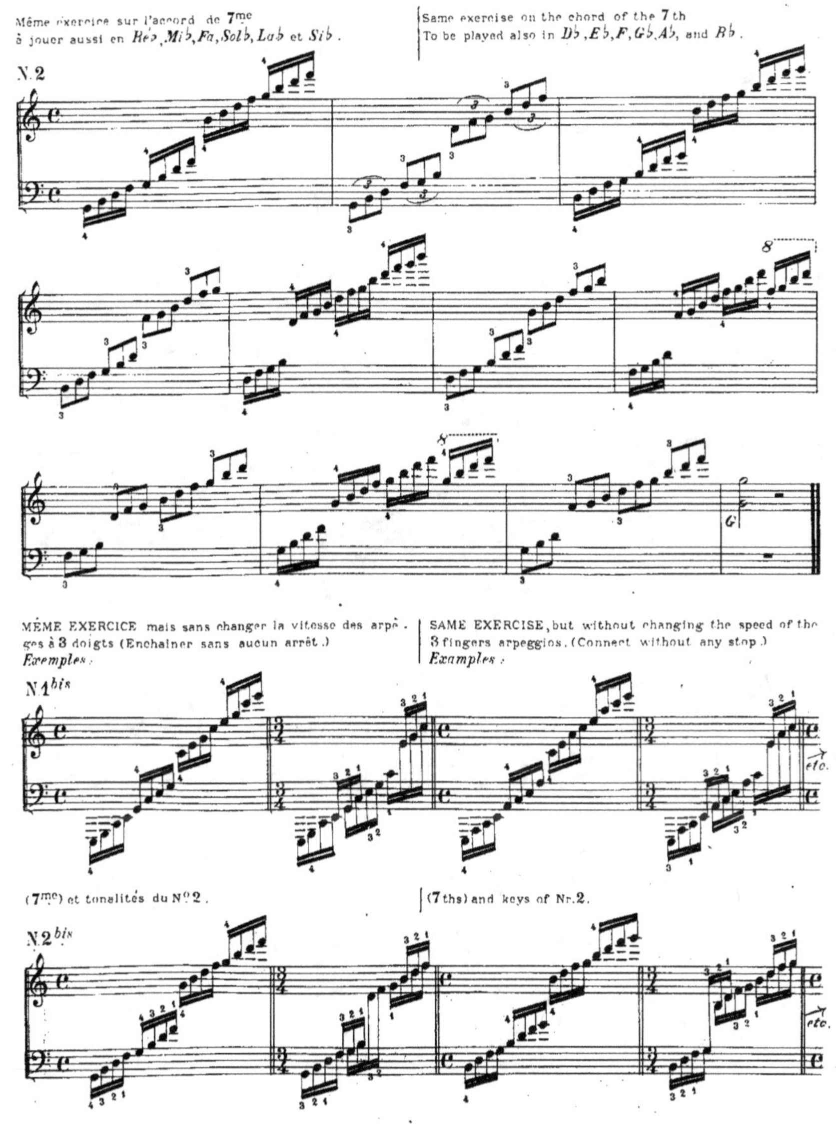

MÊME EXERCICE mais sans changer la vitesse des arpèges à 3 doigts (Enchaîner sans aucun arrêt.)
Exemples:

SAME EXERCISE, but without changing the speed of the
3 fingers arpeggios. (Connect without any stop.)
Examples:

N 1 *bis*

(**7me**) et tonalités du N°2.

(**7**ths) and keys of Nr.2.

N 2 *bis*

MÊMES FORMULES en ARPEGES DESCENDANTS)
(enchaîner sans arrêt.)
SAME FORMULAE in DOCONWARD ARPEGGIOS
(Connect without stopping.)
N.3
de même
jusqu'à
likewise
down to:
(Sur l'accord de 7me) à jouer aussi en Réb, Mib, Fa,
Solb, Lab et Sib.
(On the chord of the 7 th) to be played also in Db, Eb, F,
Gb. Ab and Bb
N.4

MÊMES EXERCICES sans changer la vitesse des arpèges à 3 doigts. Exemples:
N.3 bis
SAME EXERCISES without changing speed, for 3 fingers. Examples:
(7me) et tonalité du N.o 4
N.4 bis
(7ths) and keys of Nr.4
etc.
ARPÈGES ASCENDANTS
1o 4 doigts à la main gauche et 3 doigts à la main droite
Mains alternantes 1o jouer 5 fois de suite chaque mesure.
(sans aucun arrêt) 2o jouer 1 seule fois chaque mesure (enchainer sans solution de continuité.)
N.5
ARPEGGIOS DOWNWARDS
1o 4 fingers in the left hand and 3 fingers in the right hand
Alternating hands. 1o each bar to be played 3 times without stopping.. 2o each bar to be played only once (connect without intermission.
de même jusqu'à:
likewise up to:
Même exercice sur l'accord de 7me à jouer aussi en Reb, Mib, Fa Solb, Lab, et Sib.
Same exercise on the chord of the 7th
To be played also in Db, Eb, F, Gb, Ab and Bb.
N.6

MÊMES EXERCICES. (Mêmes observations)
29) *3 doigts* à la main gauche et *4 doigts* à la main droite.

SAME EXERCISES (Same observations)
29) *3 fingers* in the left hand and *4 fingers* in the right hand.

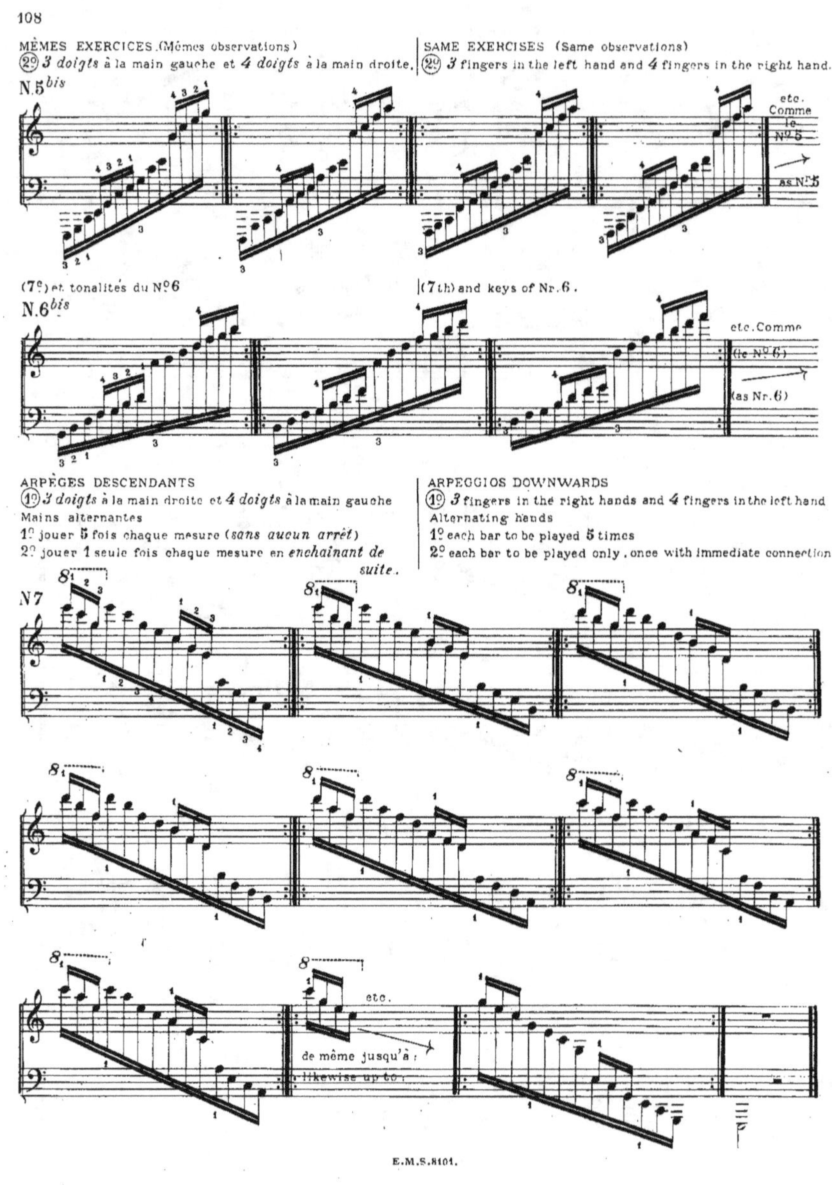

Même   exercice sur l'accord de **7**^{me}. | Same exercise on the chord of the **7** th.
à jouer aussi en *Réb*, *Mib*, *Fa*, *Solb*, *Lab* et *Sib*. | To be played also in *Db Eb F Gb Ab* and *Bb*.

MÊMES EXERCICES ..*Mêmes observations* | SAME EXERCISES, Same observations
4 doigts à la main droite et *3 doigts* à la main gauche | (2°) *4* doigts à la main droite et *3* doigts à la main gauche.

(**7**^{me}) et tonalités du N° *8* . | (7 th) and keys of Nr. *8* .

XV

ARPÈGES SIMULTANÉS AUX 2 MAINS	ARPEGGIOS IN BOTH HANDS
4 doigts - un passage	4 fingers
Décalages	Shifts
Accords de 7me	Chords of the 7 th
Mouvements contraires	Contrary motions
2 Passages de doigts	Two crossings
3 doigts . 2 passages	3 fingers, 2 crossings
Décalages	Shifts
Accords de 7me	Chords of the 7 th
Mouvements contraires	Contrary motions
Combinaisons de 4 et 3 doigts	Combinations of 4 and 3 fingers

4 DOIGTS.. 1 PASSAGE
Rythmer par 3

4 FINGERS .1 CROSSING.
The notes to be grouped in triplets

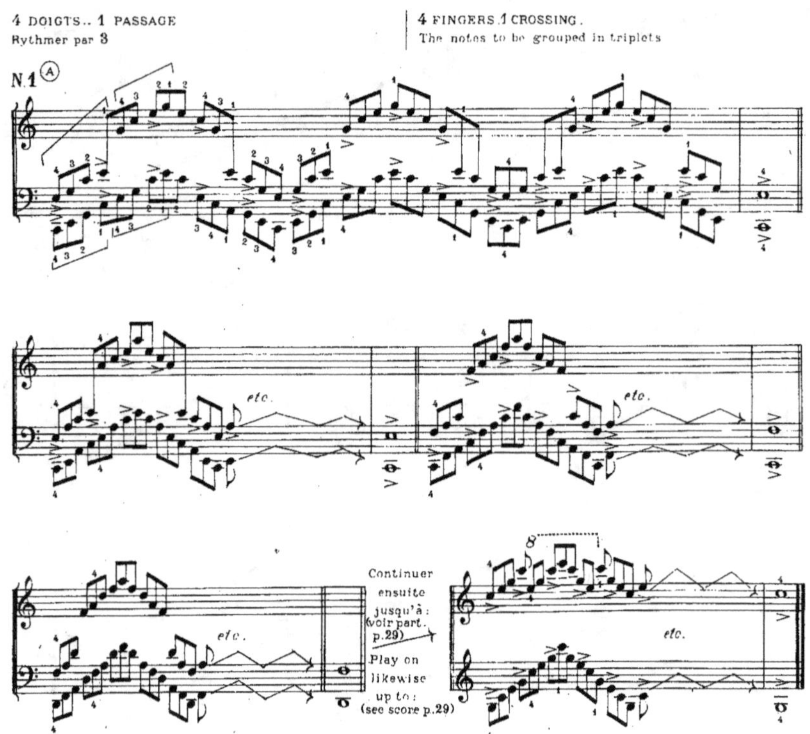

Jouer les mêmes arpèges mais des points de départs différents pour la main droite.
Exemples

Play the same arpeggios with different starting points in the right hand.
Examples:

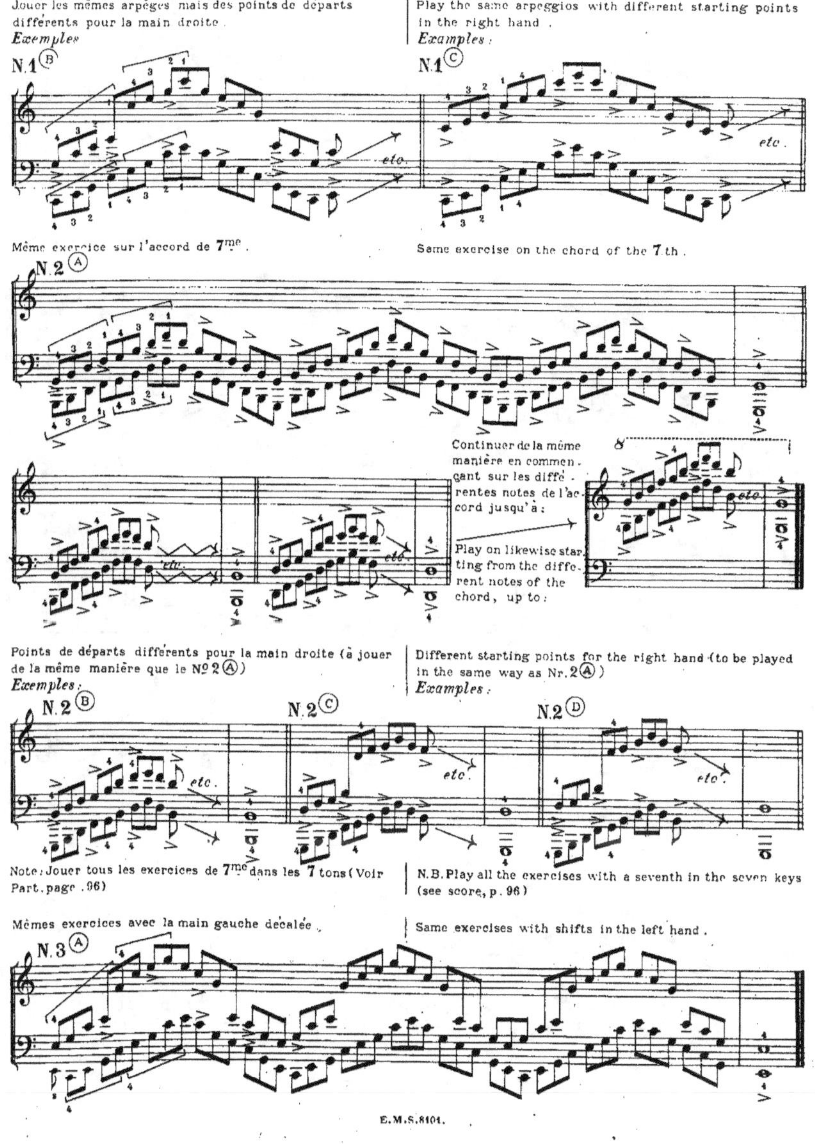

Points de départs différents pour la main droite (à jouer de la même manière que le N° 2 Ⓐ)
Exemples:

Different starting points for the right hand (to be played in the same way as Nr. 2 Ⓐ)
Examples:

Note: Jouer tous les exercices de 7me dans les 7 tons (Voir Part. page 96)

N.B. Play all the exercices with a seventh in the seven keys (see score, p. 96)

Mêmes exercices avec la main gauche décalée.

Same exercises with shifts in the left hand.

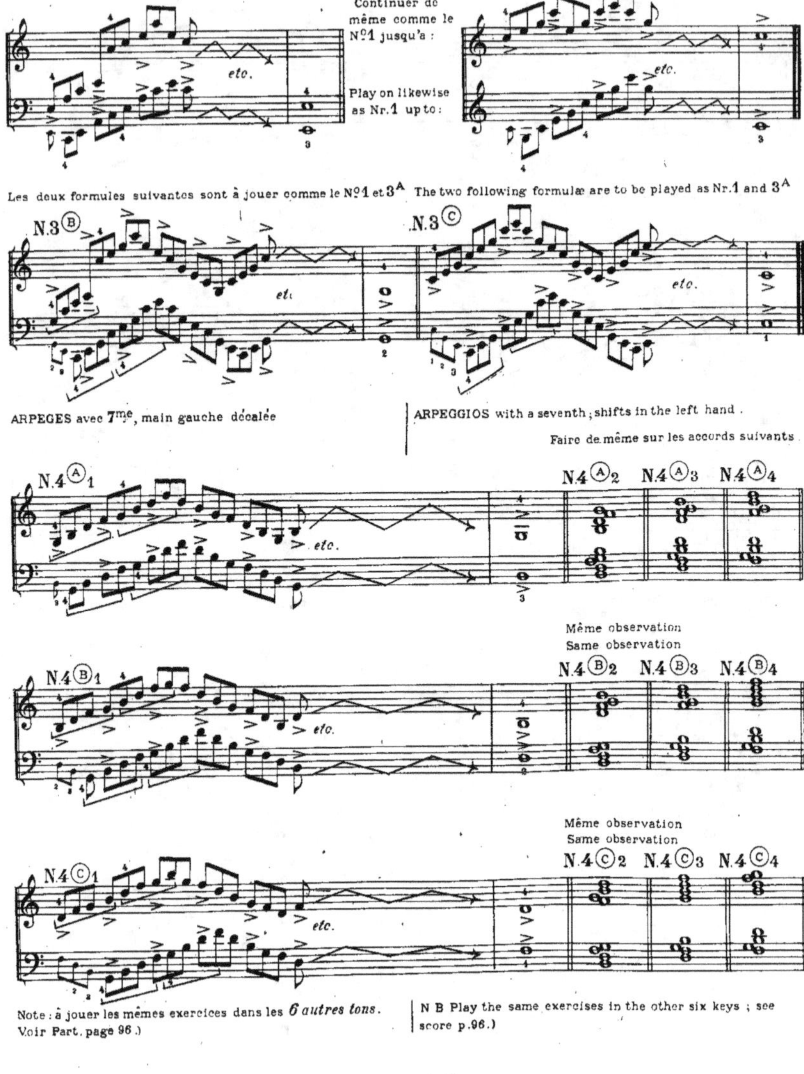
Continuer de
même comme le
Nº1 jusqu'a :

Play on likewise
as Nr.1 up to :

Les deux formules suivantes sont à jouer comme le Nº1 et 3ᴬ   The two following formulæ are to be played as Nr.1 and 3ᴬ

N.3 Ⓑ
N.3 Ⓒ
etc.
etc.

ARPEGES avec 7ᵐᵉ, main gauche décalée
ARPEGGIOS with a seventh; shifts in the left hand.

Faire de même sur les accords suivants.

N.4 Ⓐ 1
N.4 Ⓐ 2   N.4 Ⓐ 3   N.4 Ⓐ 4
etc.

Même observation
Same observation

N.4 Ⓑ 1
N.4 Ⓑ 2   N.4 Ⓑ 3   N.4 Ⓑ 4
etc.

Même observation
Same observation

N.4 Ⓒ 1
N.4 Ⓒ 2   N.4 Ⓒ 3   N.4 Ⓒ 4
etc.

Note : à jouer les mêmes exercices dans les 6 autres tons.
Voir Part. page 96.)

N B Play the same exercises in the other six keys ; see
score p.96.)

Mêmes exercices par *mouvement contraire*
à jouer sur la partition de l'Arpeggio
(Comme le N°1 des arpèges simultanées)
Exemple :

Same exercises in contrary motion
To be played accord to score p.
(as Nr 1 of arpeggios for both hands)
Example :

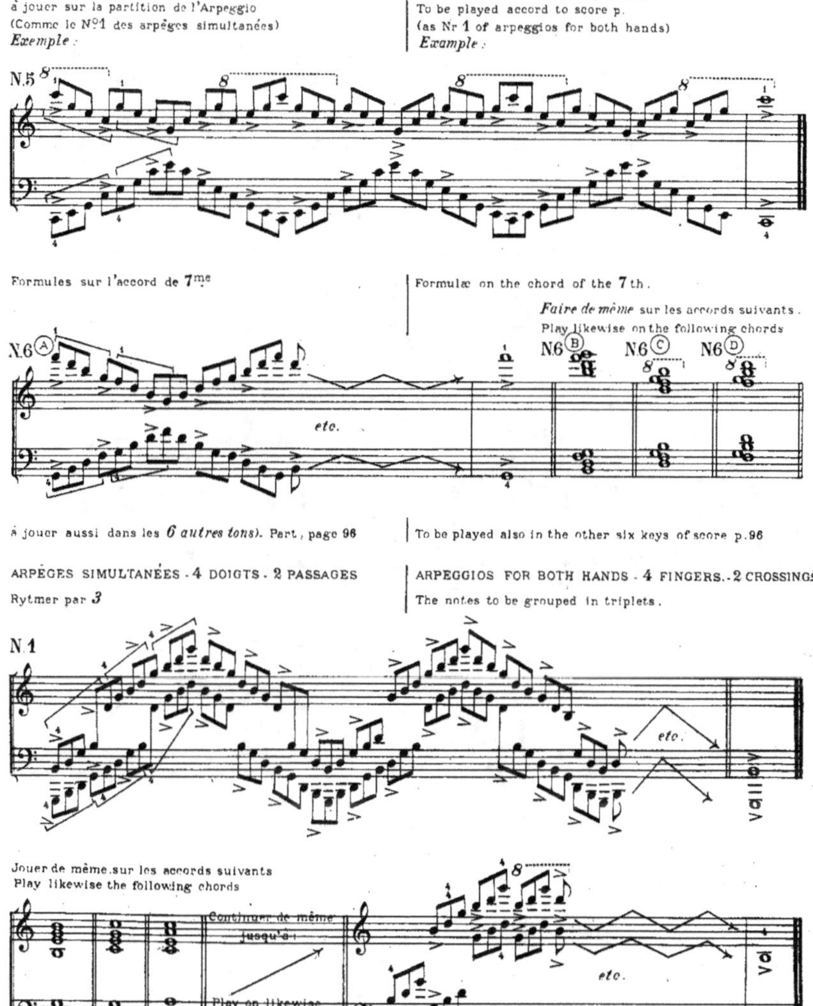

à jouer aussi dans les *6 autres tons*). Part, page 96

To be played also in the other six keys of score p.96

ARPÉGES SIMULTANÉES . 4 DOIGTS . 2 PASSAGES
Rytmer par *3*

ARPEGGIOS FOR BOTH HANDS . 4 FINGERS . 2 CROSSINGS
The notes to be grouped in triplets .

Même exercice sur *l'accord de 7me* (ut maj.) et dans 6 autres tons (Part. page 96)

Same exercise on the chord of the 7th, in C major and in six other keys (see score, p. 96)

De même sur les accords suivants:
The same on the following chords:

N.2

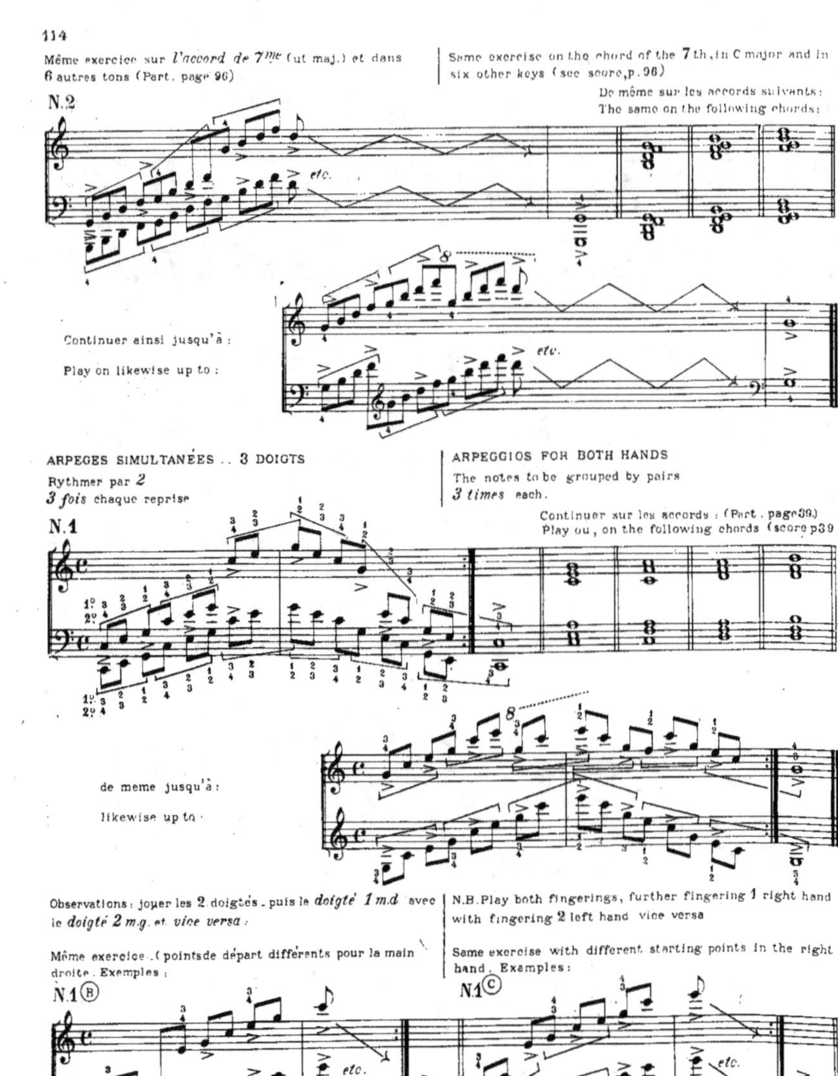

Continuer ainsi jusqu'à :

Play on likewise up to :

ARPÈGES SIMULTANÉES .. 3 DOIGTS
Rythmer par *2*
3 fois chaque reprise

N.1

ARPEGGIOS FOR BOTH HANDS
The notes to be grouped by pairs
3 times each.

Continuer sur les accords : (Part. page 39.)
Play ou, on the following chords (score p 39.)

de même jusqu'à :

likewise up to :

Observations : jouer les 2 doigtés - puis le *doigté 1 m.d* avec le *doigté 2 m.g.* et *vice versa* :

N.B. Play both fingerings, further fingering 1 right hand with fingering 2 left hand vice versa

Même exercice . (points de départ différents pour la main droite . Exemples :

Same exercise with different starting points in the right hand . Examples :

N.1 Ⓑ

N.1 Ⓒ

Formules avec la main gauche décalée
à jouer sur la Partition page 39 et le modèle du Nº 1
Même doigté . mêmes observations
Exemples :

Formulæ with shifts in the left hand
To be played according to score p.39 and pattern of Nr.1
Same fingerings . same observations
Examples :

Mêmes arpèges sur l'accord *de 7me*
Mêmes *doigtés* mêmes observations que pour le Nº 1
Exemples :

Same arpeggios on the chord of the **7** th.
Same fingerings , same observations as for Nr .1
Examples :

Points de départ différents pour la *main droite .*

Different starting points for the right hand .

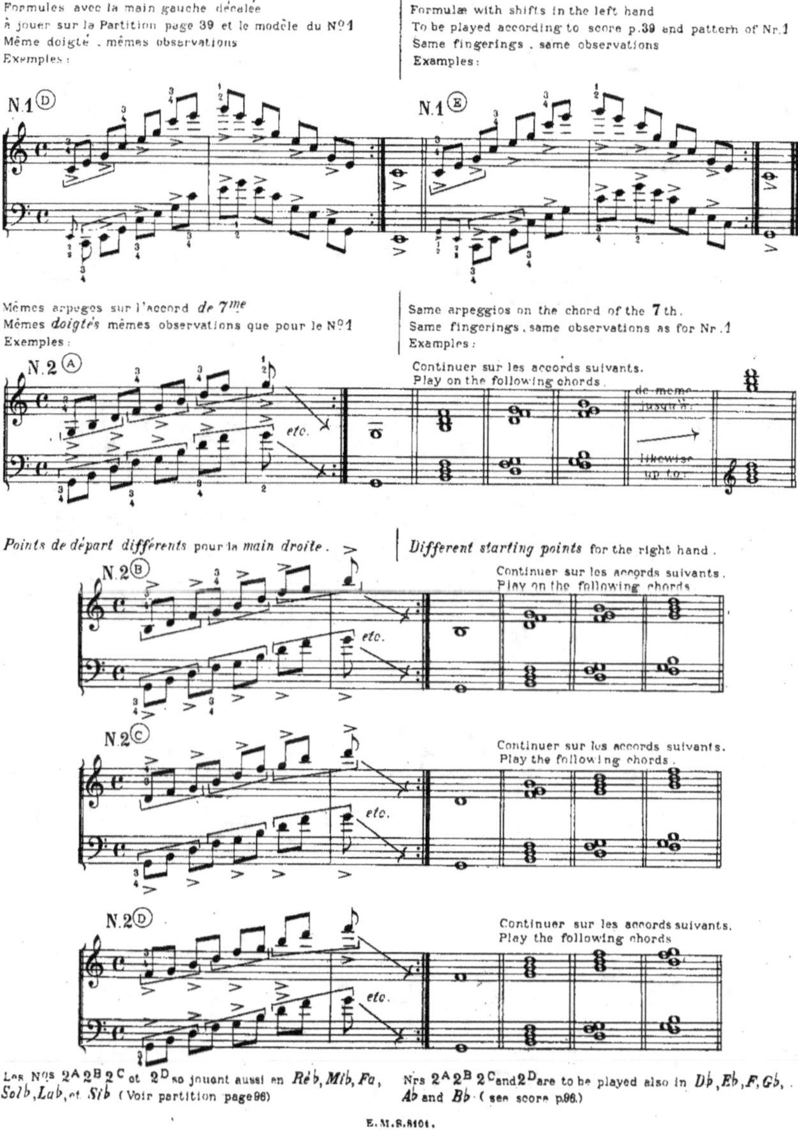

Les Nºs 2^A 2^B 2^C et 2^D se jouent aussi en *Réb, Mib, Fa,*
Solb, Lab, et *Sib* (Voir partition page 96)

Nrs 2^A 2^B 2^C and 2^D are to be played also in *Db, Eb, F, Gb,*
Ab and *Bb* (see score p.96.)

Même exercice. *main gauche décalée*.à jouer comme le N.º 2 dans les *6 autres tons*.

Same exercise. Shifts in the left hand, to be played, as Nr 2, in the other six keys.

MOUVEMENT CONTRAIRE
Mêmes doigtés .mêmes observations que pour les N.ºˢ précédents . *Rythmer* par 2 (On peut enchainer sans s'arrêter sur la 6.ᵐᵉ mesure .

CONTRARY MOTION
Same fingerings, same observations as for the above exercises The notes to be grouped in pairs (the arpeggios may be connected without stopping at the 6 th bar.

Même exercice .points de départ différents pour la main droite.

Same exercise, different starting points for the right hand.

ACCORD de 7.ᵐᵉ . Mêmes observations.

CHORD OF THE **7** th. Same observations.

Tous ces exercices (7e) doivent se jouer aussi en Reb, Mib, Fa, Solb, Lab et Sib. (part. page 96.)

All these exercises (7th) are to be played also in Db, Eb, F, Gb, Ab and Bb. (see score p. 96)

ARPEGES AUX DEUX MAINS
Combinaison de 4 et 3 doigts ou de 3 et 4 doigts
Observations : 1º Rythmer par 2, 2º jouer les 2 doigtés 1º(4,3,2,1.3,2,1). puis 2º(3 2 1..4 3 2 1) 3º inverser les doigtés.soit: doigté 1 M.D. avec doigté 2 M.G. et vice versa.

ARPEGGIOS FOR BOTH HANDS
Combination of 4 and 3 fingers or 3 and 4 fingers
N.B..1 st Group the notes in pairs; 2 nd play the two fingerings 1.4 3 2 1.3 2 1;.2.3 2 1.4 3 2 1..3 rd. Invers the fingerings : fingering 1 r.h. with fingering 2 l.h. and vice versa.

Même formule avec *points de départ* différents pour la main droite (mêmes observations)

Same formulæ with different starting points in the right hand. (Same observations.)

N.1 Ⓑ 

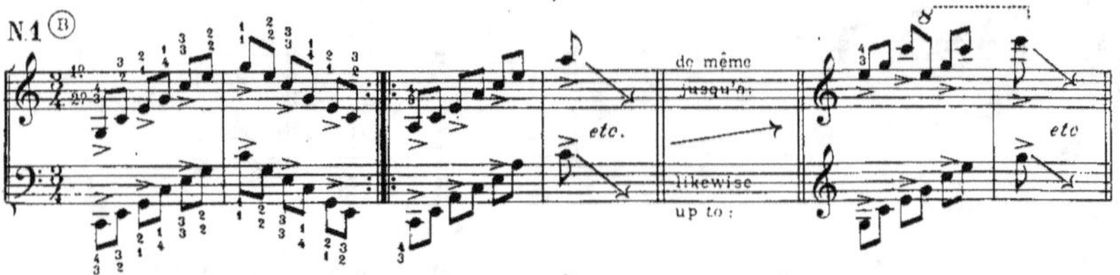

N.1 Ⓒ

Accord de 7me Mêmes exercices
à jouer comme le N°1 (doigtés, rythme etc.)

Chord of the 7th.. Same exercises
To be played as Nr.1 (fingering, accents etc.)

N.2 Ⓐ

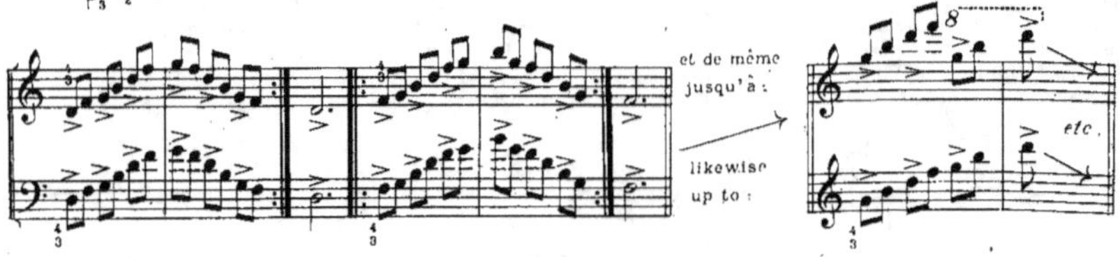

Points de départs différents pour la main droite.

Different starting points for the right hand.

N.2 Ⓑ

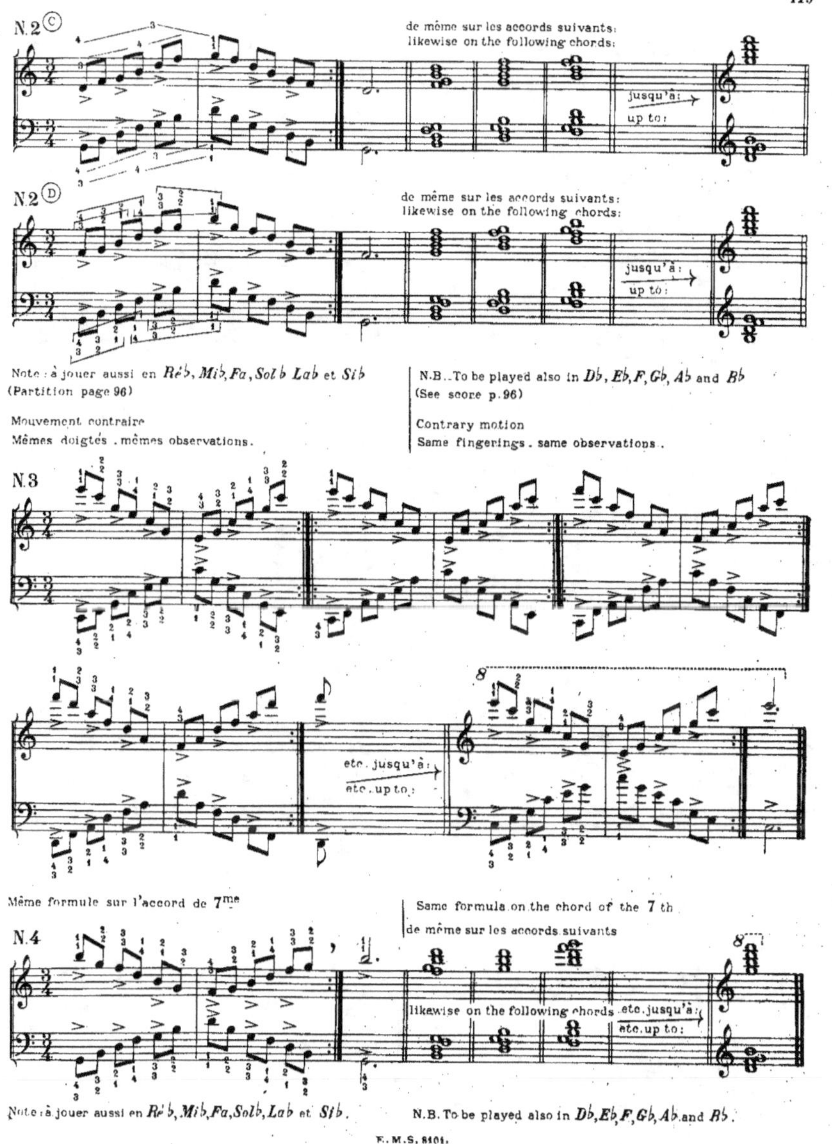
N.2 C
de même sur les accords suivants:
likewise on the following chords:
jusqu'à:
up to:
N.2 D
de même sur les accords suivants:
likewise on the following chords:
jusqu'à:
up to:
Note : à jouer aussi en Réb, Mib, Fa, Solb Lab et Sib
(Partition page 96)
Mouvement contraire
Mêmes doigtés . mêmes observations.
N.B..To be played also in Db, Eb, F, Gb, Ab and Bb
(See score p.96)
Contrary motion
Same fingerings . same observations .
N.3
etc. jusqu'à:
etc. up to:
Même formule sur l'accord de 7me
Same formula on the chord of the 7 th
N.4
de même sur les accords suivants
likewise on the following chords
etc. jusqu'à:
etc. up to:
Note : à jouer aussi en Réb, Mib, Fa, Solb, Lab et Sib .
N.B. To be played also in Db, Eb, F, Gb, Ab and Bb .

XVI

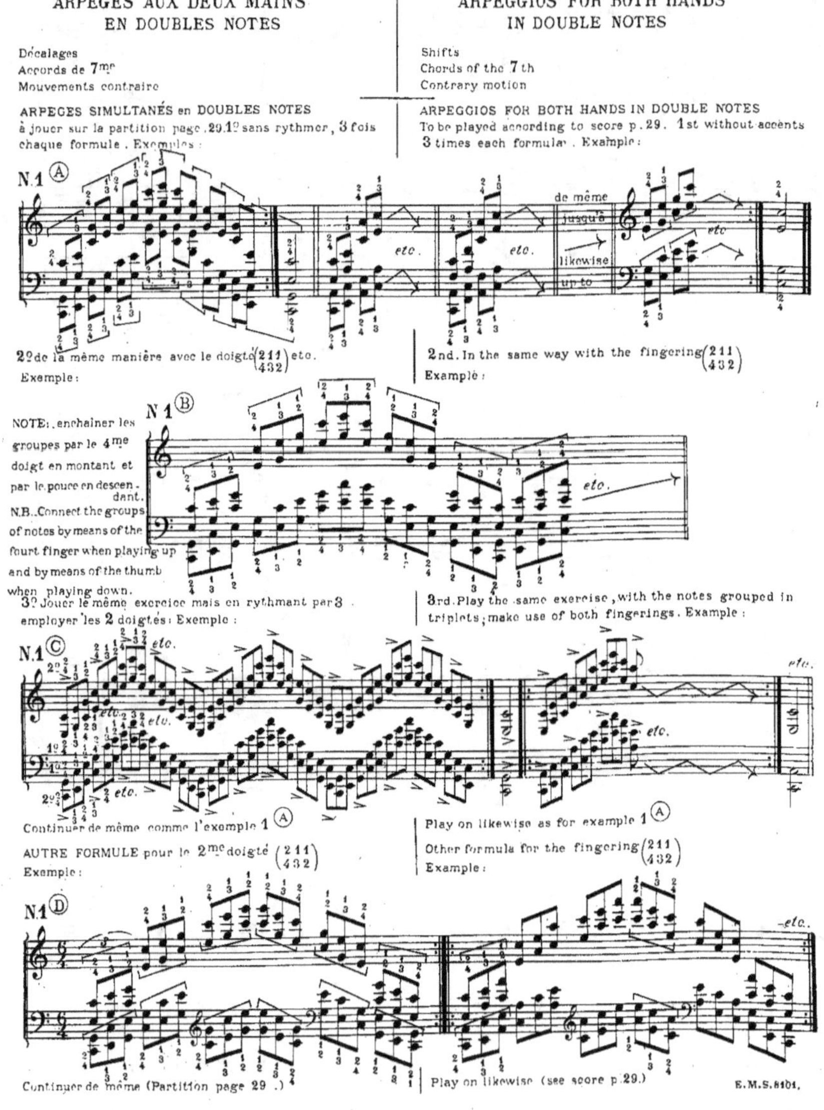

ARPEGES AUX DEUX MAINS
EN DOUBLES NOTES

Décalages
Accords de 7me
Mouvements contraire

ARPEGES SIMULTANÉS en DOUBLES NOTES
à jouer sur la partition page .29.1º sans rythmer , 3 fois
chaque formule . Exemples :

N.1 Ⓐ

2º de la même manière avec le doigté (2 1 1) (4 3 2) etc.

Exemple :

NOTE: .enchaîner les
groupes par le 4me
doigt en montant et
par le pouce en descen-
dant.
N.B..Connect the groups
of notes by means of the
fourt finger when playing up
and by means of the thumb
when playing down.

N.1 Ⓑ

3º Jouer le même exercice mais en rythmant par 3 .
employer les 2 doigtés : Exemple :

N.1 Ⓒ

etc.
etc.
etc.
etc.

Continuer de même comme l'exemple 1 Ⓐ

AUTRE FORMULE pour le 2me doigté (2 1 1) (4 3 2)
Exemple :

N.1 Ⓓ

etc.

Continuer de même (Partition page 29 .)

ARPEGGIOS FOR BOTH HANDS
IN DOUBLE NOTES

Shifts
Chords of the 7 th
Contrary motion

ARPEGGIOS FOR BOTH HANDS IN DOUBLE NOTES
To be played according to score p.29. 1st without accents
3 times each formula . Example :

de même
jusqu'à
likewise
up to

etc

2nd. In the same way with the fingering (2 1 1) (4 3 2)
Example :

etc.

3rd.Play the same exercise ,with the notes grouped in
triplets ; make use of both fingerings. Example :

etc.

Play on likewise as for example 1 Ⓐ

Other formula for the fingering (2 1 1) (4 3 2)
Example :

etc.

Play on likewise (see score p.29.)

Mêmes exercices sur *l'accord de 7me*
à jouer de la même manière que les Nos 1(A) 1(B) et 1(C)
Soit: 1° sans rythmer. fois chaque formule.
   2° avec les 2 doigtés
   3° en rythmant par 3. et avec les 2 doigtés.
Exemple:

Same exercises on the chord of the 7th
To be played in the same way as Nrs. 1(A) 1(B) and 1(C)
Viz. 1st without accents *three* times each formula
   2nd with the two fingerings
   3rd with notes grouped in triplets and the two
fingerings. Example:

Note: jouer en exercices (7mes) en *Réb, Mib, Fa, Solb, Lab* et *Sib.*
Autre formule pour le 2me doigté (2 1 1 / 4 3 2)
Comme le N° 1 (D)

N.B: Play these exercises (7ths) in *Db, Eb, F, Gb, Ab* and *Bb.*
Other formula for the second fingering 2 1 1 / 4 3 2
as Nr.1 (D)

Note: Et aussi en *Réb, Mib, Fa, Solb, Lab* et *Sib.*

N.B. Also in *Db, Eb, F, Gb, Ab* and *Bb.*

E.M.S.8101.

POINTS de DÉPARTS DIFFÉRENTS pour la main droite | DIFFERENT STARTING POINTS for the right hand
Mêmes observations que pour les exercices précédents | Same observations as for the above exercises
soit : 2 doigtés . rythme . et formule spéciale (1 Ⓓ) etc . | Viz . 2 fingerings , accents , special formula 1 Ⓓ

N.3 Ⓐ 

N.3 Ⓑ

Continuer sur Partition

Continuer sur Partition

Exemples pour le 2ᵐᵉ doigté $\left(\begin{smallmatrix}2&1&1\\4&3&2\end{smallmatrix}\right)$ (comme le N? 1 Ⓓ) | Examples for the 2nd fingering $\left(\begin{smallmatrix}2&1&1\\4&3&2\end{smallmatrix}\right)$ as Nr 1 Ⓓ

N.3 Ⓒ

etc.

POINTS de DÉPARTS DIFFÉRENTS . Accords de 7ᵐᵉ | DIFFERENT STARTING POINTS , Chords of the 7th
MÊMES OBSERVATIONS | SAME OBSERVATIONS
(et aussi en *Réb, Mib, Fa, Solb, Lab* et *Sib*. | Also in *Db, Eb, F, Gb, Ab* and *Bb*.

N.4 Ⓐ N.4 Ⓑ N.4 Ⓒ

N.5 Ⓐ N.5 Ⓑ N.5 Ⓒ

N.6 Ⓐ N.6 Ⓑ N.6 Ⓒ

etc.

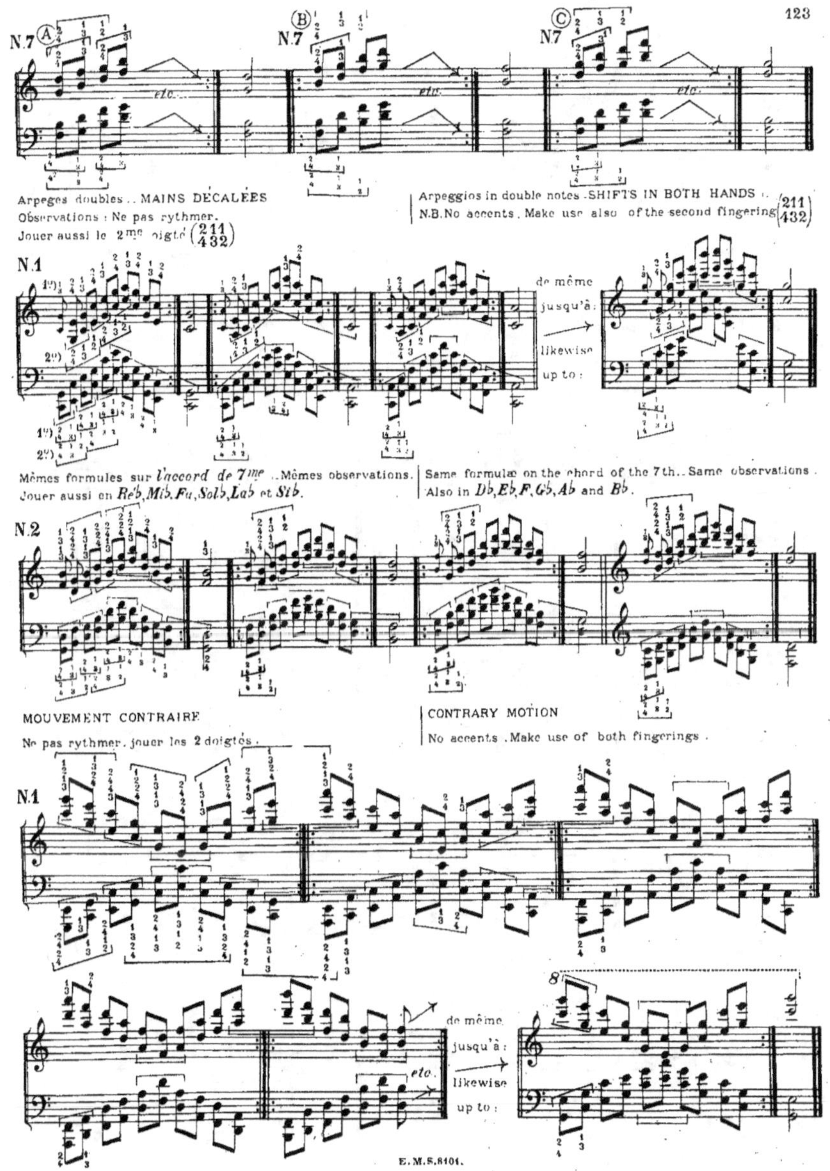

N.7 Ⓐ
N.7 Ⓑ
N.7 Ⓒ
etc.
Arpèges doubles .. MAINS DÉCALÉES
Observations : Ne pas rythmer.
Jouer aussi le 2me doigté (211/432)
Arpeggios in double notes .SHIFTS IN BOTH HANDS .
N.B.No accents. Make use also of the second fingering (211/432)
N.1
de même
jusqu'à.
likewise
up to :
Mêmes formules sur l'accord de 7me ..Mêmes observations.
Jouer aussi en Réb,Mib,Fa,Solb,Lab et Sib.
Same formulæ on the chord of the 7th..Same observations.
Also in Db,Eb,F,Gb,Ab and Bb.
N.2
MOUVEMENT CONTRAIRE
CONTRARY MOTION
Ne pas rythmer. jouer les 2 doigtés.
No accents .Make use of both fingerings.
N.1
de même.
jusqu'à :
likewise
up to :
etc.
E.M.S.8101.

Mouvement contraire (accord de **7me**)
Mêmes observations que pour le **N°1**

Contrary motion, chord of the **7th**
Same observation as for Nr.1

et aussi en *Réb, Mib, Fa, Solb, Lab* et *Sib*.

Also in *Db, Eb, F, Gb, Ab* and *Bb*.

Mêmes exercices avec POINTS de DÉPARTS DIFFÉRENTS
à jouer aussi en *Réb, Mib, Fa, Solb, Lab* et *Sib*. _
Ne pas oublier de jouer les **2** *doigtés*

Same exercises with different starting points
To be played also in *Db, Eb, F, Gb, Ab* and *Bb*.
Do not forget to make use of both fingerings

XVII

ARPÈGES AUX DEUX MAINS	ARPEGGIOS FOR BOTH HANDS
Formules spéciales	Special formulæ
Décalages	Shifts
Accords de 7me	Chords of the 7th
Mouvements contraires	Contrary motion
Doigtés différents	Different fingerings

FORMULES SPÉCIALES : Observations. Ne pas rythmer. enchaîner les groupes par le 4me doigt en montant et par le *pouce* en descendant.

SPECIAL FORMULAE : N.B. No accents, connect the groups of notes by means of the fourth finger when playing up and by means of the thumb when playing down.

Formule pour le 2ᵐᵉ doigté (4.2.3.1.2.1)
Mêmes observations que pour le Nº 1ᴬ

Formula for the second fingering 4.2.3.1.2.1
Same observations as for Nr. 1ᴬ.

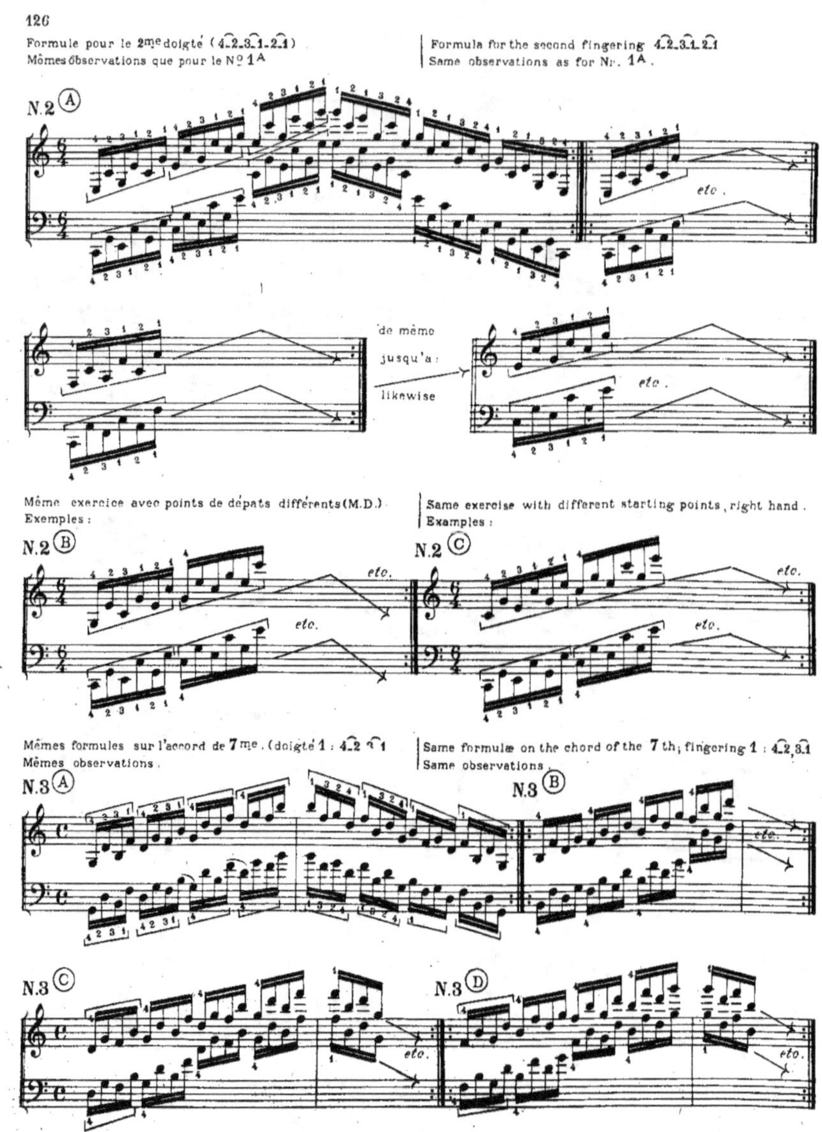

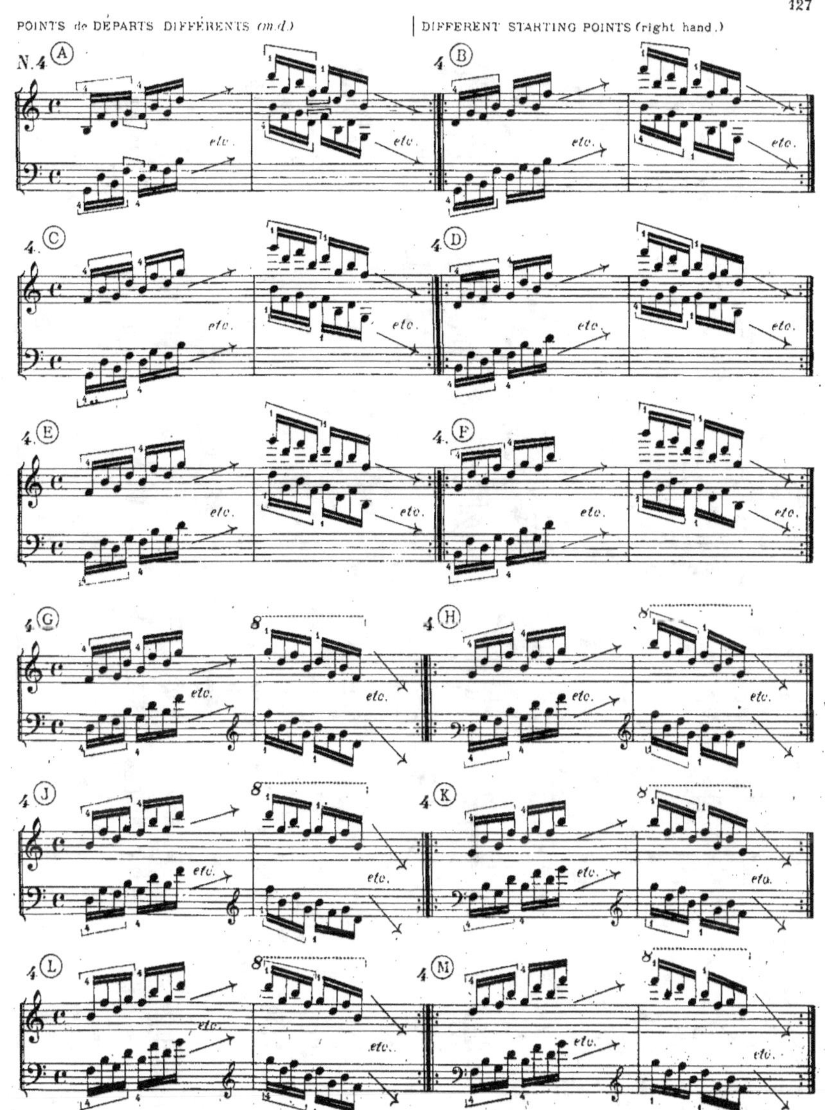

N.4
etc.

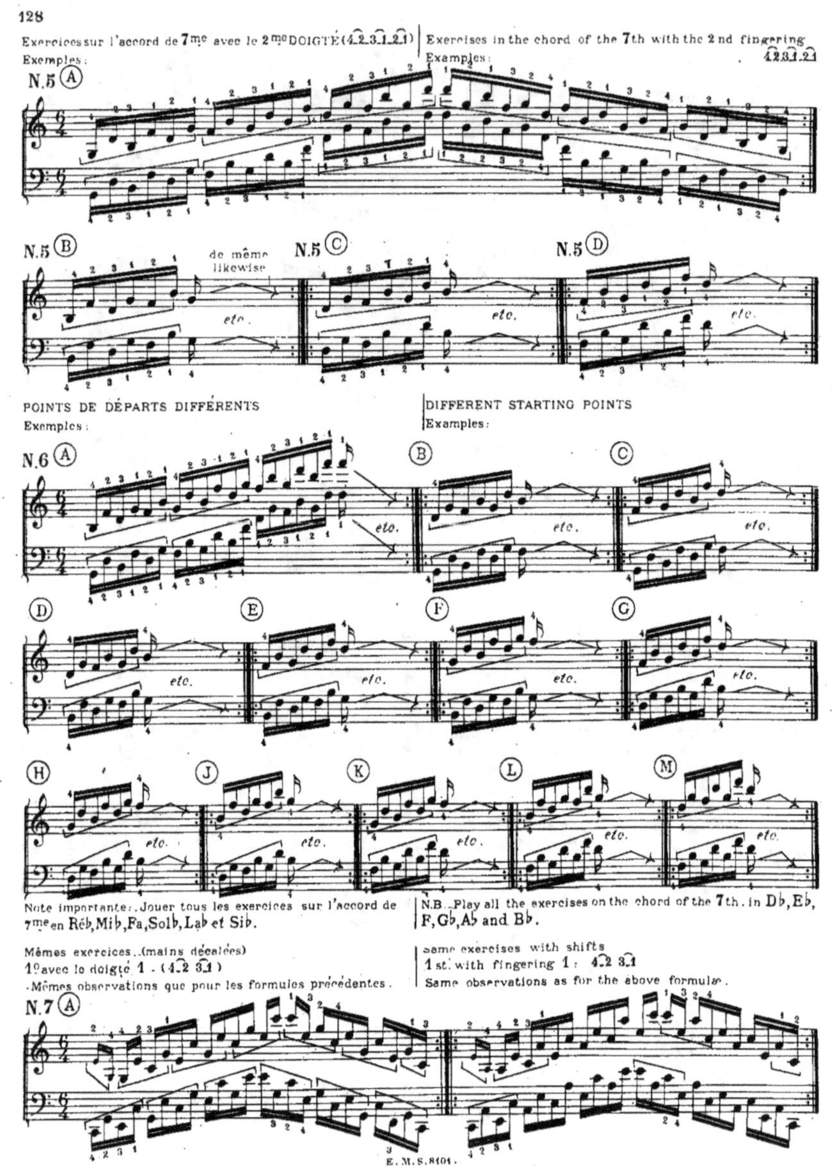

128
Exercices sur l'accord de 7me avec le 2me DOIGTÉ (4 2 3 1 2 1)
Exemples:
N.5 (A)
N.5 (B)
de même
likewise
N.5 (C)
N.5 (D)
etc.
etc.
etc.
POINTS DE DÉPARTS DIFFÉRENTS
Exemples:
N.6 (A)
(B)
(C)
etc.
etc.
etc.
(D)
(E)
(F)
(G)
etc.
etc.
etc.
etc.
(H)
(J)
(K)
(L)
(M)
etc.
etc.
etc.
etc.
etc.
Note importante: Jouer tous les exercices sur l'accord de
7me en Réb, Mib, Fa, Solb, Lab et Sib.
Mêmes exercices (mains décalées)
1° avec le doigté 1 . (4 2 3 1)
Mêmes observations que pour les formules précédentes.
N.7 (A)
Exercises in the chord of the 7th with the 2nd fingering
Examples:
4 2 3 1 2 1
DIFFERENT STARTING POINTS
Examples:
N.B. Play all the exercises on the chord of the 7th. in Db, Eb,
F, Gb, Ab and Bb.
Same exercises with shifts
1st. with fingering 1: 4 2 3 1
Same observations as for the above formulæ.
E. M. S. 8101.

MÊME FORMULE avec le doigté 2 (4.2.3.1.2.1)
à jouer exactement comme le N° 7 A
Exemples :

SAME FORMULA with fingering 2 : 4.2.3.1.2.1
To be played exactly like Nr. 7 A
Examples :

Mains décalées (accord de 7me).
DOIGTÉ 1 .à jouer aussi en Réb, Mib, Fa, Solb, Lab et Sib.

Shifts in both hands, chord of the 7th.
FINGERING 1 .. To be played also in D, Eb, F, Gb, Ab and Bb

Jouer la même formule avec le doigté 2 : 4.2.3.2.2.1
et dans les 7 tons.
Exemple :

Same formula to be played with fingering 2 : 4.2.3.2.2.1
and in the seven keys.
Example :

Mouvement contraire..DOIGTE 1
Mêmes observations que pour les exercices précédents

Contrary motion FINGERING 1
Same observations as for the above exercises

N.9 (A)

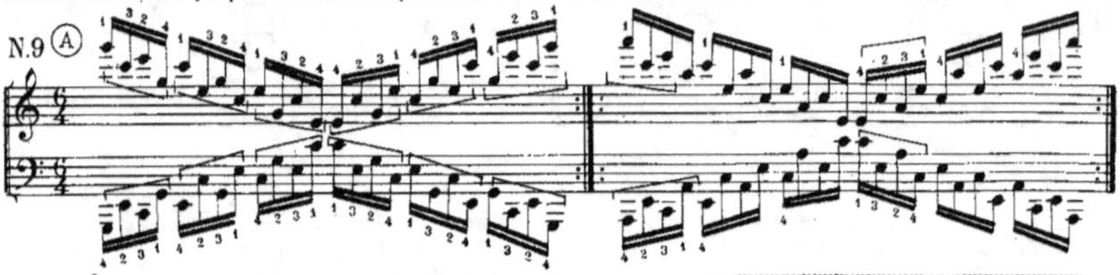

de même
jusqu'à :

Likewise
up to :

N.9 (B)

Jouer la même formule
avec le doigté 2 Ex :

Play the same formulæ
with fingering 2 Ex :

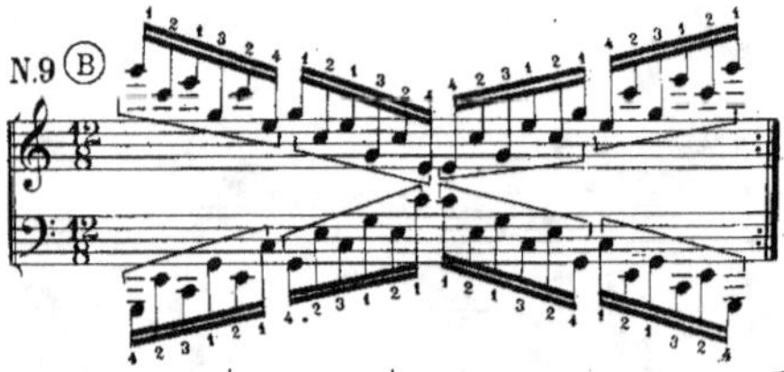

Continuer exactement
comme le N? 9 A

Play on exactly as Nr. 9 A

Mouvement contraire (accord de 7me) DOIGTÉ 1
Jouer aussi en Ré♭, Mi♭, Fa, Sol♭, La♭ et Si♭

Contrary motion Chord of the 7th .. FINGERING 1
To be played also in D♭, E♭, F, G♭, A♭ and B♭

N.10 (A)   10 (B)   10 (C)

id.   etc.   id.   etc.

N.10 (A) bis

id.   etc.

Jouer les mêmes formules avec le DOIGTE 2
Exemple sur le N? 10 A.
Jouer de même sur les N°s 10 (B), 10 (C), et 10 (D)
et dans les 7 TONS.

Play the same formulæ with fingering 2
Example on Nr. 10 A.
Play likewise on Nrs. 10 (B), 10 (C), and 10 (D)
And in the 7 keys.

Accord de 7me. Points de départs différents . à jouer avec le DOIGTÉ 1 . et dans les 7 tons .

Chord of the 7 th: Different starting points . Play with fingering 1 and in the 7 keys .

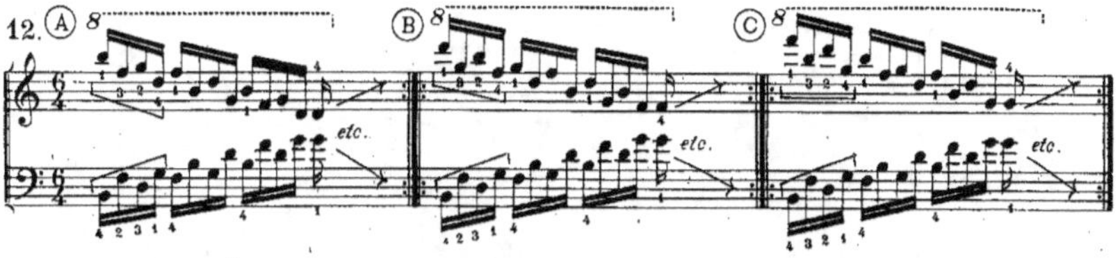

N.11 Ⓐ Ⓑ Ⓒ

12. Ⓐ Ⓑ Ⓒ

13. Ⓐ Ⓑ Ⓒ

14. Ⓐ Ⓑ Ⓒ

Jouer les mêmes formules avec le DOIGTÉ 2
Exemple sur le N° 11 Ⓐ .

The same formulæ with fingering 2
Example on Nr . 11 Ⓐ .

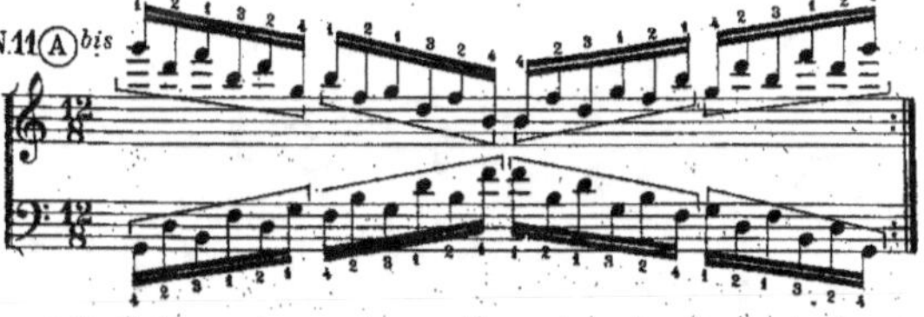

N. 11 Ⓐ bis

Jouer de même sur les N°s 11 Ⓑ Ⓒ
12 Ⓐ Ⓑ Ⓒ ._ 13 Ⓐ Ⓑ Ⓒ ._ 14 Ⓐ Ⓑ Ⓒ et dans 7 tons .

The same ons Nrs .11 B . C ._ 12 A.B.C ._ 13 A.B.C ._ 14 A.B.
C . _ and in the seven keys .

K.M.S.8104.

XVIII

<table>
<tr><td>

ACCORDS (4 DOIGTS)

</td><td>

CHORDS (4 FINGERS)

</td></tr>
<tr><td>

Partition.. Formules diverses
Déplacement des mains
Mouvements contraires
Accords de 7me
Mains alternées
Accords répétés
Accords en disposition large (mêmes difficultés)

</td><td>

Score . Different formulæ
Shifting of hand
Contrary motion
Chords of the 7 th.
Alternating hands
Alternating hands on the same chord
Wide spreade chords (same difficultés)

</td></tr>
<tr><td>

Jouer TOUS les exercices d'accords, de 3 manières différen-
tes (sauf exceptions indiquées spécialement)
1°en accords PLAQUÉS
2°en accords BRISÉS
3°en accords ARPÉGÉS
De plus *quelques exercices* devront se jouer aussi en
ARPÈGES DESCENDANTS Ces exercices seront marqués des
lettres (A.D) *Exemples* des 3 manières et de l'arpège descen-
dants.

</td><td>

Play all the exercises in chords in 3 different ways (except
when specially otherwise directed:)
1 st in full chords
2 nd in broken chords
3rd in arpeggiated chords
Besides, several exercises should be played in down arpeggios
These exercises will be pointed out by the letters A.D.
Examples of the three forms of exercises and of the down arpeg-
gios

</td></tr>
</table>

1.PLAQUÉ..2. BRISÉ ..3 ARPÉGÉ

ARPÈGE DESCENDANT : | DOWN ARPEGGIO:

A.D. Exécution :

<table>
<tr><td>

N°1 PARTITION d'accords .. à faire : Plaqués, brisés, arpégés
et A.D.. Mouvement : depuis 60 = ♩ et progressivement jusqu'à
120 = ♩.

</td><td>

Nr.1 SCORE of chords to be played full, broken, arpeggiated
and downwards Speed : from ♩ =60 and progressively as fast
as ♩ = 120 .

</td></tr>
</table>

N.º 2 et 3. même exercice avec *point de départ différent* *pour la main droite* ..mêmes observations N.º 2 .A.D N.º 3 A.D

Nr.2 and 3. Same exercise with different starting points for the right hand..Same observations ..Nr. 2 A.D..Nr.3 A.D.

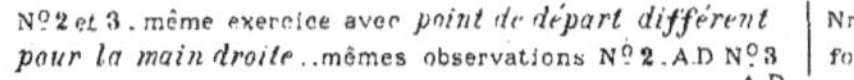

N.º 4 Déplacement des mains.

Nr.4 Shiftings in both hands.

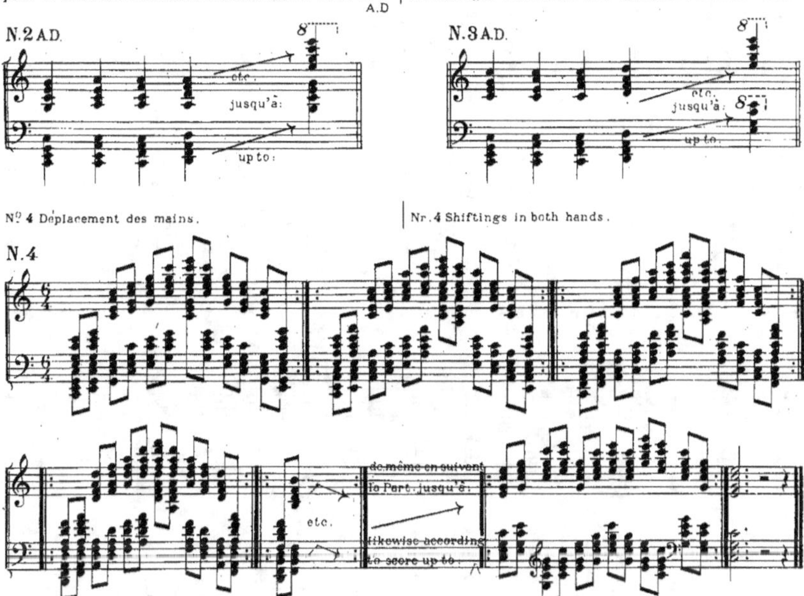

N.ºˢ 5 et 6 MÊMES EXERCICES ..Points de départs différents pour la main droite

Nrs. 5 and 6 ..Same exercises. different starting points for the right hand

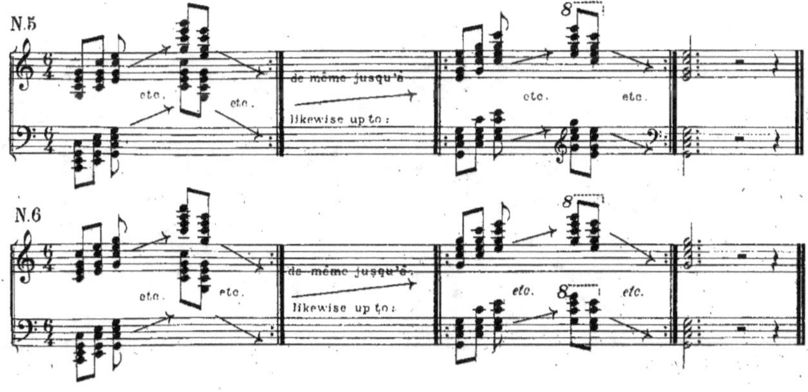

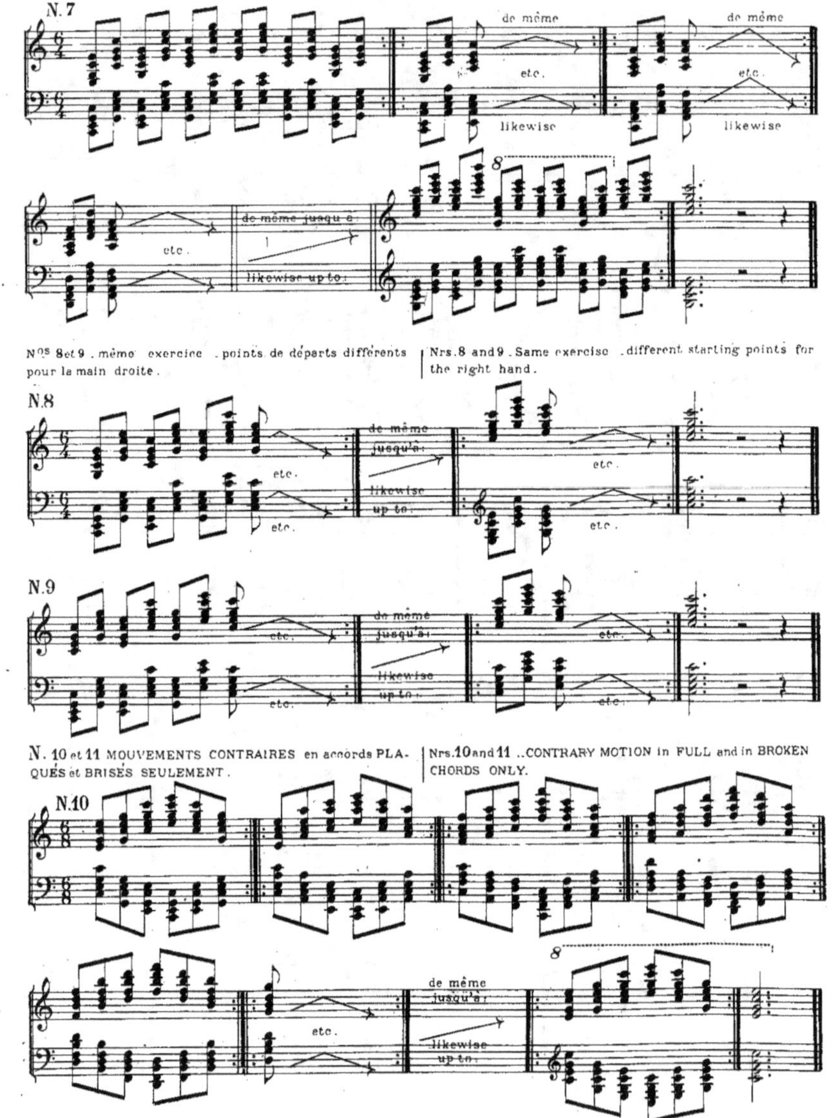

N⁰ˢ 8 et 9 . même exercice . points de départs différents pour la main droite . | Nrs.8 and 9 . Same exercise . different starting points for the right hand.

N. 10 et 11 MOUVEMENTS CONTRAIRES en accords PLA-QUÉS et BRISÉS SEULEMENT . | Nrs.10 and 11 ..CONTRARY MOTION in FULL and in BROKEN CHORDS ONLY.

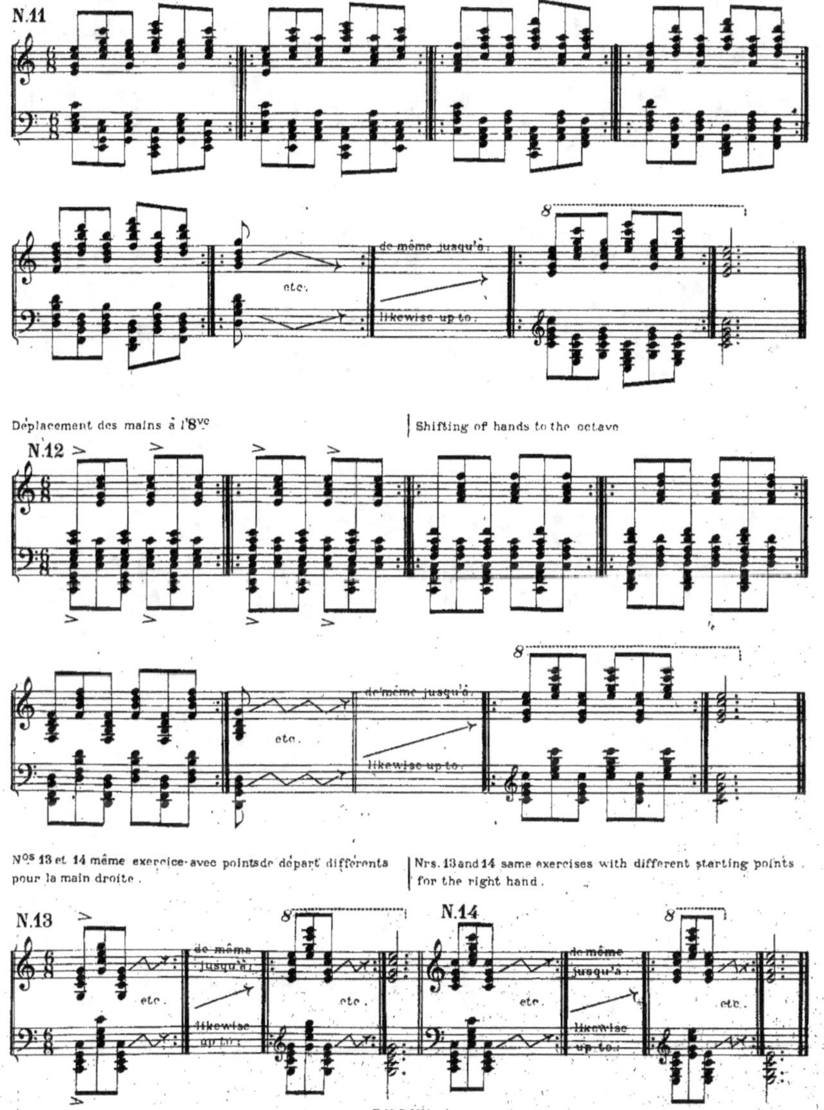

Déplacement des mains à l'8ᵛᵉ | Shifting of hands to the octave

Nᵒˢ 13 et 14 même exercice avec points de départ différents pour la main droite. | Nrs. 13 and 14 same exercises with different starting points for the right hand.

N.15

MOUVEMENTS CONTRAIRES (déplacements d'octaves) | CONTRARY MOTION Shiftings to the octave.

N.16

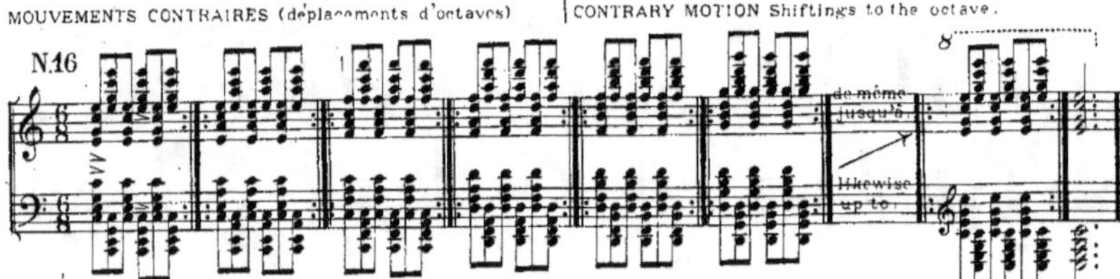

N.ᵒˢ 17 et 18. même exercice . points de départs différents | Nrs 17 and 18. same exercise . different starting points for
pour la main droite. | the right hand.

N.17   **N.18**

MÊMES EXERCICES sur l'accord de septième . | Same exercises on the chord of the 7 th .
TOUS ces exercices à jouer aussi en Ré♭,Mi♭,Fa,Sol♭,La♭ et Si♭. | All these exercises are to be played also in D♭,E♭,F,G♭,A♭ and B♭.
Mêmes observations que pour les exercices précédents. | Mêmes observations que pour les exercices précédents

TABLEAU des ACCORDS   SCORE of CHORDS

N.19 A.D

Nᵒˢ 20, 21 et 22 .même exercice (points de départs différents pour la main droite .)

Nrs 20, 21 et 22 .Same exercise with different startings
points in the right hand .

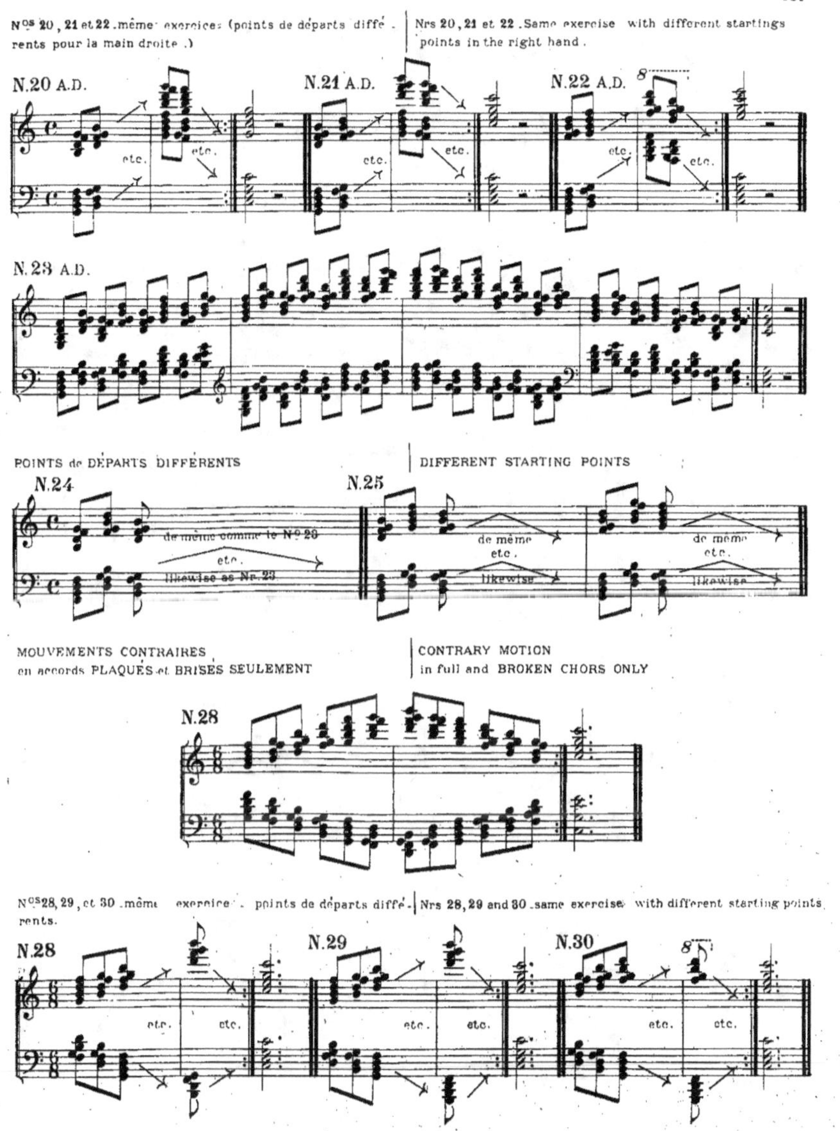

Nᵒˢ 28, 29, et 30 .même exercice . points de départs différents.

Nrs 28, 29 and 30 .same exercise with different starting points.

N.31

N°s 32,33 et 34. Même exercice . points de départs différents | Nrs. 32,33 and 34 . Same exercise with different starting points

N.32   N.33   N.34

Comme le N? 31

As Nr. 31

de même
etc.
likewise

de même
etc.
likewise

Déplacement des mains à l'8^{ve}.
(Plaqués et brisés seulement) | Shifting of hands to the octave
(full and broken chords)

N.35

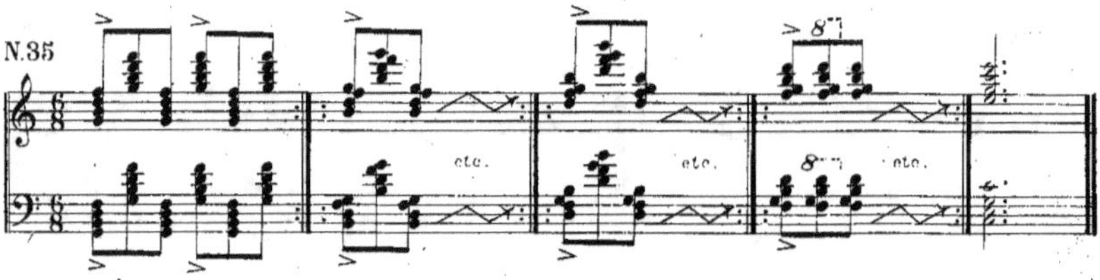

etc.   etc.   etc.

N°s 36,37 et 38 . Même exercice
(Points de départs différents) | Nrs. 36,37 and 38. Same exercise
with different starting points.

N.36

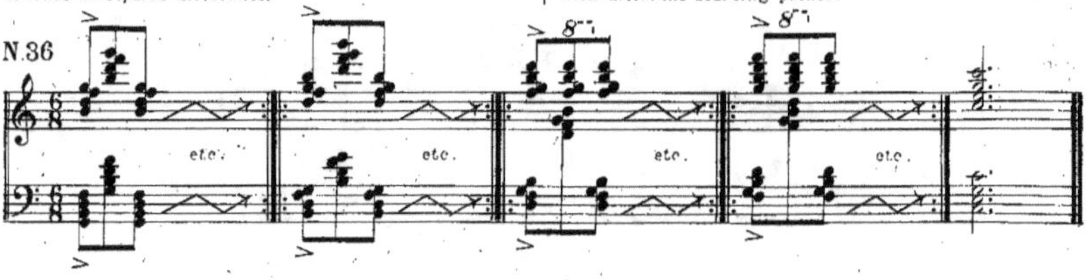

etc.   etc.   etc.   etc.

N.37

etc.   etc.   etc.   etc.

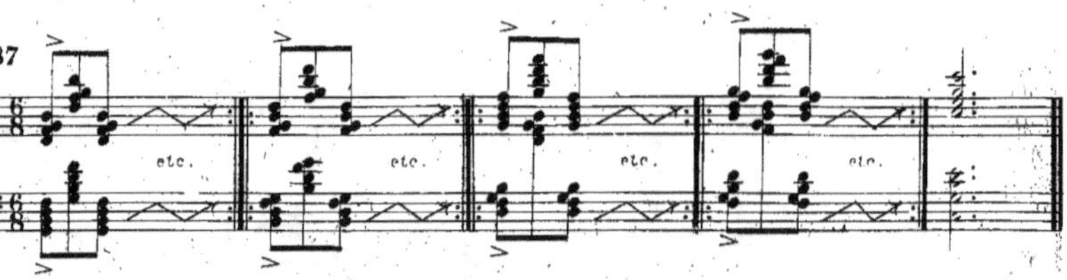

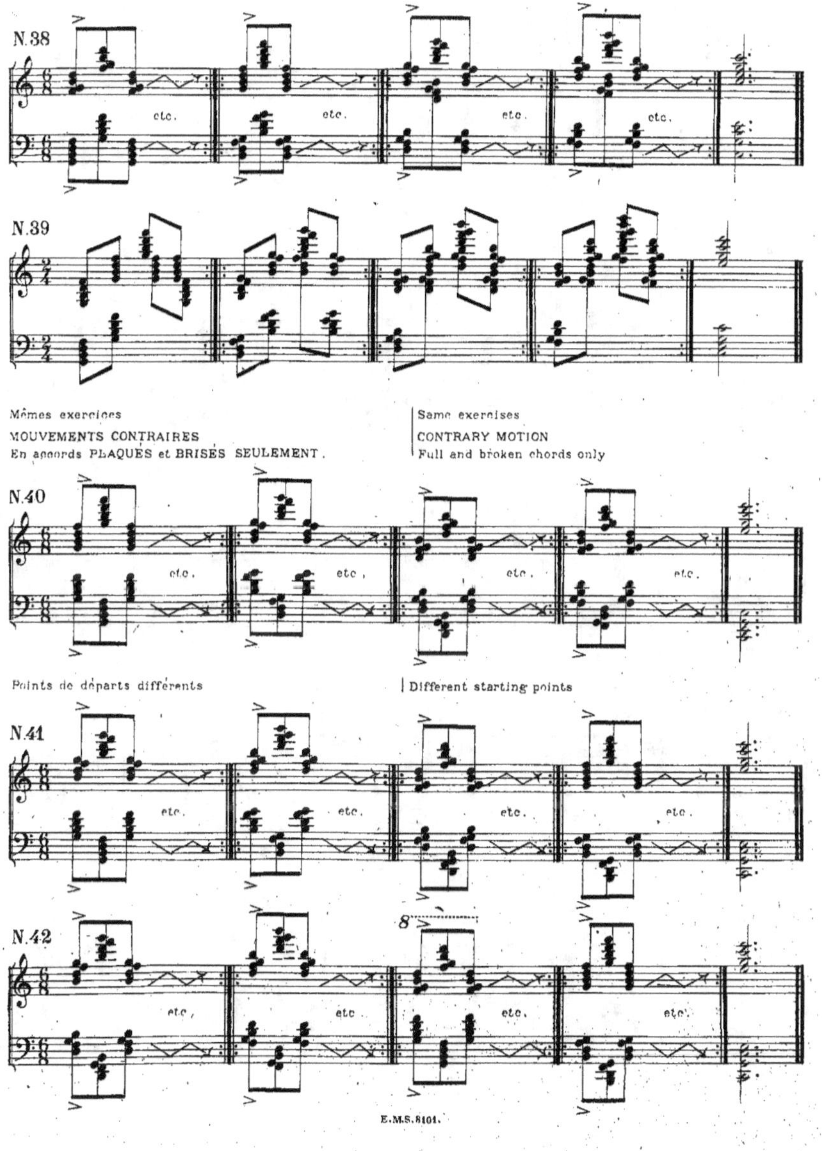

N.38
etc.
N.39
Mêmes exercices
MOUVEMENTS CONTRAIRES
En accords PLAQUÉS et BRISÉS SEULEMENT.
Same exercises
CONTRARY MOTION
Full and broken chords only
N.40
etc.
Points de départs différents
Different starting points
N.41
etc.
N.42
etc.
8

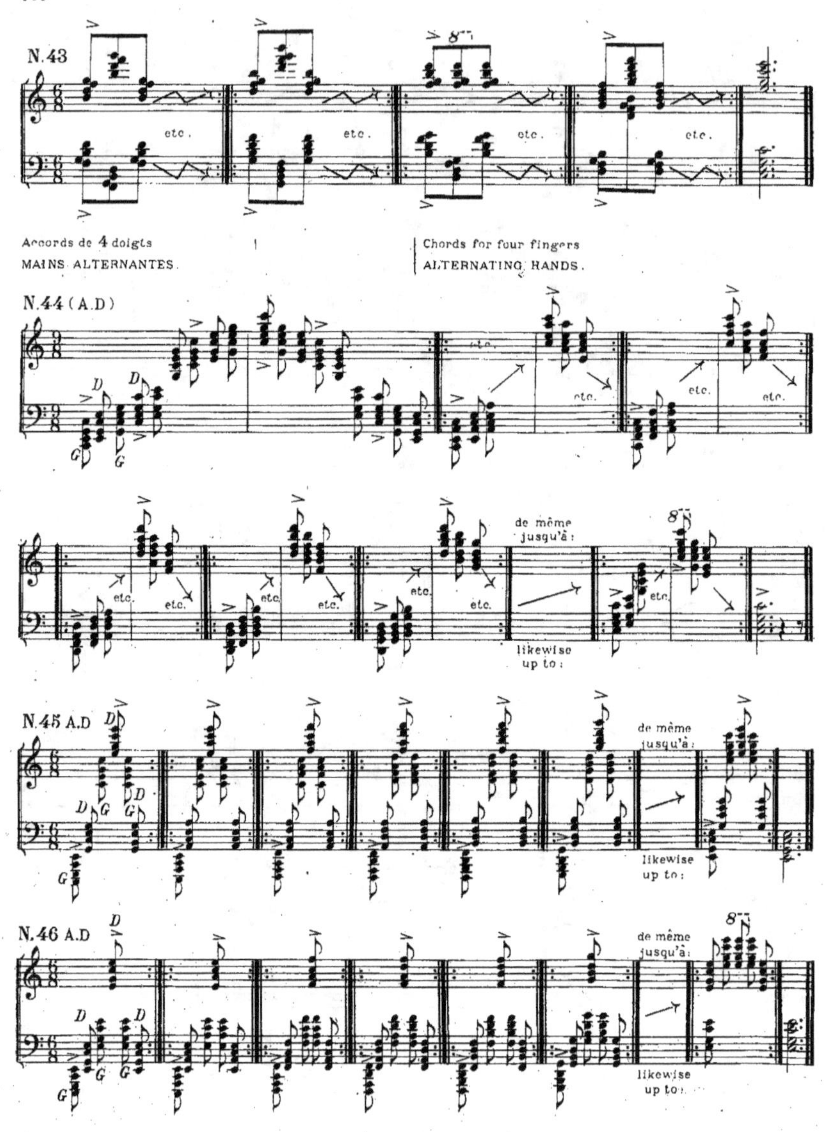

N.43
etc.
etc.
etc.
etc.
Accords de 4 doigts
MAINS ALTERNANTES.
Chords for four fingers
ALTERNATING HANDS.
N.44 (A.D)
D D
G G
etc.
etc.
etc.
etc.
etc.
etc.
de même
jusqu'à:
likewise
up to:
etc.
etc.
etc.
etc.
etc.
etc.
N.45 A.D
D
D G D
G
de même
jusqu'à:
likewise
up to:
N.46 A.D
D
D D
G G
G
de même
jusqu'à:
likewise
up to:

N. 47 (A) A.D

MÊME EXERCICE mais en commençant par la main droite. | SAME EXERCISE: beginning by the right hand.
Exemple: | Example:

Mains alternantes (accord de **7me**) | Alternating hands, (chord of the **7** th.)
à jouer aussi en *Ré b, Mi b, Fa, Sol b, La b et Si b*. | To be played also in *Db, Eb, F, Gb, Ab and Bb*
Voir le tableau des accords. | See score of chords.

N. 48 (A) A.D

Même exercice, en commençant par la main droite | Same exercise beginning by the right hand.

N. 48 (B) A.D

Déplacement des mains à l'8^{ve} | Shifting of hands to the octave.

N. 49 A.D

N.50 Ⓐ A.D

Nº 50 Ⓑ .A.D Même exercice en commençant par la main droite. | Nr.50 Ⓑ A.D Same exercise beginning by the right hand.

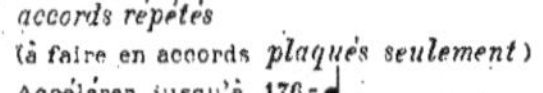

accords répétés | repeated chords
(à faire en accords *plaqués seulement*) | (To be played in full chords only)
Accélérer jusqu'à 176 = ♩ | Twcrease the speed to ♩ = 176

N.51 Ⓐ

Même exercice, en commençant par la main droite. | Same exercise beginning by the right hand.

N.51 Ⓑ

Accords répétés de 7me *plaqués seulement* | Repetitions of the chord, of the 7th, full chords only.
à jouer aussi en Réb,Mib,Fa. Solb, Lab et. Sib. | To be played in Db,Eb,F,Gb,Ab and Bb.

N.52 Ⓐ

Même exercice. en commençant par la main droite. | Same exercise beginning by the right hand.

N.52 Ⓑ

ACCORDS en DISPOSITION LARGE..4 DOIGTS | WIDE SPREAD DISPOSITIONS..4 FINGERS
Mêmes observations que pour les accords simples | Same observations as for serried dispositions
(Plaqués.Brisés.Arpéges) et A.D.(arpèges descendants) | (full broken, arpeggiated)
PARTITION. vitesse de 60=♩. jusqu'a 120=♩. | SCORE..Speed from ♩=60 to ♩=120.

N.53 A.D

N.ºˢ 54 et. 55. Même exercice avec points de départs diffé-rents. | Nrs 54 and 55. Same exercise with different starting points.

N.54 A.D   N.55 A.D

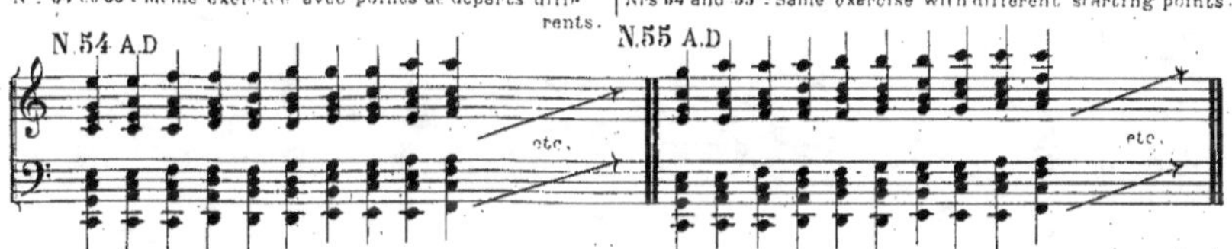

Déplacement des mains. En accords *plaqués et brisés seu-lement.* | Shifting of hands. Full and broken chords only.

N.55

Déplacement à l'8ᵛᵉ accords plaqués et brisés *seulement*. | Shiftings to the octave full and broken chords only.

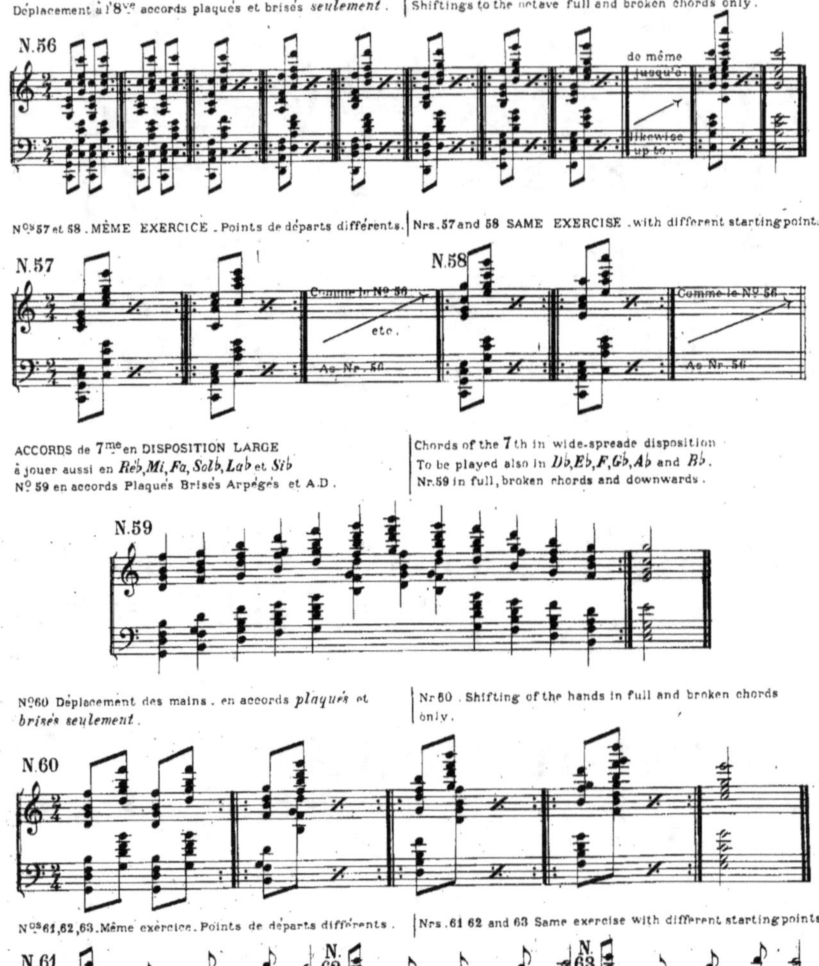

XIX

ACCORDS (3 DOIGTS)	CHORDS (3 FINGERS)
Partition . Formules diverses	Score . Divers formulæ
Doigtés différents	Different fingers
Déplacement des mains	Shifting of hands
Mouvements contraires	Contrary motion
Accords de 7me	Chords of the 7th
Mains alternées	Alternating hands
Accords répétés	Repeated chords
Accords en disposition large (mêmes difficultés)	Wide-spread dispositions (same difficulties)

Sauf indications contraires jouer tous les exercices suivant comme les accords de 4 doigts 1° en accords *plaqués*, 2° *brisés*, 3° *arpégés* et ceux indiqués A.D en *arpèges descendant*. PARTITION d'accords (A.D.) vitesse de 60 = ♩ à 120 = ♩ N° 1 à jouer avec 2 doigtés (ne pas jouer les A.D avec le doigté.)

Except when otherwise directed, play all the following exercises as the chords for 4 fingers; 1st in full chords 2 nd in broken chords 3 rd and the exercises A D downwards. SCORE of chords (A.D.) speed from ♩=60 to ♩=120 Nr.1 To be played with 2 fingerings 1 the fingering not to be used downwards

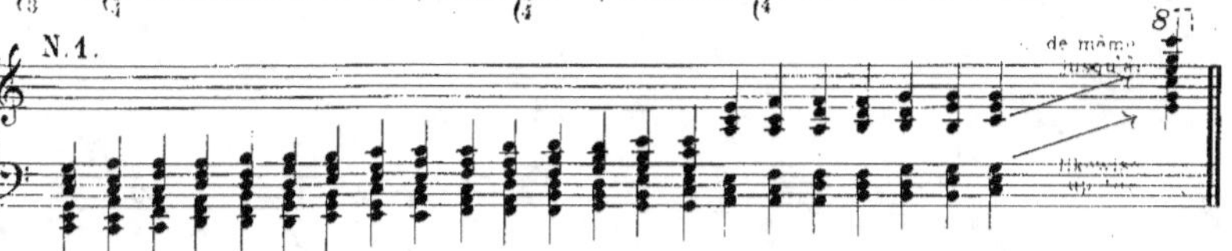

N°s 2 et 3 (points de départs différents)
N° 2 : les 2 doigtés (A.D avec le doigte 1 seulement)
N° 3 . mêmes observations que pour le N° 2.

Nrs 2 and 3 (different starting points)
Nr 2 both fingerings (A D with fingering 1 only)
Nr 3 Same observation as for Nr.2

Nos 5 et 6. mêmes exercices (points de départs différents) | Nrs 5 and 6. Same exercises. (different starting points)
2 DOIGTÉS. | 2 FINGERINGS

N.5

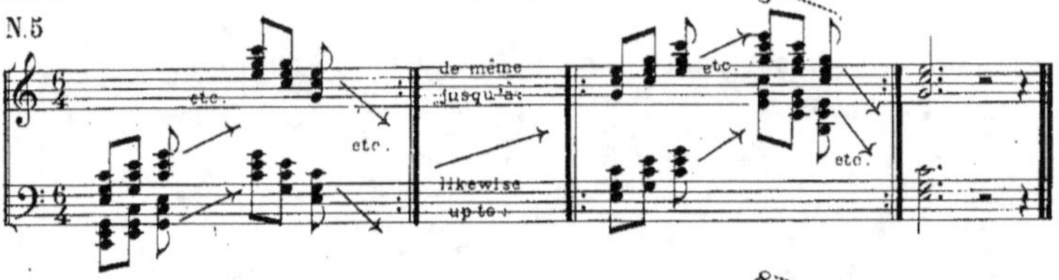

N.6

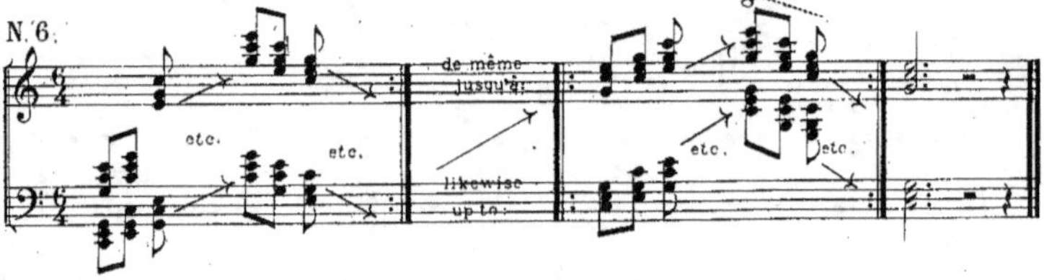

N.7. 1 seul doigté $\left\{\begin{matrix}1\\2\\3\end{matrix}\right.$ | **N.7.** Only the fingering $\left\{\begin{matrix}1\\2\\3\end{matrix}\right.$

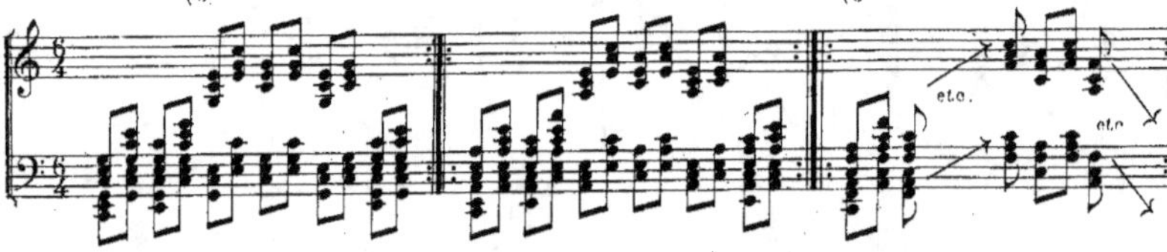

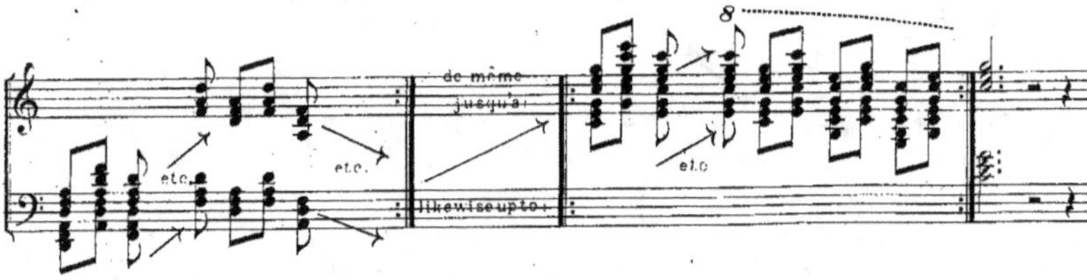

Nos 8 et 9 mêmes exercices (points de départs différents.) doigté $\left\{\begin{matrix}1\\2\\3\end{matrix}\right.$. | Nrs 8 and 9 Same exercise. (different starting points) fingering $\left\{\begin{matrix}1\\2\\3\end{matrix}\right.$.

N.8

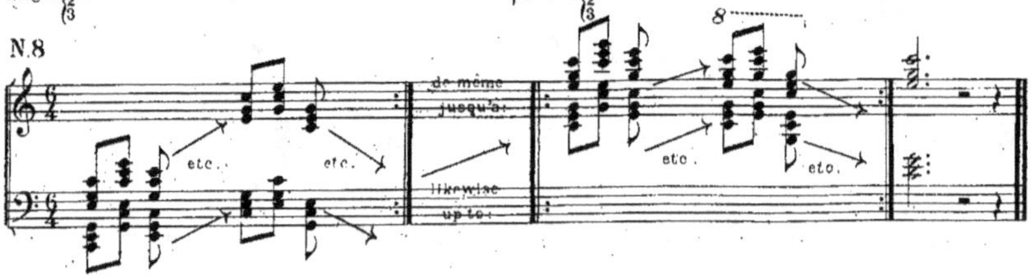

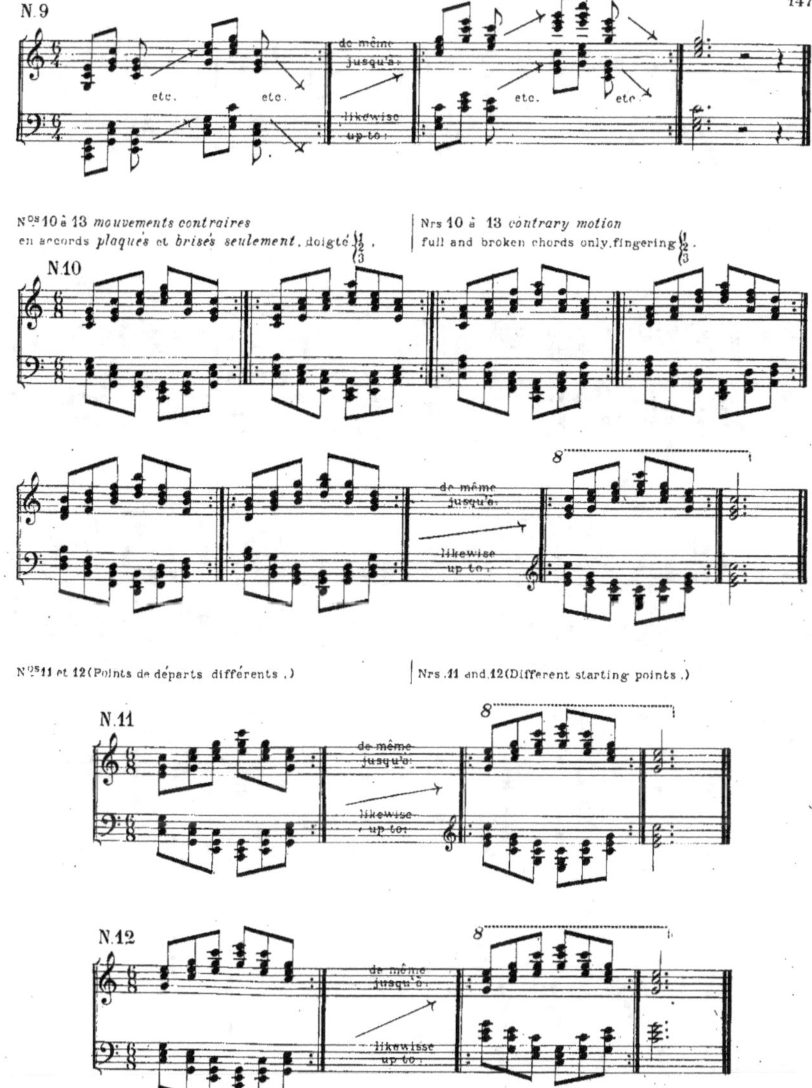
N.9
de même
jusqu'à:
likewise
up to:
etc.
etc.
etc.
etc.

Nᵒˢ 10 à 13 mouvements contraires
en accords plaqués et brisés seulement, doigté.
Nrs 10 à 13 contrary motion
full and broken chords only, fingering

N.10
de même
jusqu'à:
likewise
up to:
8

Nᵒˢ 11 et 12 (Points de départs différents.)
Nrs 11 and 12 (Different starting points.)

N.11
de même
jusqu'à:
likewise
up to:
8

N.12
de même
jusqu'à:
likewise
up to:
8

N.13

Déplacements des mains à l'octave
2 doigtés {1 2 3}{2 3 4}

Shifting of hands to the octave
2 fingerings {1 2 3}{2 3 4}

N.14

N.ºs 15 et 16 (Points de départs differents.) 2. doigtés

Nrs. 15 and 16 (different starting points.) 2 fingerings

N.15   **N.16**

N.ºs 17,18 et 19 (un seul doigté {1 2 3}.)

Nrs 17,18 and 19 (one fingering only {1 2 3}.)

N.17

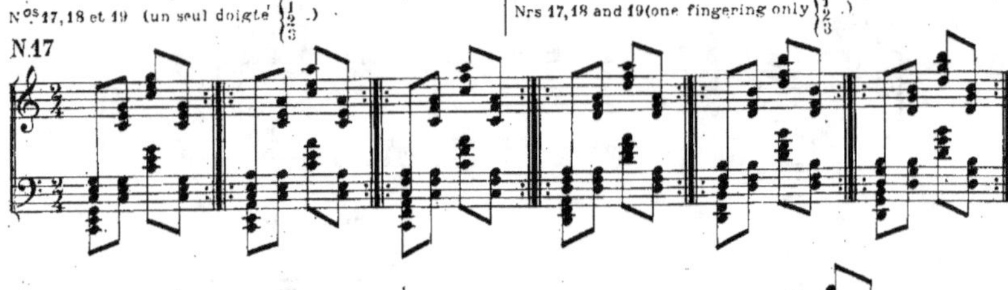

Nᵒˢ 18 et 19 (Points de départs différents .) | Nrs 18 and 19 (different starting points .)

N.18 N.19

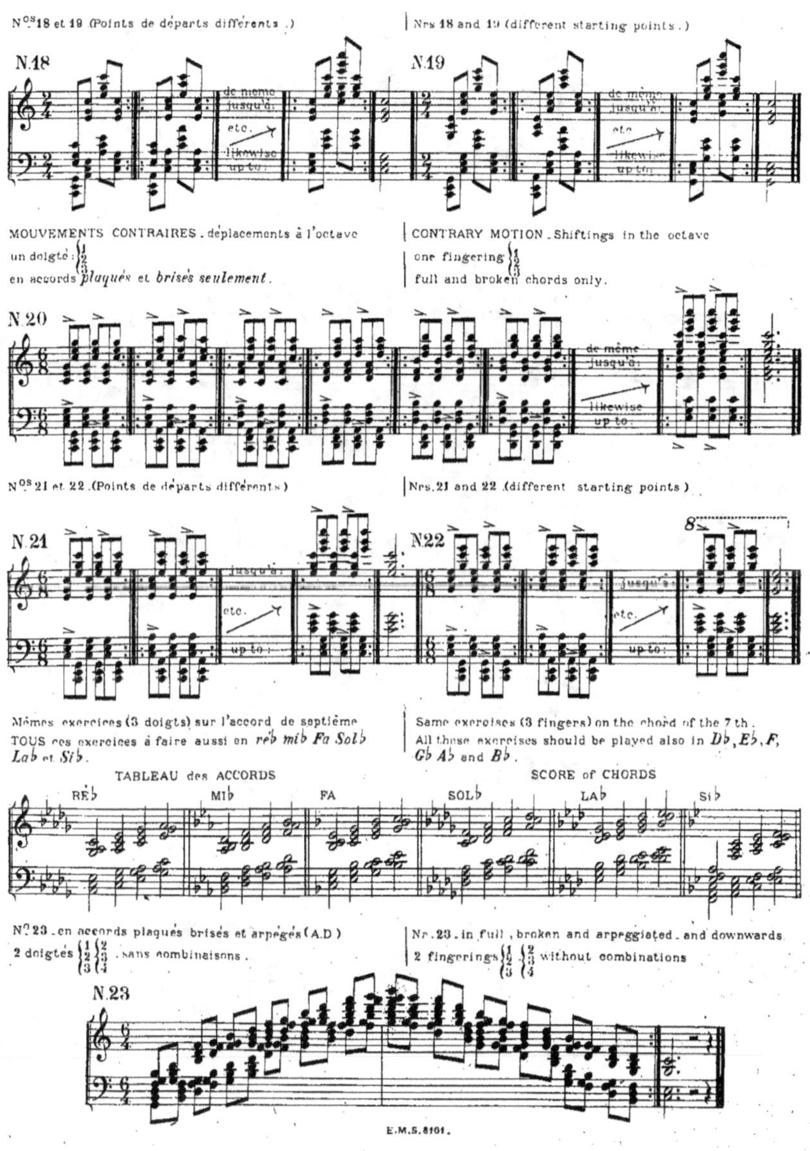

MOUVEMENTS CONTRAIRES . déplacements à l'octave | CONTRARY MOTION . Shiftings in the octave
un doigté : | one fingering
en accords *plaqués et brisés seulement*. | full and broken chords only.

N.20

Nᵒˢ 21 et 22 .(Points de départs différents) | Nrs. 21 and 22 .(different starting points)

N.21 N.22

Mêmes exercices (3 doigts) sur l'accord de septième | Same exercises (3 fingers) on the chord of the 7 th .
TOUS ces exercices à faire aussi en *ré♭ mi♭ Fa Sol♭* | All these exercises should be played also in *D♭, E♭, F,*
La♭ et Si♭. | *G♭ A♭* and *B♭*.

TABLEAU des ACCORDS | SCORE of CHORDS
RÉ♭   MI♭   FA   SOL♭   LA♭   SI♭

Nᵒ 23 . en accords plaqués brisés et arpégés (A.D) | Nr. 23 . in full , broken and arpeggiated . and downwards.
2 doigtés . sans combinaisons . | 2 fingerings . without combinations

N.23

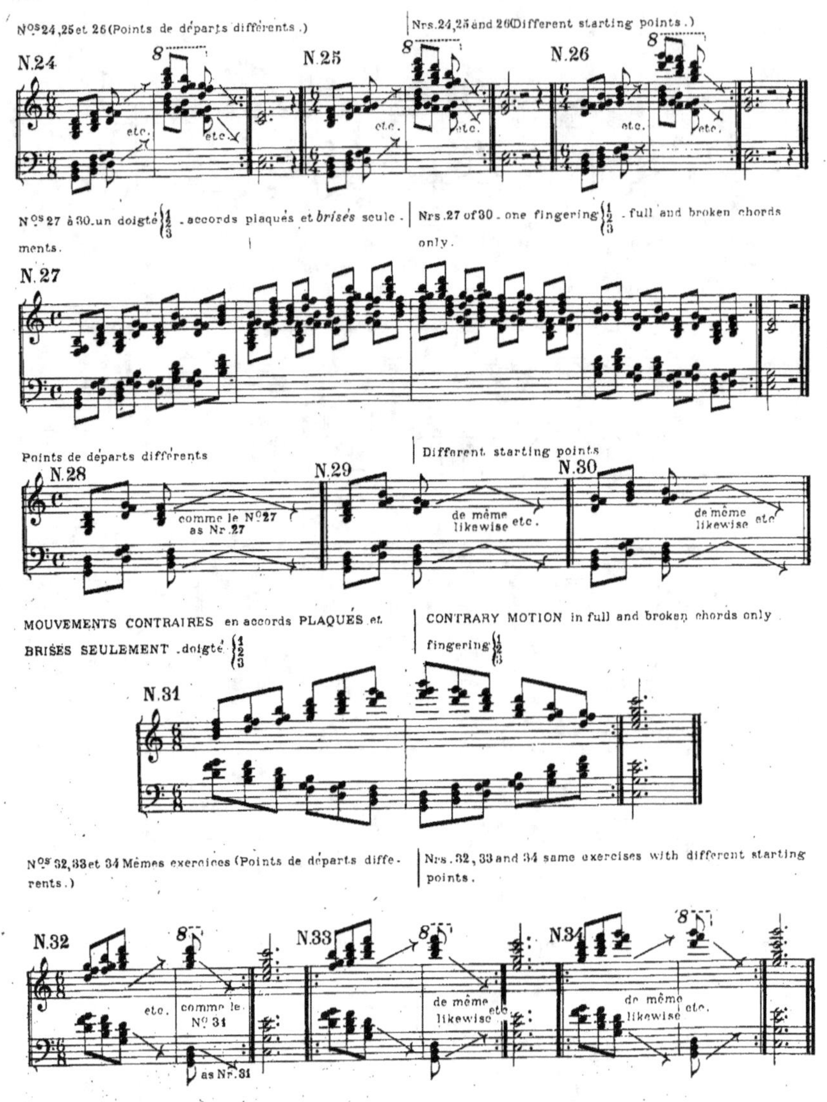
Nᵒˢ24,25et 26(Points de départs différents.)
Nrs.24,25 and 26(Different starting points.)
N.24
N.25
N.26
etc.
Nᵒˢ27 à30.un doigté {1 2 3} .accords plaqués et brisés seule-ments.
Nrs.27 of30. one fingering {1 2 3} .full and broken chords only.
N.27
Points de départs différents
Different starting points
N.28
N.29
N.30
comme le Nᵒ27
as Nr.27
de même
likewise etc.
de même
likewise etc.
MOUVEMENTS CONTRAIRES en accords PLAQUÉS et BRISÉS SEULEMENT .doigté {1 2 3}
CONTRARY MOTION in full and broken chords only fingering {1 2 3}
N.31
Nᵒˢ32,33et 34 Mêmes exercices (Points de départs différents.)
Nrs.32,33 and 34 same exercises with different starting points.
N.32
N.33
N.34
etc. comme le Nᵒ31
as Nr.31
de même
likewise etc.
de même
likewise etc.

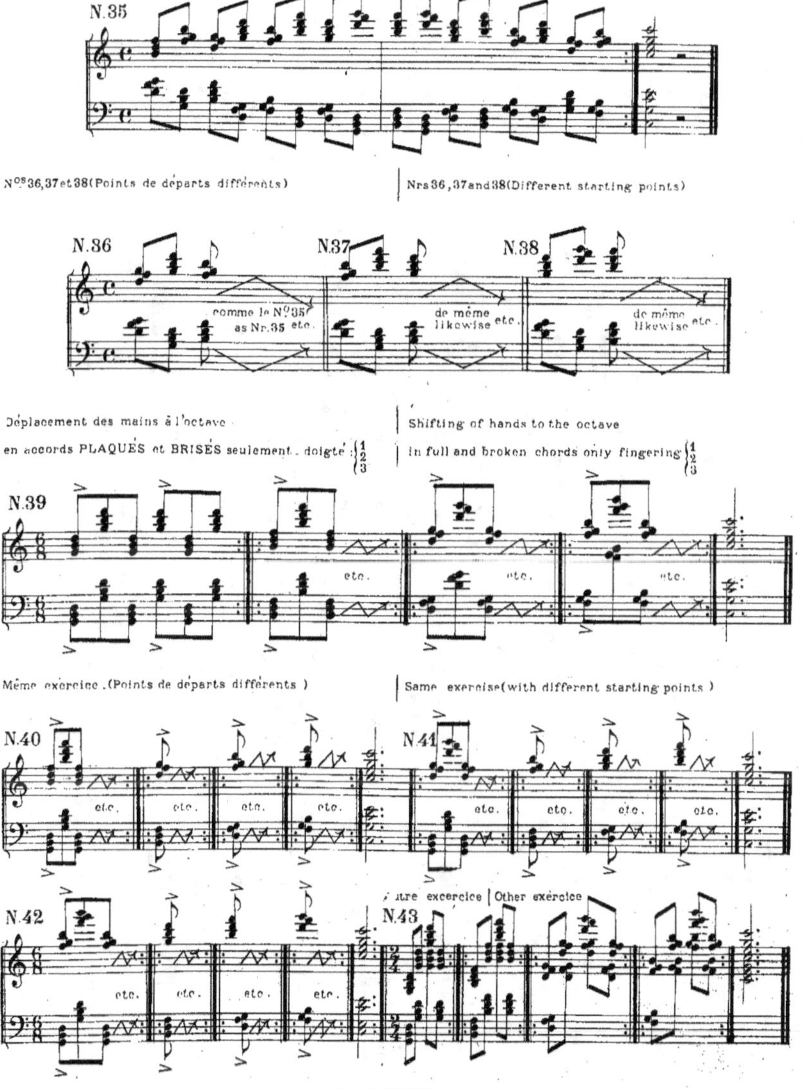

F.M.S. 8101.

152

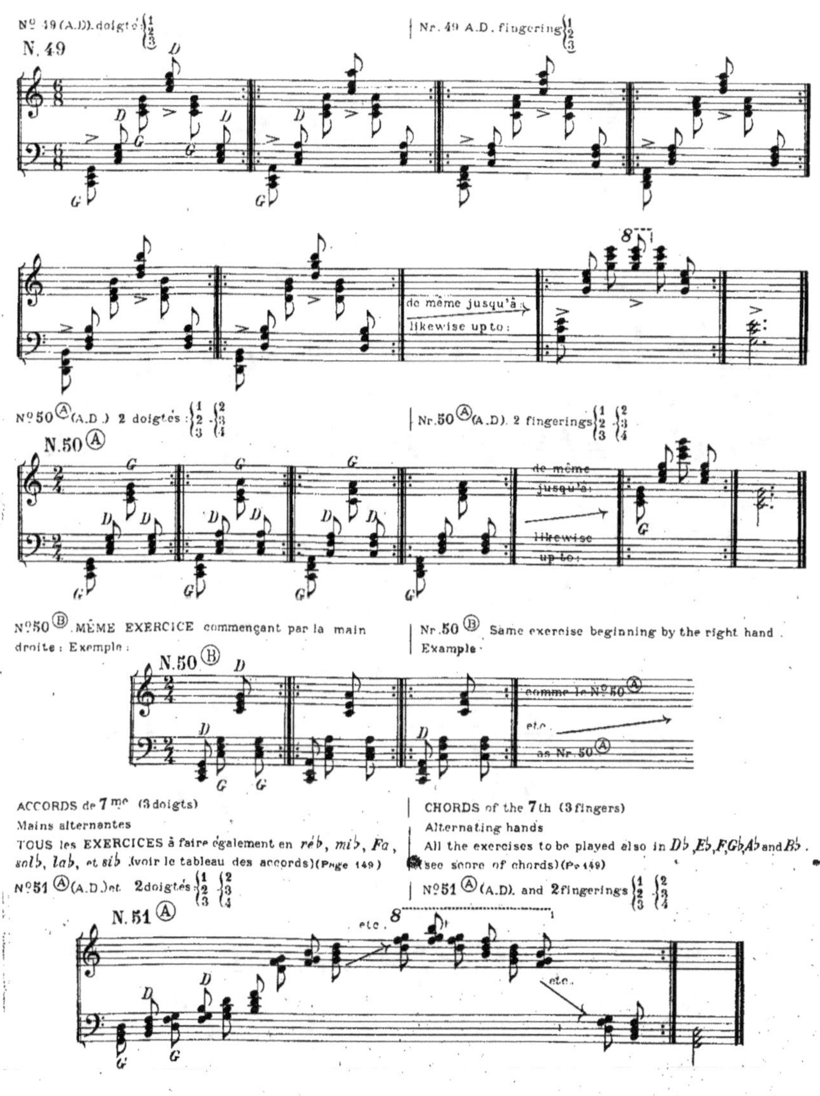
Nº 49 (A.D.) doigtés {1 2 3
Nr. 49 A.D. fingering {1 2 3
N. 49
de même jusqu'à
likewise up to:
Nº 50 Ⓐ (A.D.) 2 doigtés {1 2 3 {2 3 4
Nr. 50 Ⓐ (A.D.) 2 fingerings {1 2 3 {2 3 4
N. 50 Ⓐ
de même jusqu'à:
likewise up to:
Nº 50 Ⓑ. MÊME EXERCICE commençant par la main droite: Exemple:
Nr. 50 Ⓑ Same exercise beginning by the right hand. Example:
N. 50 Ⓑ
comme le Nº 50 Ⓐ
etc.
as Nr. 50 Ⓐ
ACCORDS de 7ᵐᵉ (3 doigts)
Mains alternantes
TOUS les EXERCICES à faire également en réb, mib, Fa, solb, lab, et sib (voir le tableau des accords)(Page 149)
CHORDS of the 7th (3 fingers)
Alternating hands
All the exercises to be played also in Db, Eb, F, Gb, Ab and Bb. (see score of chords)(P. 149)
Nº 51 Ⓐ (A.D.) et 2 doigtés {1 2 3 {2 3 4
Nº 51 Ⓐ (A.D.) and 2 fingerings {1 2 3 {2 3 4
N. 51 Ⓐ
etc.
etc.

154

Nº 51 Ⓑ même exercice.
commençant par la MAIN DROITE .

Nr.51 Ⓑ _ Same exercise beginning by the
RIGHT HAND

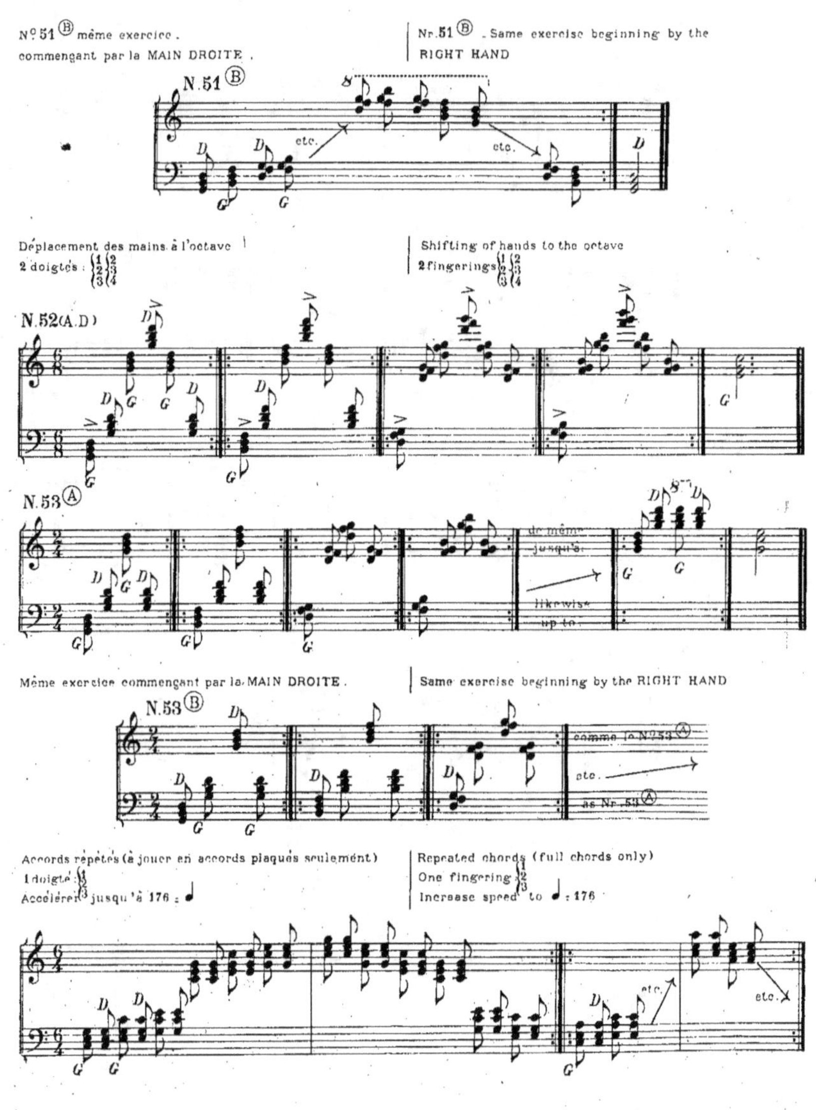

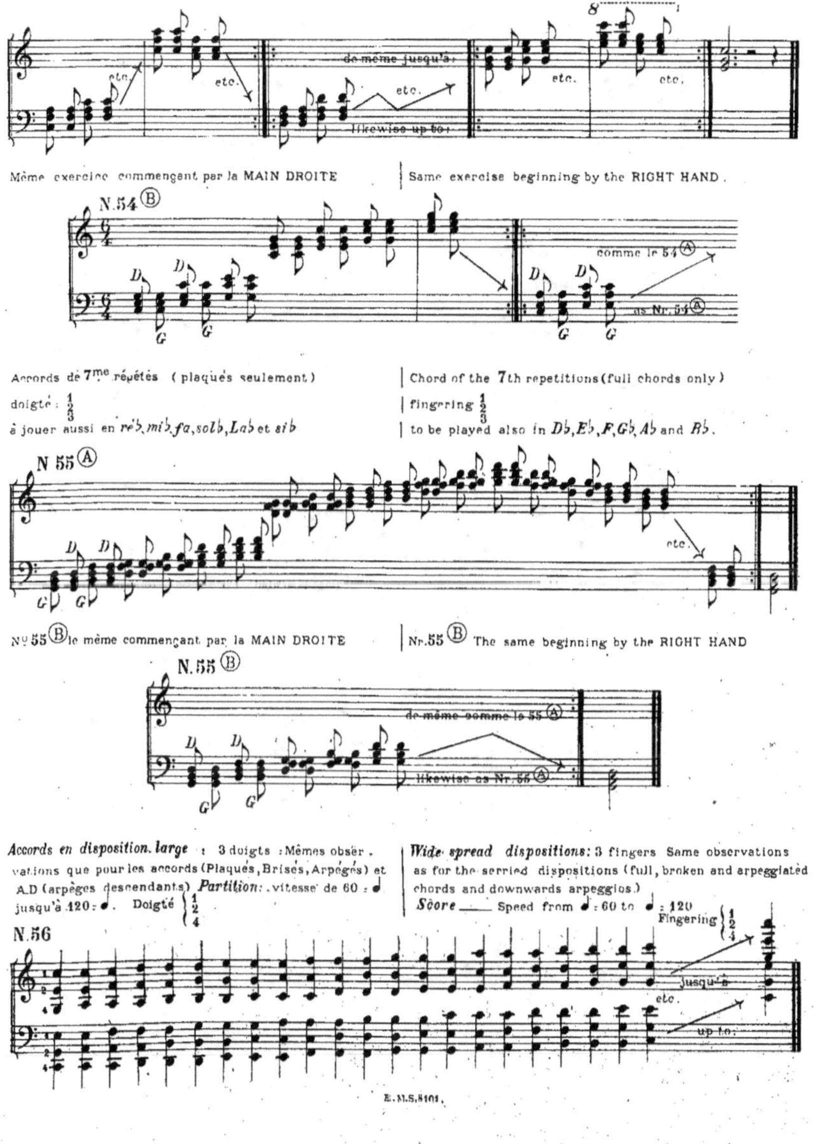

Même exercice commençant par la MAIN DROITE | Same exercise beginning by the RIGHT HAND.

Accords de 7me répétés (plaqués seulement) | Chord of the 7th repetitions (full chords only)

doigté : $\frac{1}{2}{3}$ | fingering $\frac{1}{2}{3}$

à jouer aussi en *ré♭, mi♭, fa, sol♭, La♭ et si♭* | to be played also in *D♭, E♭, F, G♭, A♭* and *B♭*.

N° 55 (B) le même commençant par la MAIN DROITE | Nr.55 (B) The same beginning by the RIGHT HAND

Accords en disposition. large : 3 doigts : Mêmes obser -vations que pour les accords (Plaqués, Brisés, Arpégés) et A.D (arpèges descendants) *Partition :* vitesse de 60 : ♩ jusqu'à 120 : ♩. Doigté $\left\{\begin{matrix}1\\2\\4\end{matrix}\right.$ | *Wide spread dispositions :* 3 fingers Same observations as for the serried dispositions (full, broken and arpeggiated chords and downwards arpeggios.) *Score* ___ Speed from ♩ : 60 to ♩ : 120 Fingering $\left\{\begin{matrix}1\\2\\4\end{matrix}\right.$

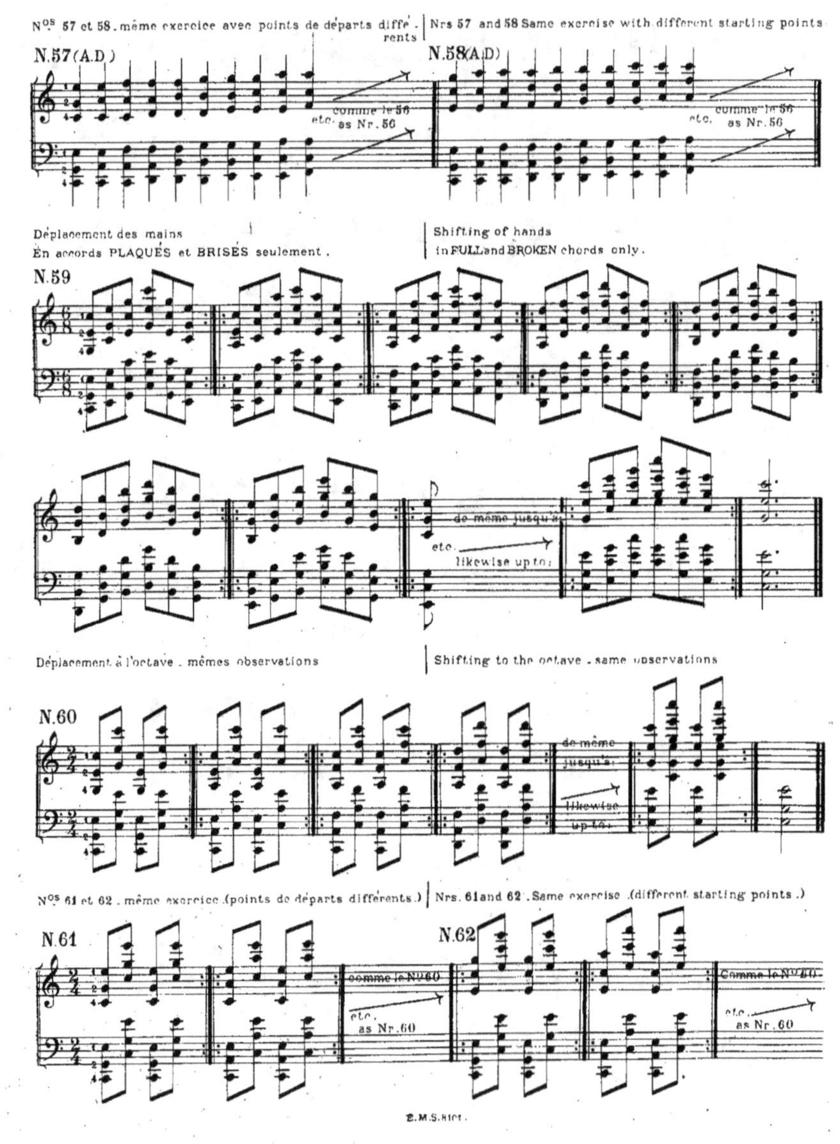

Nos 57 et 58. même exercice avec points de départs différents
Nrs 57 and 58 Same exercise with different starting points
N.57 (A.D.)
comme le 56
etc. as Nr.56
N.58 (A.D.)
comme le 56
etc. as Nr.56
Déplacement des mains
En accords PLAQUÉS et BRISÉS seulement.
Shifting of hands
in FULL and BROKEN chords only.
N.59
de même jusqu'à
etc.
likewise up to:
Déplacement à l'octave. mêmes observations
Shifting to the octave. same observations
N.60
de même jusqu'à:
likewise up to:
Nos 61 et 62. même exercice (points de départs différents.)
Nrs. 61 and 62. Same exercise (different starting points.)
N.61
comme le Nº 60
etc. as Nr.60
N.62
Comme le Nº 60
etc. as Nr.60

ACCORDS de 7ᵐᵉ en DISPOSITION LARGE.
à jouer aussi en *réb, mib, fa, solb la et Sib*.
En accords plaqués brisés arpégés et A D.

WIDE .SPREAD DISPOSITIONS, chords of the 7th.
To be played in *Db, Eb, F, Gb Ab* and *Bb*
in full , broken arpeggiated and downwards arpeggios

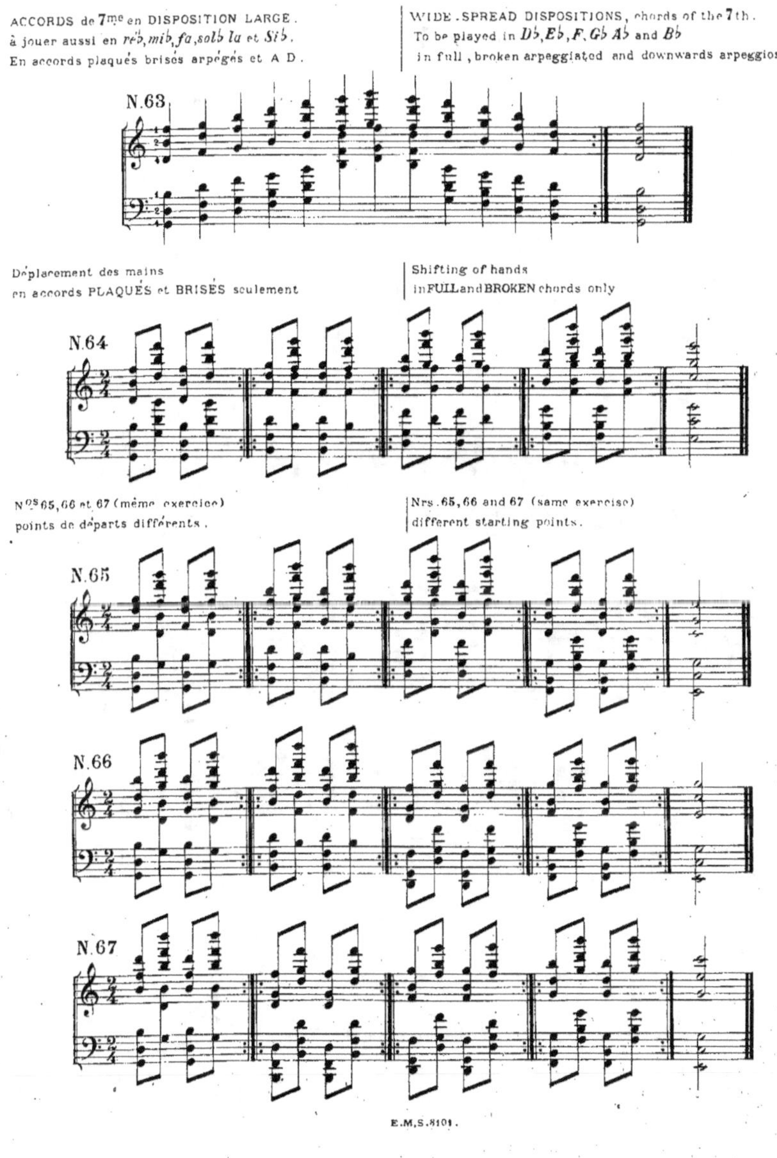

Déplacement des mains
en accords PLAQUÉS et BRISÉS seulement

Shifting of hands
in **FULL** and **BROKEN** chords only

Nᵒˢ 65, 66 et 67 (même exercice)
points de départs différents.

Nrs .65, 66 and 67 (same exercise)
different starting points.

XX

TIERCES

Partitions
Tierces (doigtés différents _ combinaisons)
Déplacement des mains
Mouvements contraire
Mains alternantes
Tierces brisées (mêmes difficultées)
Tierces doigtées (doigtés différents et combinaisons)
Tierces doigtées brisées
Formules diverses
Gammes en Tierces doigtée _ (2 doigtés)
Tierces doublées
Tierces doublées brisées

THIRDS

Scores
Thirds (different fingerings, combinations)
Shifting of hands
Contrary motion
Alternating hands
Broken thirds (same difficultees)
Fingered thirds, (divers fingerings and combinations)
Fingered thirds, broken
Divers formulæ
Scales in thirds (two fingerings)
Doubled thirds
Doubled thirds broken

TIERCES DÉTACHÉES
Partitions Ⓐ et Ⓑ.

THIRD
Score Ⓐ and Ⓑ

1º Jouer sur la Partition Ⓐ tous les doigtes suivants:

Exemples:

1st Play according to score Ⓐ all the following fingerings

Examples:

doigte 1 — fingering 1
doigte 2 — fingering 2
doigte 3 — fingering 3
doigte 4 — fingering 4
doigte 5 — fingering 5
doigte 6 — fingering 6

etc.

De même sur la Partition (B) | likewise according to score (B):

Doigté
Fingering

2° Jouer toutes les combinaisons de doigtés sur les partitions (A) et (B)

2nd. Make use of all the combinations of fingerings according to scores (A) and (B)

TABLEAU DES COMBINAISONS DE DOIGTÉS — TABLE OF THE COMBINATION TO FINGERINGS

1° M.D. (Main Droite) 1/2 R.H. — M.G. (Main Gauche) 1/3 L.H.	**6°** M.D. 1/3 R.H. — M.G. 1/2 L.H.	**11°** M.D. 1/4 R.H. — M.G. 1/2 L.H.	**16°** M.D. 2/3 R.H. — M.G. 1/2 L.H.	**21°** M.D. 2/4 R.H. — M.G. 1/2 L.H.	**26°** M.D. 3/4 R.H. — M.G. 1/2 L.H.
2° M.D. 1/2 R.H. — M.G. 1/4 L.H.	**7°** M.D. 1/3 R.H. — M.G. 1/4 L.H.	**12°** M.D. 1/4 R.H. — M.G. 1/3 L.H.	**17°** M.D. 2/3 R.H. — M.G. 1/3 L.H.	**22°** M.D. 2/4 R.H. — M.G. 1/3 L.H.	**27°** M.D. 3/4 R.H. — M.G. 1/3 L.H.
3° M.D. 1/2 R.H. — M.G. 2/3 L.H.	**8°** M.D. 1/3 R.H. — M.G. 2/3 L.H.	**13°** M.D. 1/4 R.H. — M.G. 2/3 L.H.	**18°** M.D. 2/3 R.H. — M.G. 1/4 L.H.	**23°** M.D. 2/4 R.H. — M.G. 1/4 L.H.	**28°** M.D. 3/4 R.H. — M.G. 1/4 L.H.
4° M.D. 1/2 R.H. — M.G. 2/4 L.H.	**9°** M.D. 1/3 R.H. — M.G. 2/4 L.H.	**14°** M.D. 1/4 R.H. — M.G. 2/4 L.H.	**19°** M.D. 2/3 R.H. — M.G. 2/4 L.H.	**24°** M.D. 2/4 R.H. — M.G. 2/3 L.H.	**29°** M.D. 3/4 R.H. — M.G. 2/3 L.H.
5° M.D. 1/2 R.H. — M.G. 3/4 L.H.	**10°** M.D. 1/3 R.H. — M.G. 3/4 L.H.	**15°** M.D. 1/4 R.H. — M.G. 3/4 L.H.	**20°** M.D. 2/3 R.H. — M.G. 3/4 L.H.	**25°** M.D. 2/4 R.H. — M.G. 3/4 L.H.	**30°** M.D. 3/4 R.H. — M.G. 2/4 L.H.

Quelques exemples : sur la partition (A) | Several examples : according to score (A).

sur la partition (B) | according to score (H).

Autre doigté pour la partition B . (ne rien placer d'avance)
Exemple :

| Another fingering for score B (do not set fingers in ad - vance. Example :

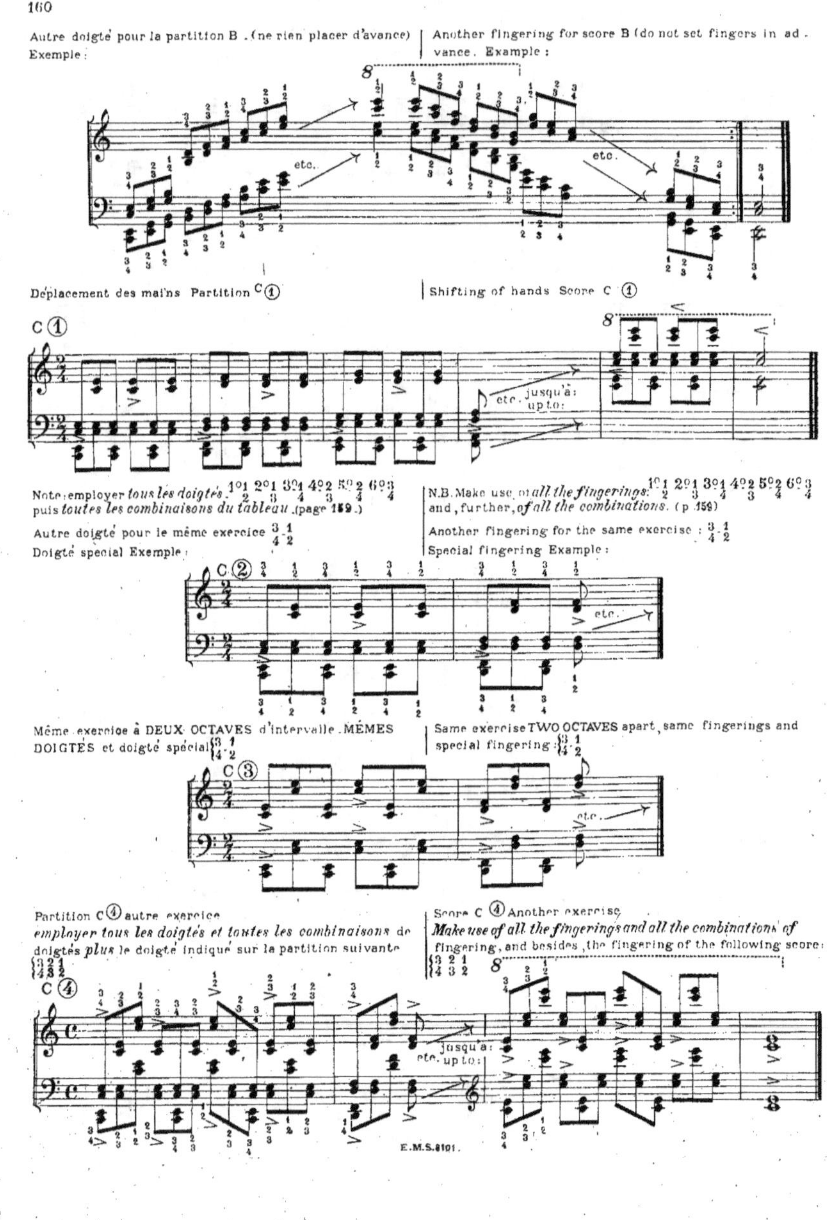

Déplacement des mains Partition C ① | Shifting of hands Score C ①

Note : employer *tous les doigtés* . 1°1 2°1 3°1 4°2 5°2 6°3
puis *toutes les combinaisons du tableau* . (page 159.)

N.B. Make use of *all the fingerings* . 1°1 2°1 3°1 4°2 5°2 6°3
and , further, *of all the combinations.* (p 159)

Autre doigté pour le même exercice 3-1
Doigté spécial Exemple :

Another fingering for the same exercise : 3-1
Special fingering Example :

Même exercice à DEUX OCTAVES d'intervalle . MÊMES
DOIGTÉS et doigté spécial

Same exercise TWO OCTAVES apart, same fingerings and
special fingering :

Partition C ④ autre exercice
*employer tous les doigtés et toutes les combinaisons de
doigtés plus le doigté* indiqué sur la partition suivante

Score C ④ Another exercise,
*Make use of all the fingerings and all the combinations of
fingering,* and besides , the fingering of the following score :

MOUVEMENT CONTRAIRE . Partition Ⓓ. employer TOUS les doigtés et combinaisons de doigtés .

CONTRARY MOTION . Score Ⓓ. Make use of all the fingerings and combinations of fingerings .

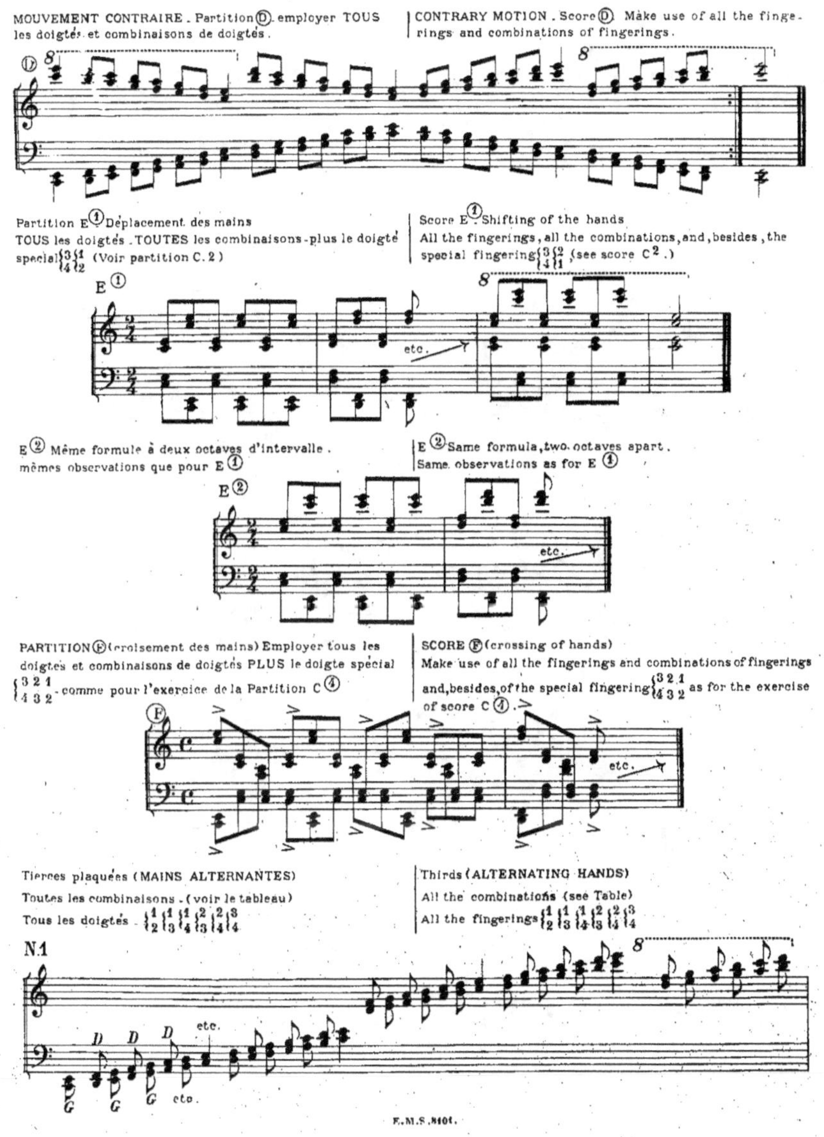

8
D D D etc.
G G etc.
TIERCES BRISÉES. mêmes doigtés et combinaisons.
BROKEN THIRDS. Same fingering and combinations.
N.2
D D D etc.
G G G etc.
8
8
D D D etc.
G G G etc.
N.3
8 8 D D D
D D etc.
G G etc.
G G
N.4
8 D D
D D D
etc.
G G
G G G
etc.
G
G
N.5
D D
etc.
etc.
G G G
G

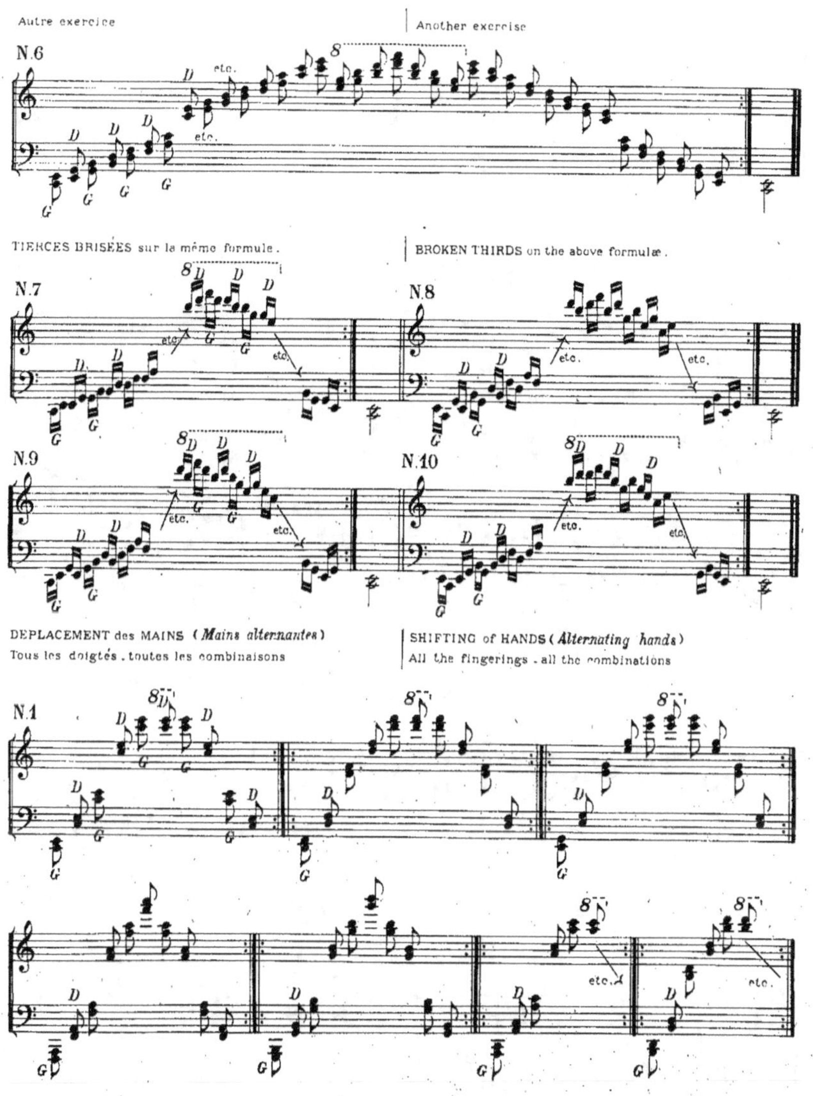

Autre exercice
Another exercise
N.6
etc.
etc.
TIERCES BRISÉES sur la même formule.
BROKEN THIRDS on the above formulæ.
N.7
N.8
etc.
etc.
etc.
etc.
N.9
N.10
etc.
etc.
etc.
etc.
DEPLACEMENT des MAINS (Mains alternantes)
Tous les doigtés . toutes les combinaisons
SHIFTING of HANDS (Alternating hands)
All the fingerings . all the combinations
N.1
etc.
etc.

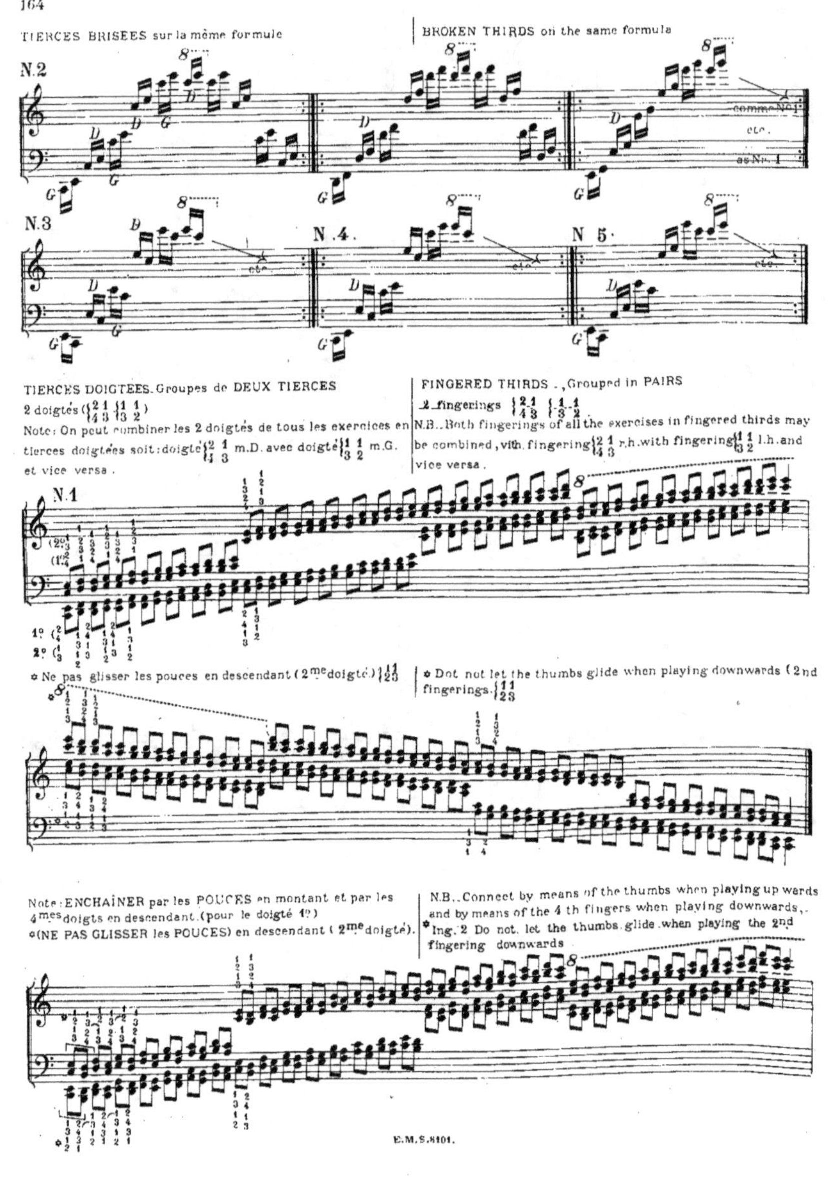

TIERCES DOIGTEES. Groupes de DEUX TIERCES

2 doigtés ({2 1} {1 1})
({4 3} {3 2})

Note: On peut combiner les 2 doigtés de tous les exercices en tierces doigtées soit: doigté {2 1} m.D. avec doigté {1 1} m.G.
{4 3} {3 2}
et vice versa.

FINGERED THIRDS -, Grouped in PAIRS

2 fingerings {2 1} {1 1}
{4 3} {3 2}

N.B..Both fingerings of all the exercises in fingered thirds may be combined, with fingering {2 1} r.h. with fingering {1 1} l.h. and vice versa.

N.1

✿ Ne pas glisser les pouces en descendant (2me doigté.) {1 1}{2 3}

✿ Do not let the thumbs glide when playing downwards (2nd fingerings. {1 1}{2 3}

Note: ENCHAÎNER par les POUCES en montant et par les 4mes doigts en descendant.(pour le doigté 1?)
✿(NE PAS GLISSER les POUCES) en descendant (2me doigté).

N.B..Connect by means of the thumbs when playing upwards and by means of the 4th fingers when playing downwards,.
✿Ing. 2 Do not let the thumbs glide when playing the 2nd fingering downwards

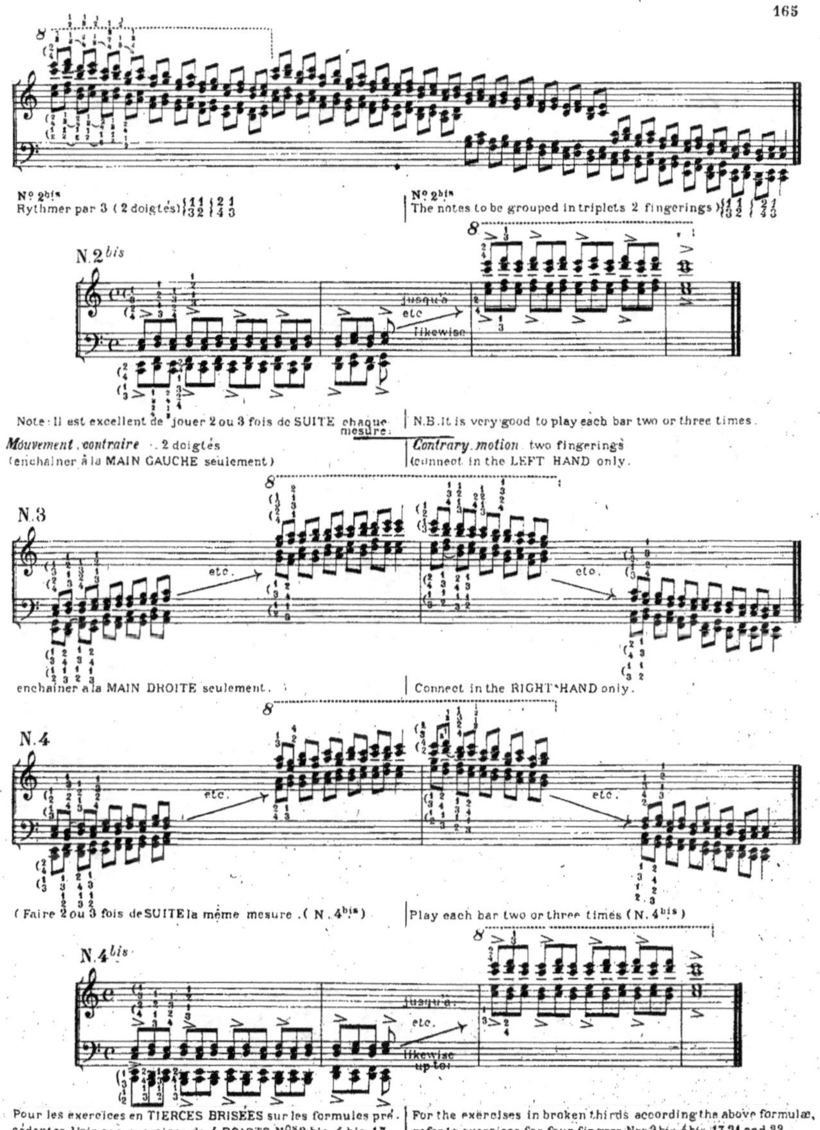

Nº 2bis
Rythmer par 3 (2 doigtés)
Nº 2bis
The notes to be grouped in triplets 2 fingerings
N.2 bis
jusqu'à
etc
likewise
Note: Il est excellent de jouer 2 ou 3 fois de SUITE chaque mesure.
N.B. It is very good to play each bar two or three times.
Mouvement contraire 2 doigtés
(enchaîner à la MAIN GAUCHE seulement)
Contrary motion two fingerings
(connect in the LEFT HAND only.
N.3
etc.
etc.
enchaîner à la MAIN DROITE seulement.
Connect in the RIGHT HAND only.
N.4
etc.
etc.
(Faire 2 ou 3 fois de SUITE la même mesure .(N.4bis)
Play each bar two or three times (N.4bis)
N.4 bis
jusqu'à
etc.
likewise
up to!
Pour les exercices en TIERCES BRISÉES sur les formules précédentes Voir aux exercices de 4 DOIGTS Nos 3 bis, 4 bis, 17, 21 et 22.
For the exercises in broken thirds according the above formulæ, refer to exercises for four fingers Nrs 3 bis, 4 bis, 17, 21 and 22.
E.M.S.8101.

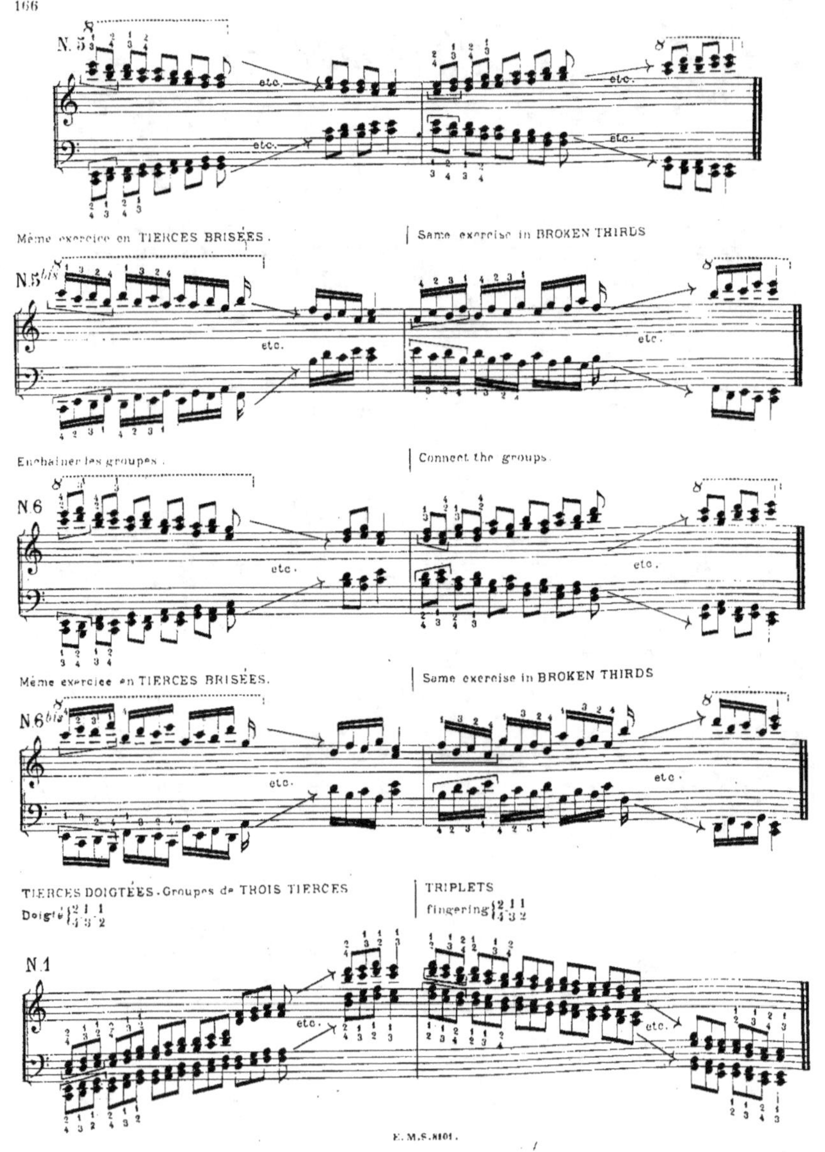
N. 5
etc.
etc.
Même exercice en TIERCES BRISÉES.
Same exercise in BROKEN THIRDS
N.5 bis
etc.
etc.
Enchaîner les groupes.
Connect the groups.
N.6
etc.
etc.
Même exercice en TIERCES BRISÉES.
Same exercise in BROKEN THIRDS
N.6 bis
etc.
etc.
TIERCES DOIGTÉES. Groupes de TROIS TIERCES
Doigté
TRIPLETS
fingering
N.1
etc.
etc.

Même exercice en TIERCES BRISÉES.

Same exercise in BROKEN THIRDS

Mouvement contraire

Contrary motion

Le même en TIERCES BRISEES (enchaîner les groupes)

The same in BROKEN THIRDS (connect the groups)

Enchaîner les groupes par les **4mes** en montant et par les pouces en descendant .

Connect by means of 4th fingers when playing upwards and of the thumbs when playing downwards .

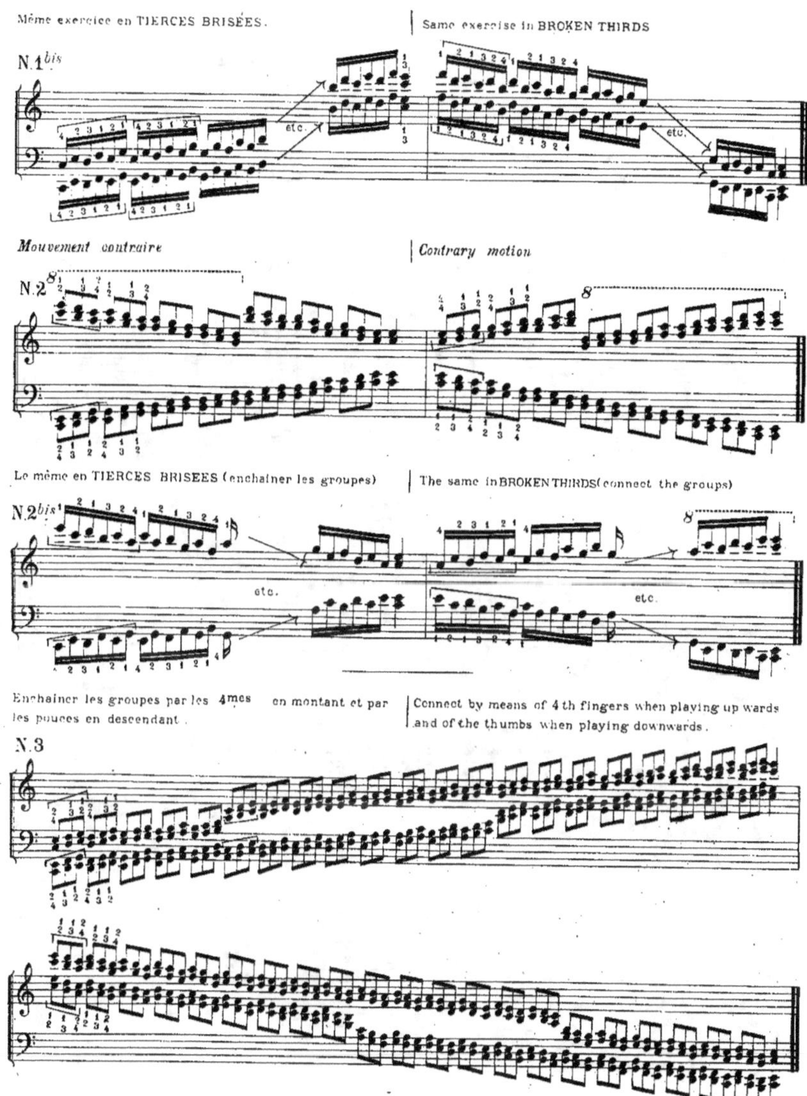

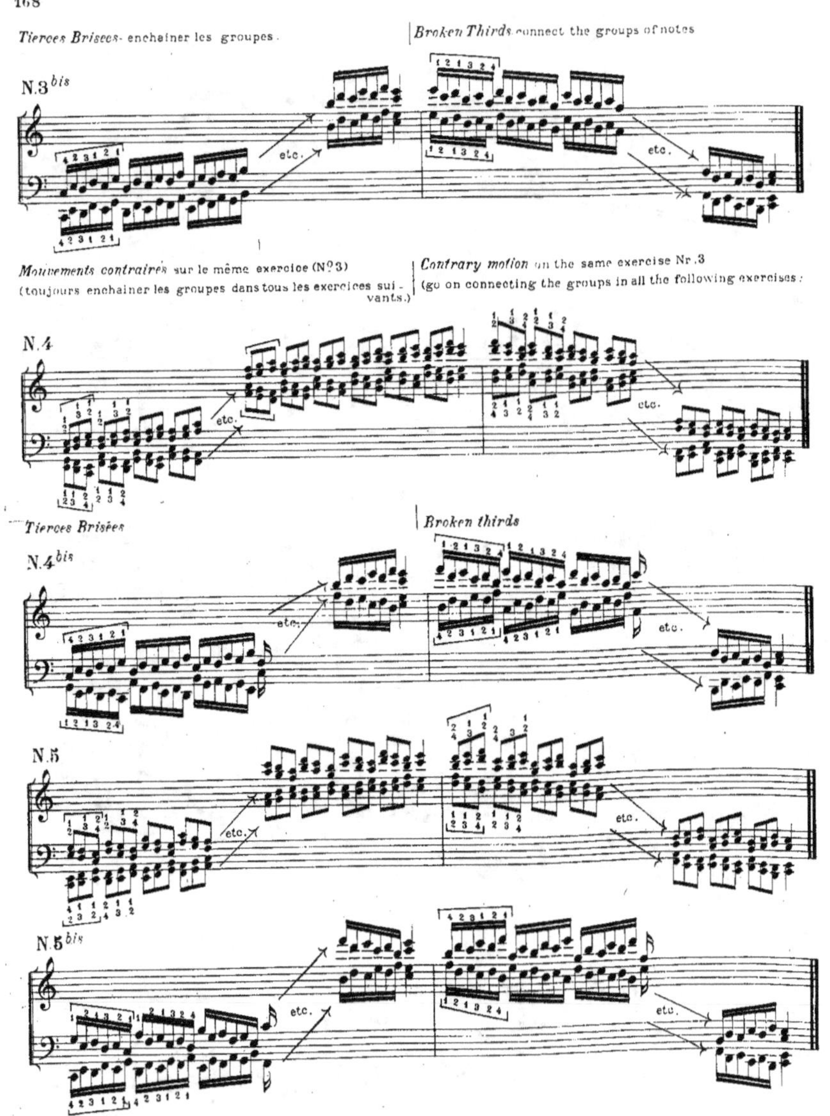
Tierces Brisées- enchaîner les groupes.
Broken Thirds connect the groups of notes
N.3 bis
etc.
etc.
Mouvements contraires sur le même exercice (N.º 3)
(toujours enchaîner les groupes dans tous les exercices suivants.)
Contrary motion on the same exercise Nr.3
(go on connecting the groups in all the following exercises:
N.4
etc.
etc.
Tierces Brisées
Broken thirds
N.4 bis
etc.
etc.
N.5
etc.
etc.
N.5 bis
etc.
etc.

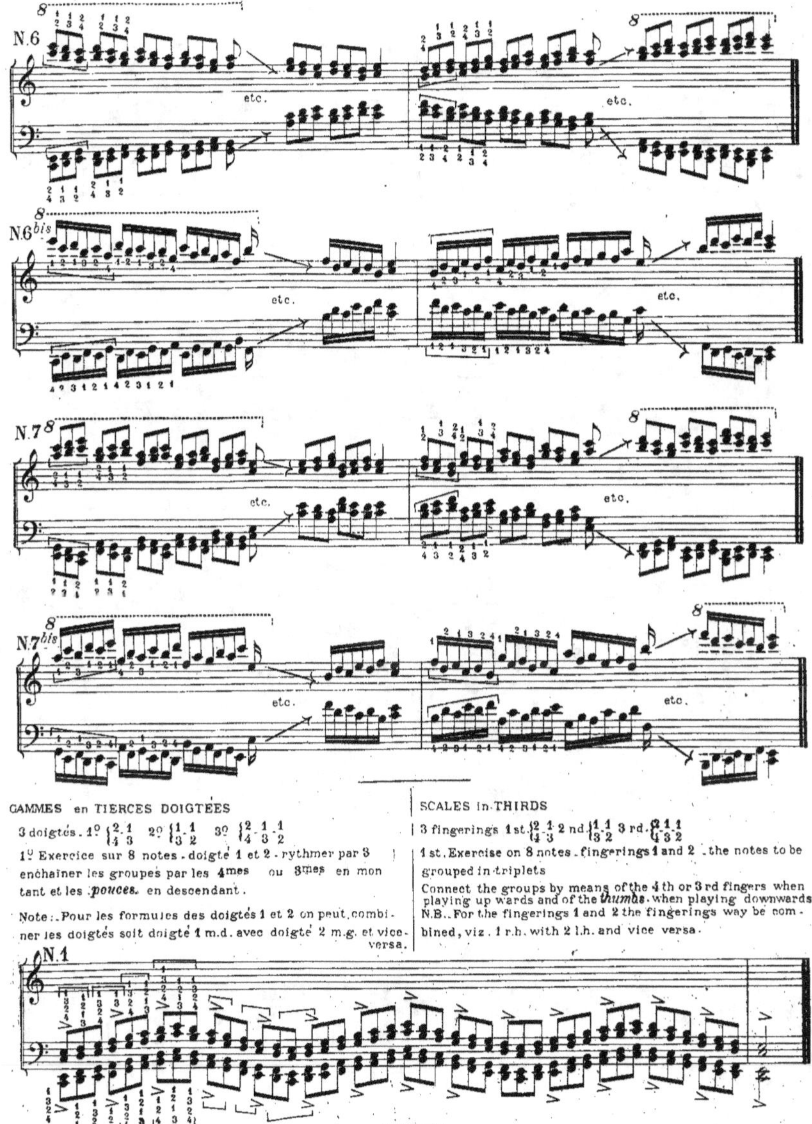

GAMMES en TIERCES DOIGTÉES

3 doigtés. 1º $\{^{2\,.\,1}_{4\ \ 3}$ 2º $\{^{1\,.\,1}_{3\ \ 2}$ 3º $\{^{2\,.\,1\,.\,1}_{4\ \ 3\ \ 2}$

1º Exercice sur 8 notes . doigté 1 et 2 . rythmer par 3 enchaîner les groupes par les 4mes ou 3mes en montant et les *pouces.* en descendant .

Note :. Pour les formules des doigtés 1 et 2 on peut . combiner les doigtés soit doigté 1 m.d . avec doigté 2 m.g . et vice-versa .

SCALES in THIRDS

3 fingerings 1st. $\{^{2\,.\,1}_{4\ \ 3}$ 2 nd. $\{^{1\,.\,1}_{3\ \ 2}$ 3 rd. $\{^{2\,.\,1\,.\,1}_{4\ \ 3\ \ 2}$

1 st . Exercise on 8 notes . fingerings 1 and 2 . the notes to be grouped in triplets

Connect the groups by means of the 4 th or 3 rd fingers when playing up wards and of the *thumbs* . when playing downwards N.B. . For the fingerings 1 and 2 the fingerings way be combined, viz . 1 r.h . with 2 l.h . and vice versa .

Commencer ensuite successivement sur toutes les notes de la gamme jusqu'à la formule indiquée par Ⓐ

Begin successively on all the notes of the scale up to the formula Ⓐ

Exemple:　　*Example:*

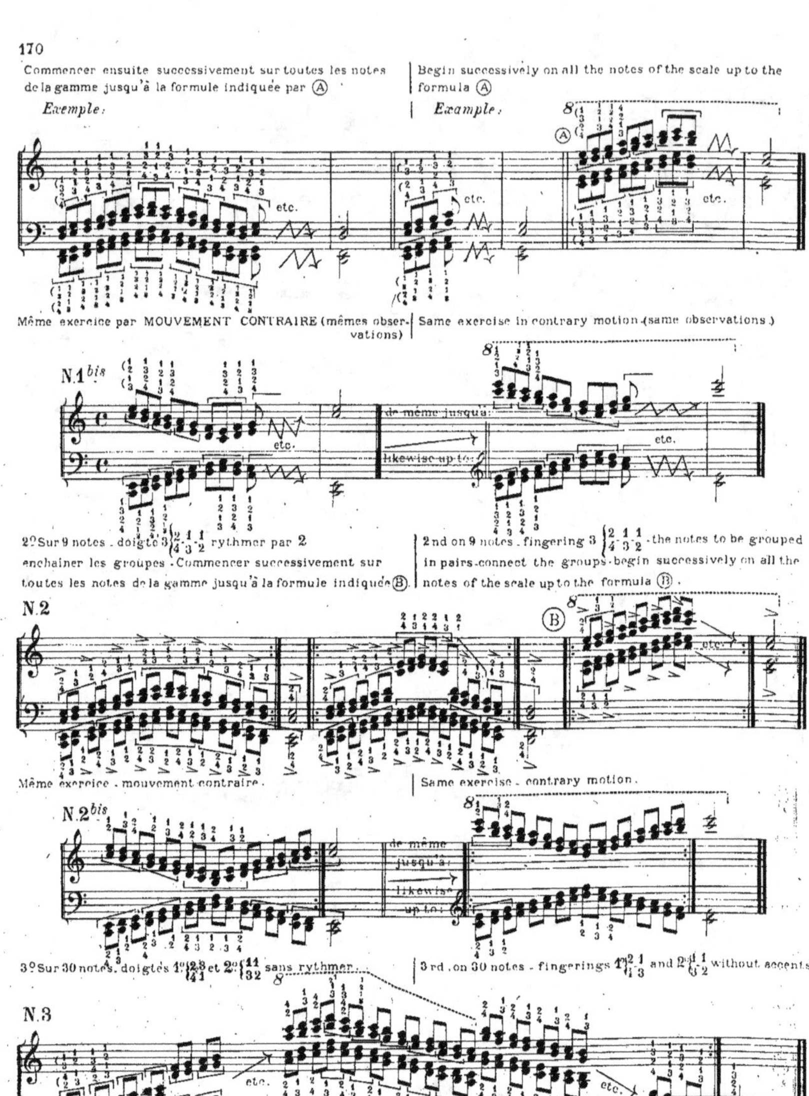

Même exercice en TIERCES BRISÉES doigtés 1 et 2.
enchaîner les groupes.

Same exercise in BROKEN THIRDS fingerings 1 and 2.
Connect the groups.

N.4

5º MOUVEMENT CONTRAIRE (16 notes) . doigtés 1 et 2 .

5º CONTRARY MOTION (16 notes) . fingerings 1 and 2 .

N.5

Même formule en TIERCES BRISÉES

Same formula in BROKEN THIRDS . 2 fingerings

N.6

6º sur 30 notes doigté 3 . enchaîner les groupes

6º on 30 notes . fingering 3 . connect the groups.

N.7

Même exercice en TIERCES BRISÉES

Same exercises in BROKEN THIRDS

N.7 bis

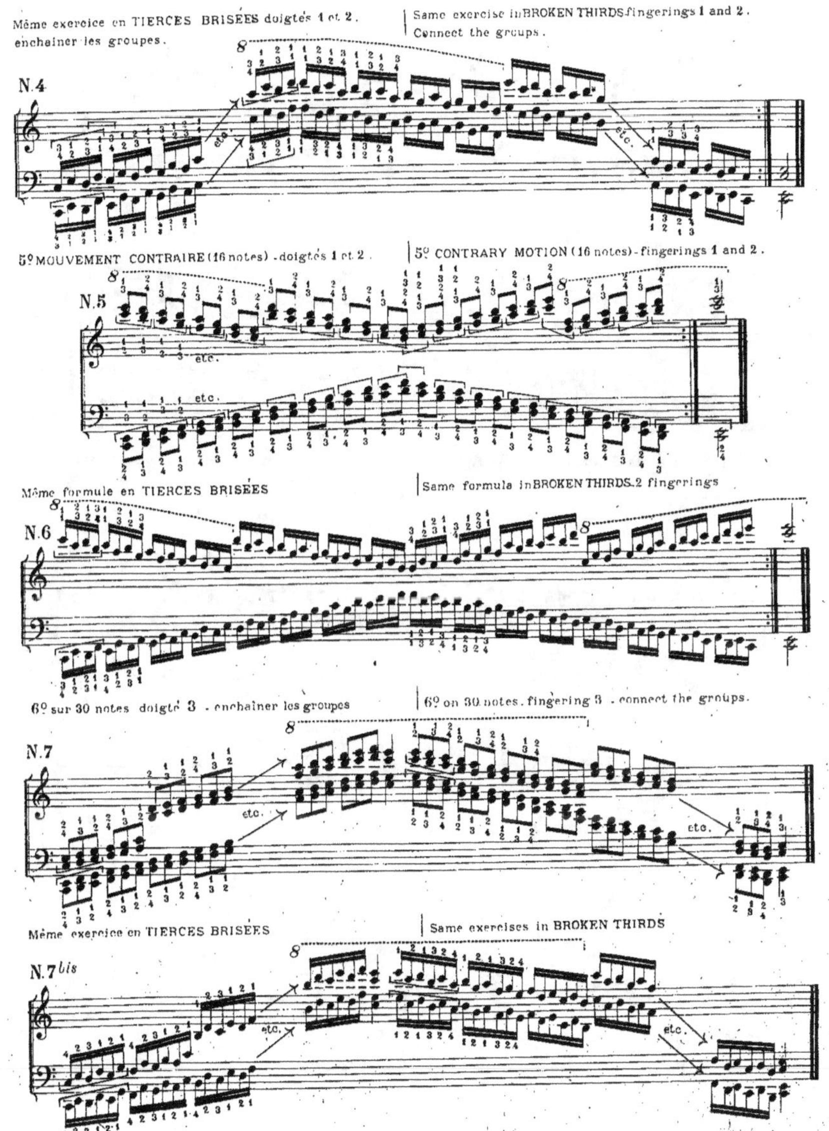

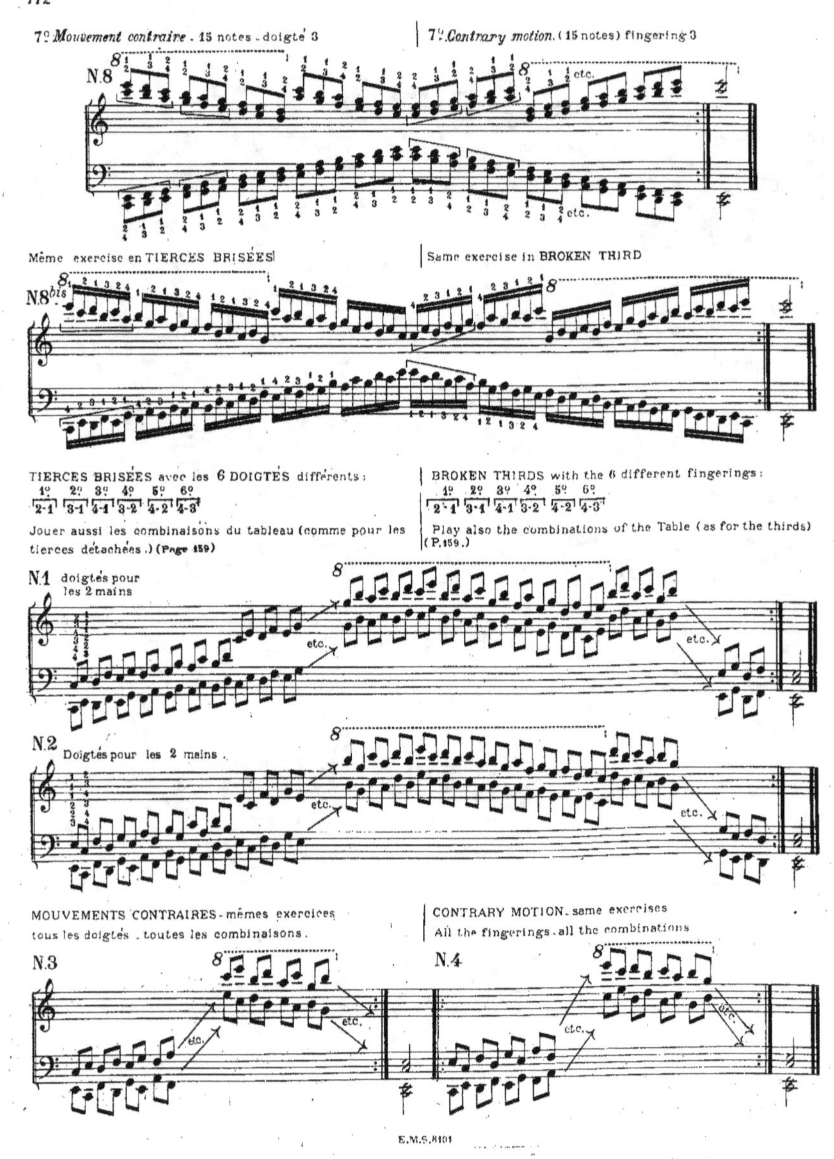
7º Mouvement contraire . 15 notes . doigté 3
7º. Contrary motion. (15 notes) fingering 3
N.8
etc.
etc.
Même exercice en TIERCES BRISÉES
Same exercise in BROKEN THIRD
N.8bis
TIERCES BRISÉES avec les 6 DOIGTÉS différents :
1º 2º 3º 4º 5º 6º
2-1 3-1 4-1 3-2 4-2 4-3
Jouer aussi les combinaisons du tableau (comme pour les tierces détachées .) (Page 159)
BROKEN THIRDS with the 6 different fingerings :
1º 2º 3º 4º 5º 6º
2-1 3-1 4-1 3-2 4-2 4-3
Play also the combinations of the Table (as for the thirds) (P.159.)
N.1 doigtés pour les 2 mains
etc.
etc.
N.2 Doigtés pour les 2 mains .
etc.
etc.
MOUVEMENTS CONTRAIRES - mêmes exercices tous les doigtés . toutes les combinaisons .
CONTRARY MOTION . same exercises All the fingerings . all the combinations
N.3
etc.
etc.
N.4
etc.
etc.

TIERCES DOUBLÉES. écart entre les 2mes et 3mes doigts
DOUBLED THIRDS, stretch between 2nd and 3rd fingers
N.1
N.2
Tierces doublées. déplacement des mains
Doubled thirds, shifting of hands
N.3
jusqu'à:
up to:
Tierces doublées. brisées.
à jouer sur l'étendue de l'exercice N°1
Rythmer par 3 ou par 5
Doubled thirds, broken
to be played in the range of exercise Nr.1
Notes to be grouped in triplets or quintuplets
N.4 Par3
N.5 Par3
etc.
etc.
N.6 Par5
etc.
Mouvement contraire (mêmes exercices)
Contrary motion (same exercises)
N.7 Par3
N.8 Par3
N.9 Par5
etc
etc
etc.

XXI

SIXTES	SIXTHS
Partitions	Scores
Sixtes - (doigtés différents - combinaisons)	Sixths (divers fingerings - combinations)
Déplacement des mains	Shifting of hands
Mouvements contraires	Contrary motion
Mains alternées	Alternating hands
Sixtes brisées (mêmes difficultés)	Broken sixths (same difficulties)
Sixtes doigtées - (doigtés différents et combinaisons)	Fingered sixths (divers fingerings and combinations)
Sixtes doigtées brisées	Fingered sixths, broken
Formules diverses	Different formulæ
Gammes en sixtes doigtées	Scales in sixths
Sixtes doublées	Doubled sixths
Sixtes doublées brisées	Doubled sixths, broken

PARTITIONS. Ⓐ et Ⓗ   SCORE. Ⓐ and Ⓑ

1º Jouer sur les partitions Ⓐ et Ⓑ tous les doigtés suivants:

1 rd. Play according to scores Ⓐ and Ⓗ all the following

$\begin{smallmatrix}1&1&1&1&2\\2&3&4&4\end{smallmatrix}$ fingerings $\begin{smallmatrix}1&1&1&1&2\\2&3&4&4\end{smallmatrix}$

Exemples: Examples:

PARTITION Ⓐ   PARTITION Ⓗ
SCORE Ⓐ   SCORE Ⓑ

{ Doigté 1 / fingering 1 }   { Doigté 2 / fingering 2 }   { Doigté 3 / fingering 3 }   { Doigté 4 / Fingering 4 }   { Doigté 1 / Fingering 1 }   { Doigté 2 / Fingering 2 }   { Doigté 3 / Fingering 3 }   { Doigté 4 / Fingering 4 }

2º Jouer toutes les combinaisons de doigtés sur les Parti- | 2nd. Play all the combinations of fingerings according to
tions Ⓐ et Ⓑ | scores Ⓐ and Ⓑ.

TABLEAU DES COMBINAISONS DE DOIGTÉS | TABLE OF THE COMBINATIONS of FINGERINGS

1º
Main Droite $\{^1_2\}$ R.H
Main Gauche $\{^1_3\}$ L.H

4º
M.D $\{^1_3\}$ R.H
M.G $\{^1_2\}$ L.H

7º
M.D $\{^1_4\}$ R.H
M.G $\{^1_2\}$ L.H

10º
M.D $\{^2_4\}$ R.H
M.G $\{^1_4\}$ L.H

2º
M.D $\{^1_2\}$ R.H
M.G $\{^1_4\}$ L.H

5º
M.D $\{^1_3\}$ R.H
M.G $\{^1_4\}$ L.H

8º
M.D $\{^1_4\}$ R.H
M.G $\{^1_3\}$ L.H

11º
M.D $\{^2_4\}$ R.H
M.G $\{^1_3\}$ L.H

3º
M.D $\{^1_2\}$ R.H
M.G $\{^2_4\}$ L.H

6º
M.D $\{^1_3\}$ R.H
M.G $\{^2_4\}$ L.H

9º
M.D $\{^1_4\}$ R.H
M.G $\{^2_4\}$ L.H

12º
M.D $\{^2_4\}$ R.H
M.G $\{^1_4\}$ L.H

Quelques exemples : | Several examples :

Déplacement des mains . PARTITION Ⓒ[1] | Shifting of hands   SCORE Ⓒ[1]

Note : Employer les QUATRE doigtés puis TOUTES les COMBINAI- | N.B. Make use of the *four* fingerings and, further, of *all the com-*
SONS du Tableau ci-dessus employer en outre le DOIGTÉ SPÉCI- | *binations* of the above table Besides make use of the special finge-
AL indiqué sur la Partition Ⓒ[1] $\{^{2\,-1}_{1\,2}\}$ | ring of the score Ⓒ[1] $\{^{2\,1}_{1\,2}\}$.

Ⓒ[2] Même exercice : à 2 octaves d'intervalle . *mêmes doigtés* | Ⓒ[2] Same exercise with a distance of 2 octaves . *same fingerings*
et doigté spécial $\{^{2\,1}_{4\,2}\}$ | and special fingering $\{^{2\,-1}_{1\,2}\}$.

Ⓒ[3] Autre exercice . *mêmes doigtés* | Ⓒ[3] Another exercise . *same fingerings* . all the combinations, and
toutes les combinaisons plus le doigté indiqué sur la Parti- | besides the fingering of the following score . $\{^{2\,1\,1}_{4\,3\,2}\}$
tion suivante $\{^{2\,1\,1}_{4\,3\,2}\}$

C⁴ Formule special .TOUS les doigtés .(ne pas faire les combinaisons de doigtés)
C⁴ Special formula .all the fingerings - no combinations .
C⁴

Mouvement contraire
Partition D. tous les doigtés . toutes les combinaisons
Contrary motion
Score D. all the fingerings - all the combinations

Partition E. deplacement des mains
TOUS les doigtés et combinaisons plus le doigté spécial
Score E. Shifting of hands
All the fingerings and combinations, and, besides, the special fingering

jusqu'à
etc.
up to

Partition F (croisement des mains.) n'employer que les 4 doigtés PAS de combinaisons ni de doigtés spéciaux.
Score F (croising of hands) make use of but the 4 fingerings. no combination, no special fingerings.

etc.
etc.

SIXTES Mains alternantes .
(Tous les doigtés) toutes les combinaisons du Tableau .(p.175)
SIXTHS. Alternating hands
All the fingerings) all the combinations of the Table . p.175.)

N.1
etc.
D D D etc.
G G G G etc.
D D D etc.
G G G G etc.

SIXTES BRISÉE . *Mêmes doigtés et combinaisons* . | SIXTHS BROKEN . *Same fingerings and combinations* .

Autre exercice . *mêmes doigtés et combinaisons* . | Other exercises . *same fingerings and combinations* .

Sixtes brisées sur la même formule . mêmes doigtés | Broken sixths according to the same fingering .

DÉPLACEMENT DES MAINS .(Mains alternantes) | SHIFTING OF HANDS WITH Alternating hands

Tous les doigtés et combinaisons . | All the fingerings and combinations .

SIXTES BRISÉES. sur la même formule
BROKEN SIXTHS according to the same formula.
N.2
jusqu'à:
etc.
up to:
N.3
N.4
N.5
comme le N.º 2
etc. au Nr. 2
SIXTES DOIGTÉES. groupes de deux sixtes 2 doigtés
Note: On peut combiner les 2 doigtés de tous les exercices en Sixtes doigtées. Soit doigté m. Droite avec doigté m. Gauche et vice versa.
N.B. Both fingerings of the exercices in fingered Sixth may by combined viz. r. h. with l. h. and vice versa
N.1
* ne pas glisser les pouces en descendant (2me doigté)
* Do not let the thumbs glide when playing downwards the 2nd. fingering
N.2.
enchainer par les pouces en montant et par les 4mes doigts en descendant (ou les 3mes pour le doigté
* ne pas glisser les pouces en descendant (2me doigté)
N.2.
Connect by means of the thumbs when playing upwards and by means of the 4 th. finger when playing downwards (or of the 3rd. finger for the fingering) * do not let the thumbs glide when playing downwards(2 nd fingering)
N.2
etc.
etc.
E.M.S.8101.

Rythmer par 3 (2 doigtés)
N.3
The notes to be grouped in triplets (2 fingerings)
jusqu'a:
etc.
up to:
Note: Répéter 2 ou 3 fois de suite chaque mesure
N.B..Repeat each bar two or three times.
Mouvement contraire(2 doigtés .)
(enchainer à la main gauche seulement.)
Contrary motion(2 fingerings)
(connect in the left hand only.)
N.4
etc.
etc.
N.5.
(enchainer à la main droite seulement.)
N.5.
(connect in the right hand only.)
N.5
etc.
etc.
N.6.
Rythmer par 3 .(2 doigtés,)
N.6.
The notes to be grouped in triplets ,(2 fingerings.)
N.6
etc.
jusqu'à
up to
N.7
E.M.S.8101.

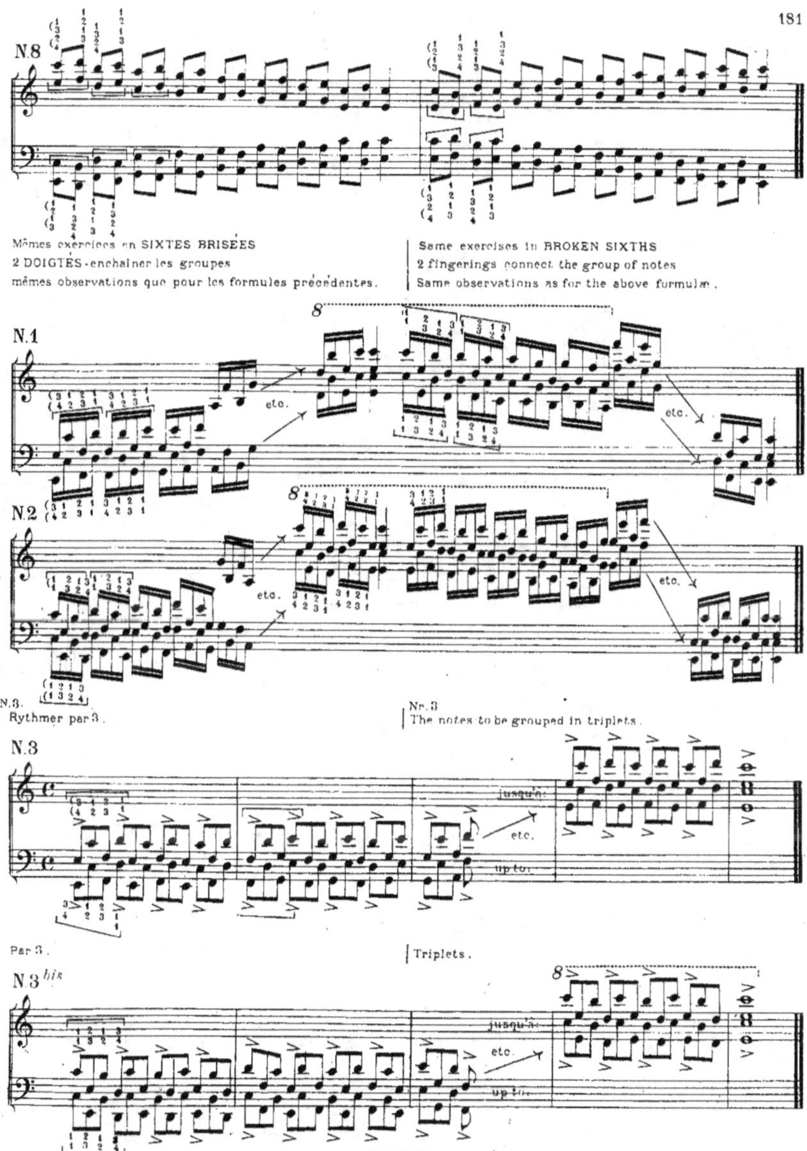
N.8
Mêmes exercices en SIXTES BRISÉES
2 DOIGTÉS - enchaîner les groupes
mêmes observations que pour les formules précédentes.
Same exercises in BROKEN SIXTHS
2 fingerings connect the group of notes
Same observations as for the above formulæ.
N.1
etc.
etc.
N.2
etc.
etc.
N.3.
Rythmer par 3.
Nr. 3
The notes to be grouped in triplets.
N.3
jusqu'à
etc.
up to
Par 3.
Triplets.
N.3 bis
jusqu'à
etc.
up to

E.M.S.8101.

GAMMES en SIXTES DOIGTÉES

2 doigtés 1º {$\frac{2\ 1}{1\ 3}$} 2º {$\frac{1\ 1}{3\ 2}$}

1ᵉ Exercice sur 8 notes . 2 doigtés . Rythmer par 3
enchaîner les groupes par les 4ᵐᵉˢ ou 3ᵐᵉˢ doigts en montant et par le *pouce* en descendant.

Note : On peut combiner les 2 doigtés, soit doigté 1 M.D avec
doigté 2 M.G et vice versa.

SCALES in FINGERED SIXTHS

2 fingerings 1 st. {$\frac{2\ 1}{1\ 3}$} 2 nd {$\frac{1\ 1}{3\ 2}$}

1 st. Exercise on 8 notes . 2 fingerings . triplets
Connect the groups of notes by means of the 4 th or 3 rd fingers
when playing upwards and by means of the *thumb* when playing downwards.

N.B. Both fingerings may be combined, viz. fingering 1 R.H
with fingering 2 L.H and vice versa.

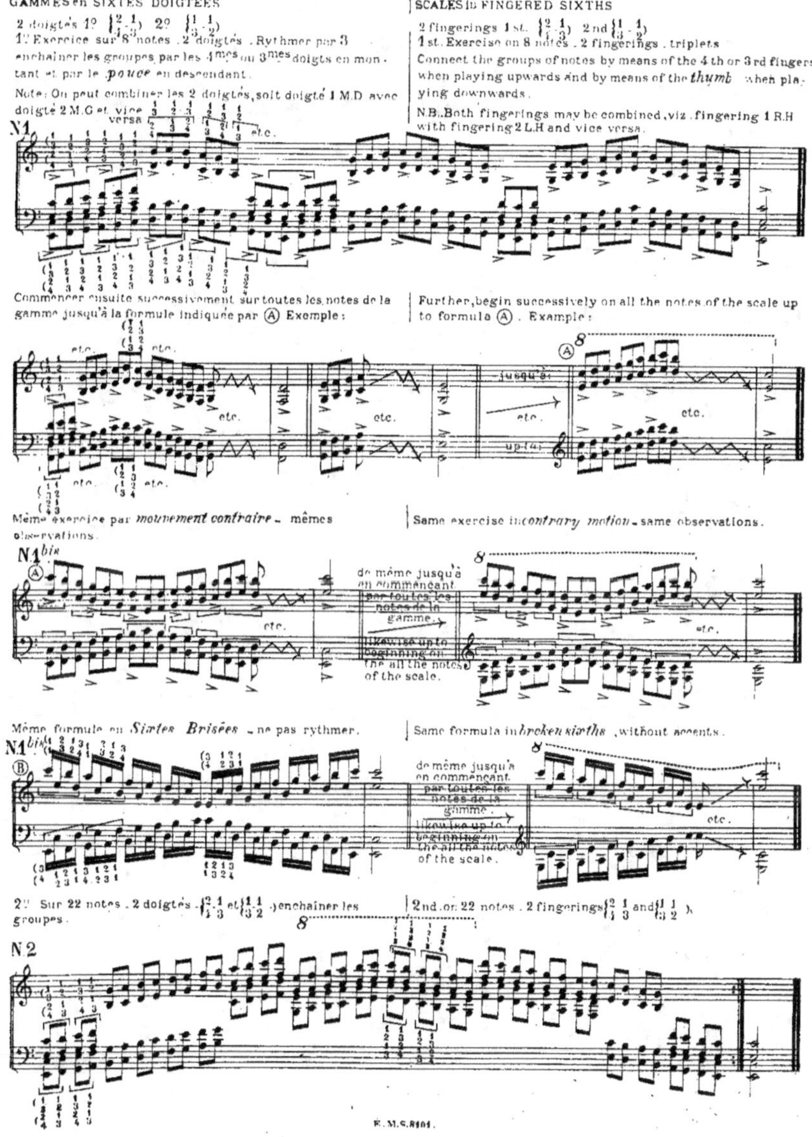

Mêmes exercices en SIXTES BRISÉES. | Same exercise in BROKEN SIXTHS.

N.2*bis*

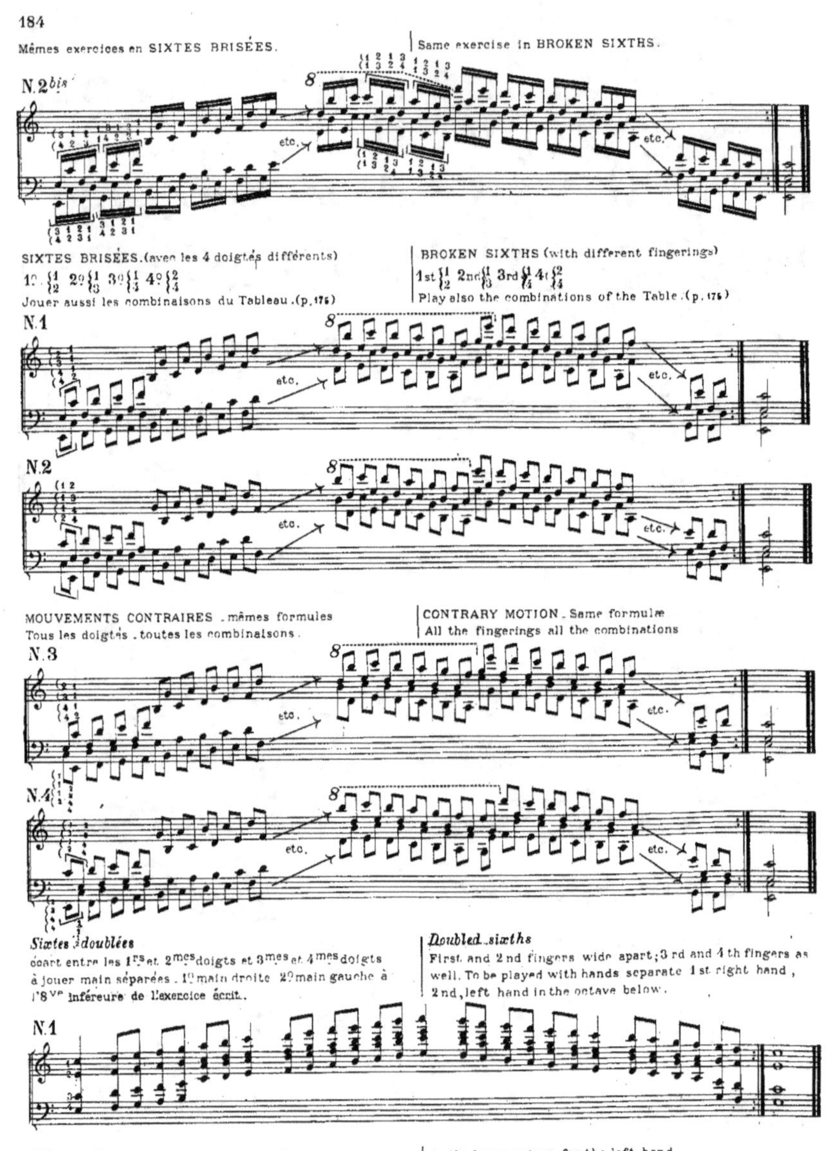

SIXTES BRISÉES.(avec les 4 doigtés différents) | BROKEN SIXTHS (with different fingerings)

Jouer aussi les combinaisons du Tableau .(p.175) | Play also the combinations of the Table .(p.175)

N.1

N.2

MOUVEMENTS CONTRAIRES . mêmes formules | CONTRARY MOTION . Same formulæ
Tous les doigtés . toutes les combinaisons . | All the fingerings all the combinations

N.3

N.4

Sixtes doublées | *Doubled sixths*
écart entre les 1ʳˢ et. 2ᵐᵉˢ doigts et 3ᵐᵉˢ et. 4ᵐᵉˢ doigts | First. and 2nd fingers wide apart; 3rd and 4th fingers as
à jouer main séparées . 1º main droite 2º main gauche à | well. To be played with hands separate 1st right hand,
l'8ᵛᵉ inférieure de l'exercice écrit. | 2nd, left hand in the octave below.

N.1

à l'8ᵛᵉ inférieure   pour la main gauche.   E.M.S.8101. | in the lower octave for the left hand

Sixtes doublées BRISÉES
mains séparées . main gauche à l'8ᵛᵉ inférieure .

Doubled sixths, BROKEN
hands separate left hand in the octave below.

N.2

à l'8ᵛᵉ inférieure pour la main gauche .

In the lower octave for the left hand

de même

Same

N 3

à l'8ᵛᵉ bassa pour la main gauche .

In the lower octave for the left hand .

N.4

à l'8ᵛᵉ bassa pour la main gauche .

In the lower octave for the left hand .

N.5

à l'8ᵛᵉ bassa pour la main gauche

In the lower octave for the left hand.

Note pour le Nº5 : Glisser les 4ᵐᵉˢ doigts en montant et les *pouces* en descendant . toujours mains séparées . la main gauche à l'8ᵛᵉ inférieure du texte écrit .

N.B. For Nr. 5 let the 4 th fingers glide when playing upwards and the *thumbs* when playing downwards bands separate once more . left hand in the octave below the writtentesct .

Nº 6 . Mains ensemble

Nr.6 . Both hands together

N.6

XXII

OCTAVES

Gammes
Octaves et octaves brisées
Doigtés différents
Mouvements contraires
Formules diverses (mêmes difficultés)
Exercices sur l'arpège
Accords de 7me
Déplacement des mains
Croisement des mains
Mains alternantes

OCTAVES

Scales
Octaves and broken octaves
Divers fingerings
Contrary motion
Divers formula (same difficulties)
Exercises on the arpeggio
Chords of the 7th.
Shifting of hands
Crossing of hands
Alternating hands

OCTAVES et OCTAVES DOIGTÉES

Doigté pour les 8ves
Doigtés pour les octaves doigtées

1º GAMME

Nº1 (à la tierce) à jouer en détaché puis avec le doigté
enchaîner les groupes *ne pas* glisser les pouces en descendant.

OCTAVES and FINGERED OCTAVES

fingering for the octaves
fingerings for the fingered octaves

1st SCALE

Nr.1 (in the third) to be played staccato further with the fin
gering 1 (*do not* let the thumbs glide when playing downwards.

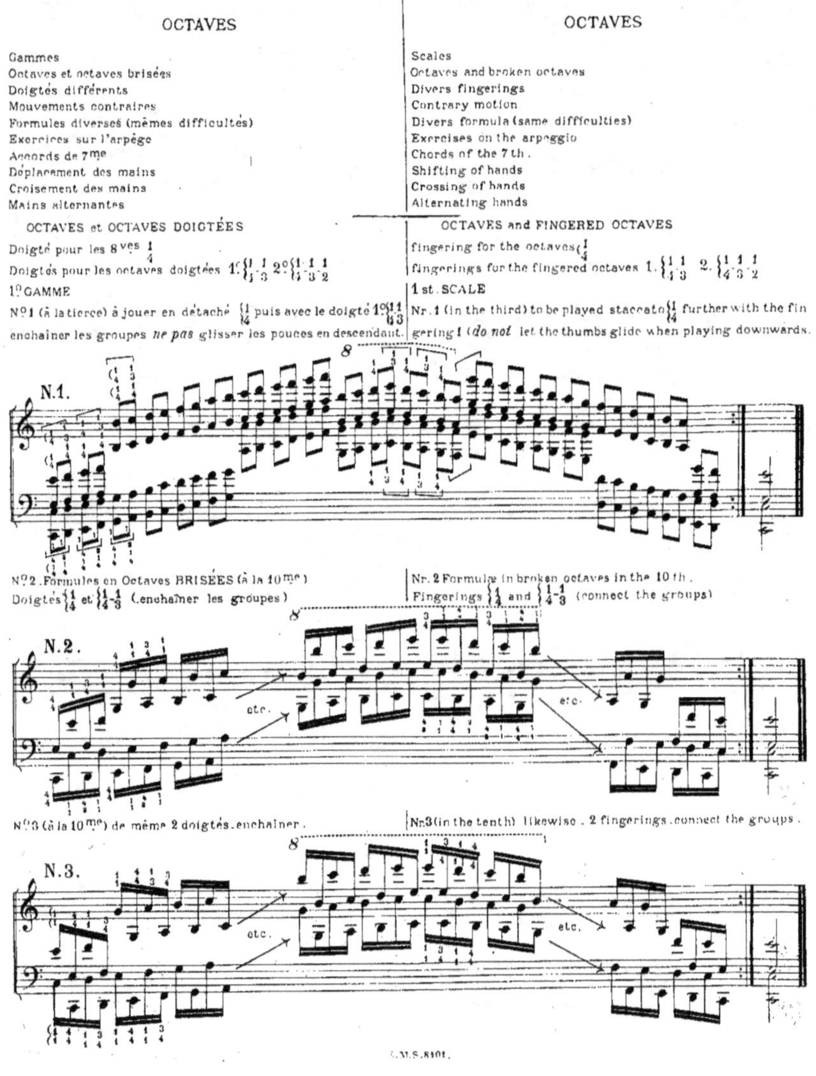

N.1.

Nº2 Formules en Octaves BRISÉES (à la 10me)
Doigtés et (.enchaîner les groupes)

Nr.2 Formulæ in broken octaves in the 10th.
Fingerings and (connect the groups)

N.2.

Nº3 (à la 10me) de même 2 doigtés .enchaîner.

Nr.3 (in the tenth) likewise . 2 fingerings .connect the groups.

N.3.

N.ºs 4 et 5 MOUVEMENTS CONTRAIRES . mêmes formules . | Nrs 4 and 5 CONTRARY MOTION . Same formula .

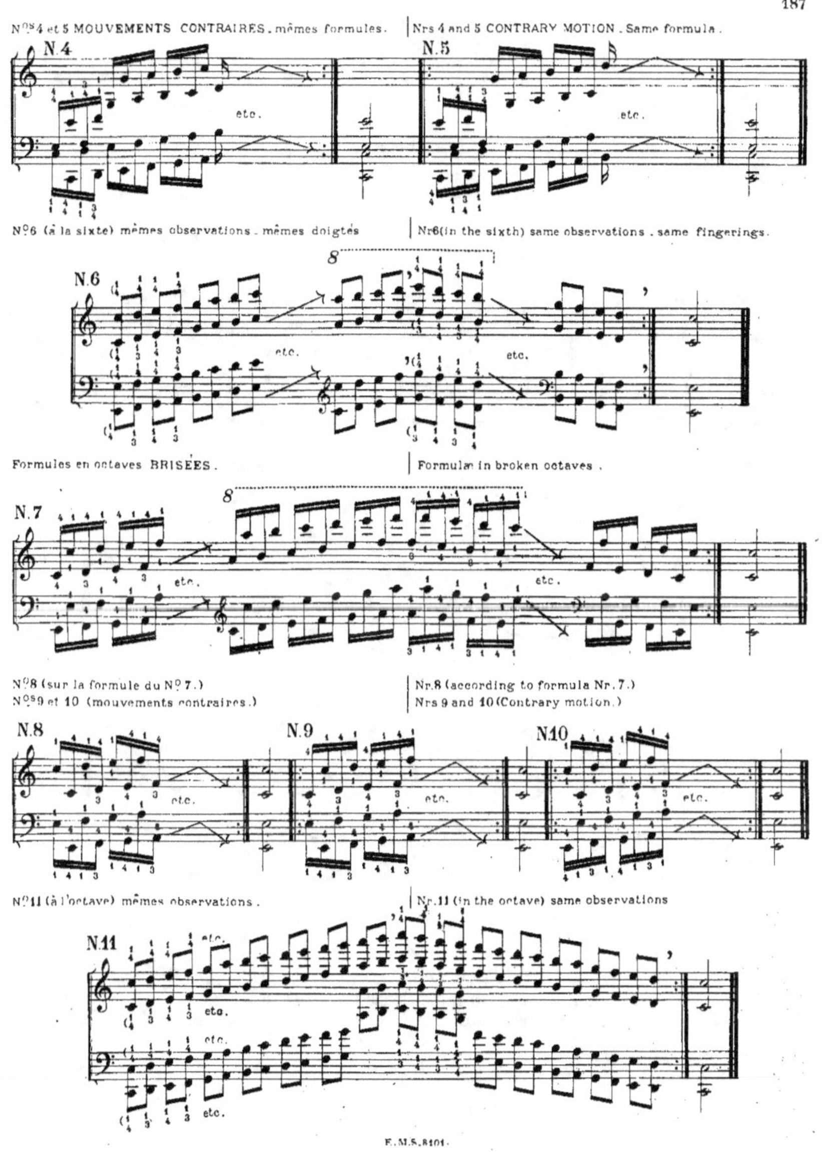

N.º6 (à la sixte) mêmes observations . mêmes doigtés | Nr.6 (in the sixth) same observations . same fingerings .

Formules en octaves BRISÉES . | Formulæ in broken octaves .

N.º8 (sur la formule du N.º 7.) | Nr.8 (according to formula Nr.7.)
N.ºs 9 et 10 (mouvements contraires.) | Nrs 9 and 10 (Contrary motion.)

N.º 11 (à l'octave) mêmes observations . | Nr.11 (in the octave) same observations

188

Formules en octaves BRISÉES

Formulæ in broken octaves

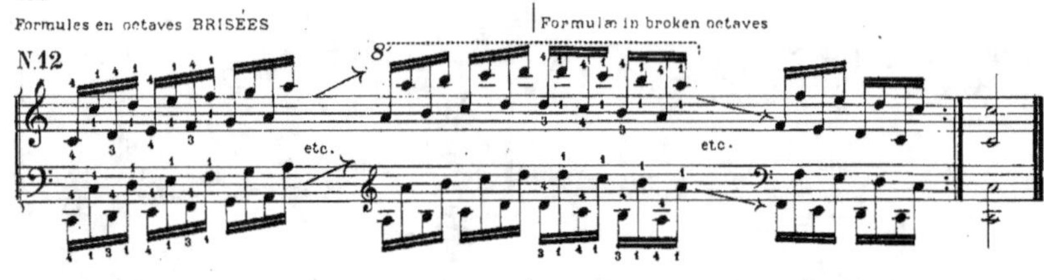

Nᵒˢ13,14 et 15 (sur la formule du Nᵒ 12)
Nᵒˢ14 et 15. mouvements contraires

Nrs.13,14 and 15 (according to formula Nr.12)
Nrs.14 and 15. Contrary motion

Nᵒ 16. (à la dixième) mêmes observations.

Nr.16. (in the tenth) same observations

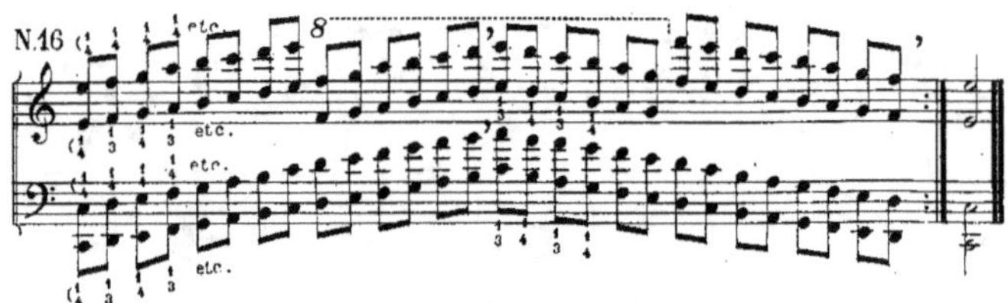

Formules en octaves brisées. mêmes observations.

Formulæ in broken octaves. same observations.

Nᵒˢ18,19 et 20 (sur la formule du Nᵒ 17)
Nᵒˢ19 et 20 (mouvements contraires) *mêmes doigtés*

Nr.18,19 and 20 (according to formula Nr.17)
Nr.19 and 20 (contrary motion) *same fingerings*

GAMME . mouvement contraire
2 doigtés . combiner les groupes (doigté 2)

SCALE in contrary motion
2 fingerings . connect the groups . (fingering 2.)

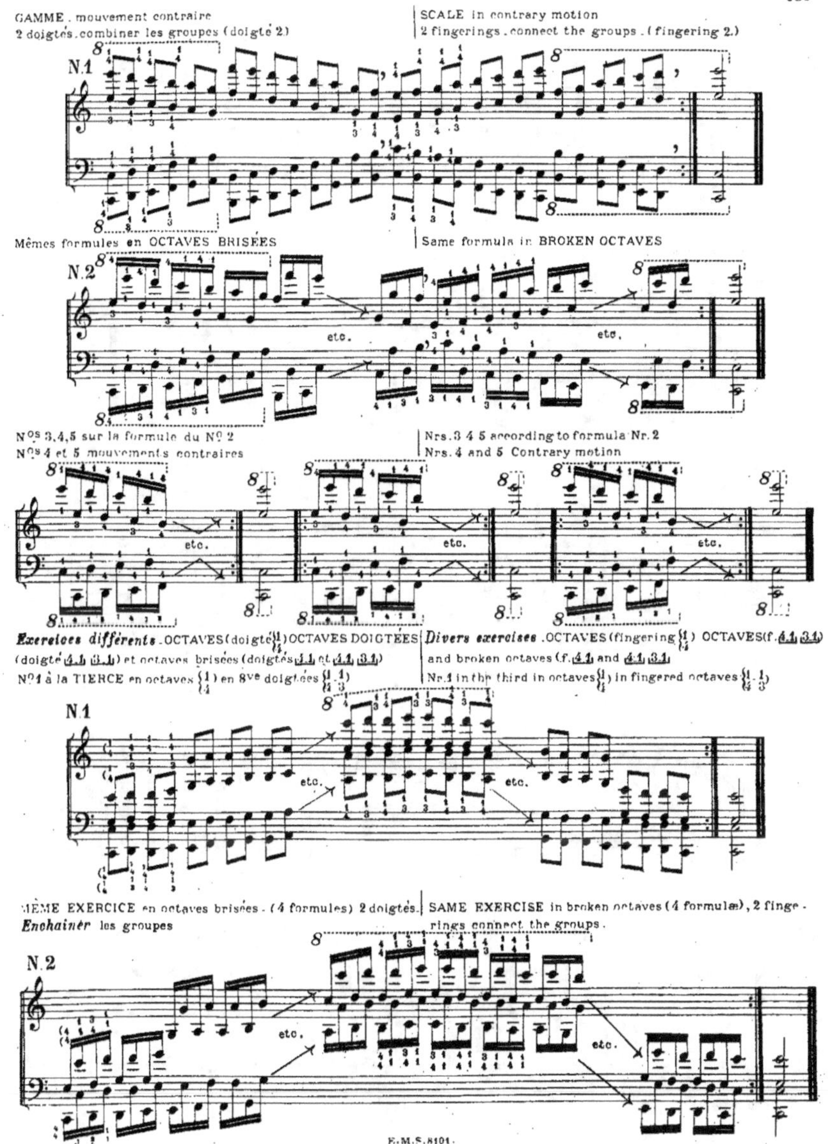

Exercices différents . OCTAVES (doigté) OCTAVES DOIGTÉES
(doigté) et octaves brisées (doigtés)
Nᵒ1 à la TIERCE en octaves en 8ᵛᵉ doigtées

Divers exercises . OCTAVES (fingering) OCTAVES (f.)
and broken octaves (f. and)
Nr.1 in the third in octaves in fingered octaves

MÊME EXERCICE en octaves brisées . (4 formules) 2 doigtés.
Enchaîner les groupes

SAME EXERCISE in broken octaves (4 formulæ), 2 finge -
rings connect the groups.

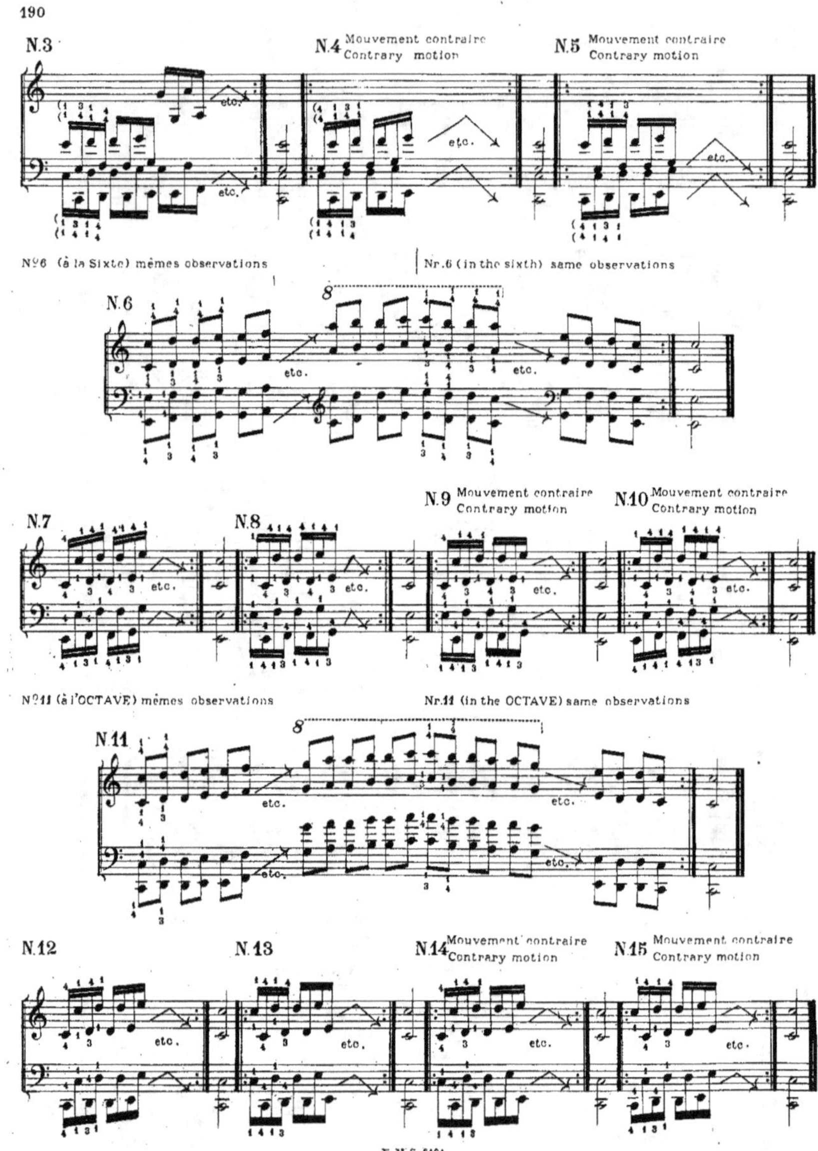
N.3
N.4 Mouvement contraire
Contrary motion
N.5 Mouvement contraire
Contrary motion
etc.
etc.
etc.
N°6 (à la Sixte) mêmes observations
Nr.6 (in the sixth) same observations
N.6
8
etc.
etc.
N.9 Mouvement contraire
Contrary motion
N.10 Mouvement contraire
Contrary motion
N.7
N.8
etc.
etc.
etc.
etc.
N°11 (à l'OCTAVE) mêmes observations
Nr.11 (in the OCTAVE) same observations
N.11
8
etc.
etc.
etc.
etc.
N.12
N.13
N.14 Mouvement contraire
Contrary motion
N.15 Mouvement contraire
Contrary motion
etc.
etc.
etc.
etc.

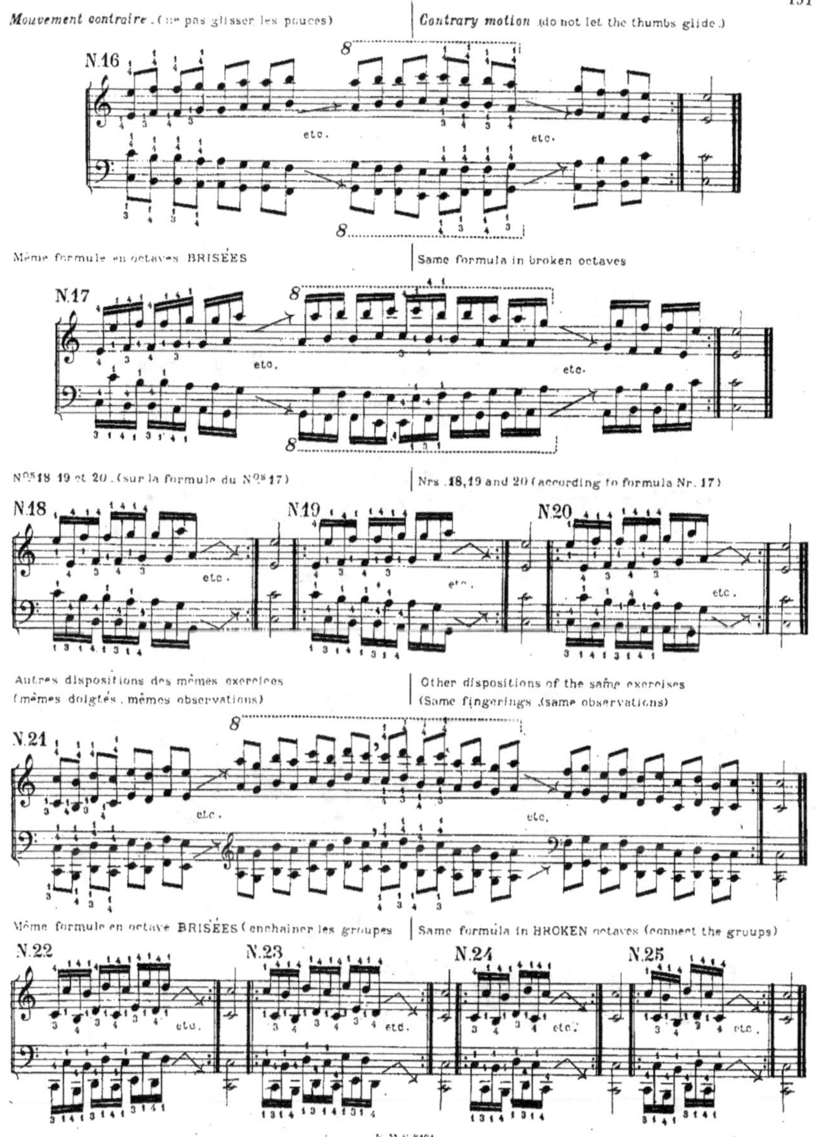
Mouvement contraire . (ne pas glisser les pouces)
Contrary motion (do not let the thumbs glide.)
N.16
8
etc.
etc.
8
Même formule en octaves BRISÉES
Same formula in broken octaves
N.17
8
etc.
etc.
8
Nos 18 19 et 20 . (sur la formule du Nos 17)
Nrs. 18,19 and 20 (according to formula Nr. 17)
N.18
etc.
N.19
etc.
N.20
etc.
Autres dispositions des mêmes exercices
(mêmes doigtés . mêmes observations)
Other dispositions of the same exercises
(Same fingerings .(same observations)
N.21
8
etc.
etc.
Même formule en octave BRISÉES (enchainer les groupes
Same formula in BROKEN octaves (connect the groups)
N.22
etc.
N.23
etc.
N.24
etc.
N.25
etc.

N.26
Même formule en octaves BRISÉES.
Same formula in broken octaves.
N.27
N.28
N.29
N.30
etc.
N.31
etc.
Même formule en octaves BRISÉES
Same formula in broken OCTAVES
N.32
N.33
N.34
N.35
N.36
2 doigtés . enchaîner avec le 2me doigté
2 fingerings, connect by means of the 2nd fingering .
N.36
E. M. S. 8101.

Même exercice en *octaves brisées* (enchaîner avec les 2 doigtés.)

Same exercise in *broken octaves* (connect by means of the two fingerings.)

N.36^B

N.37

Même formule en *octaves brisées*

Same formula in *broken octaves*

N.38 N.39 N.40 N.41

N.42

Même formule en *octaves brisées*

Same formula in *broken octaves*

N.43 N.44 N.45 N.46

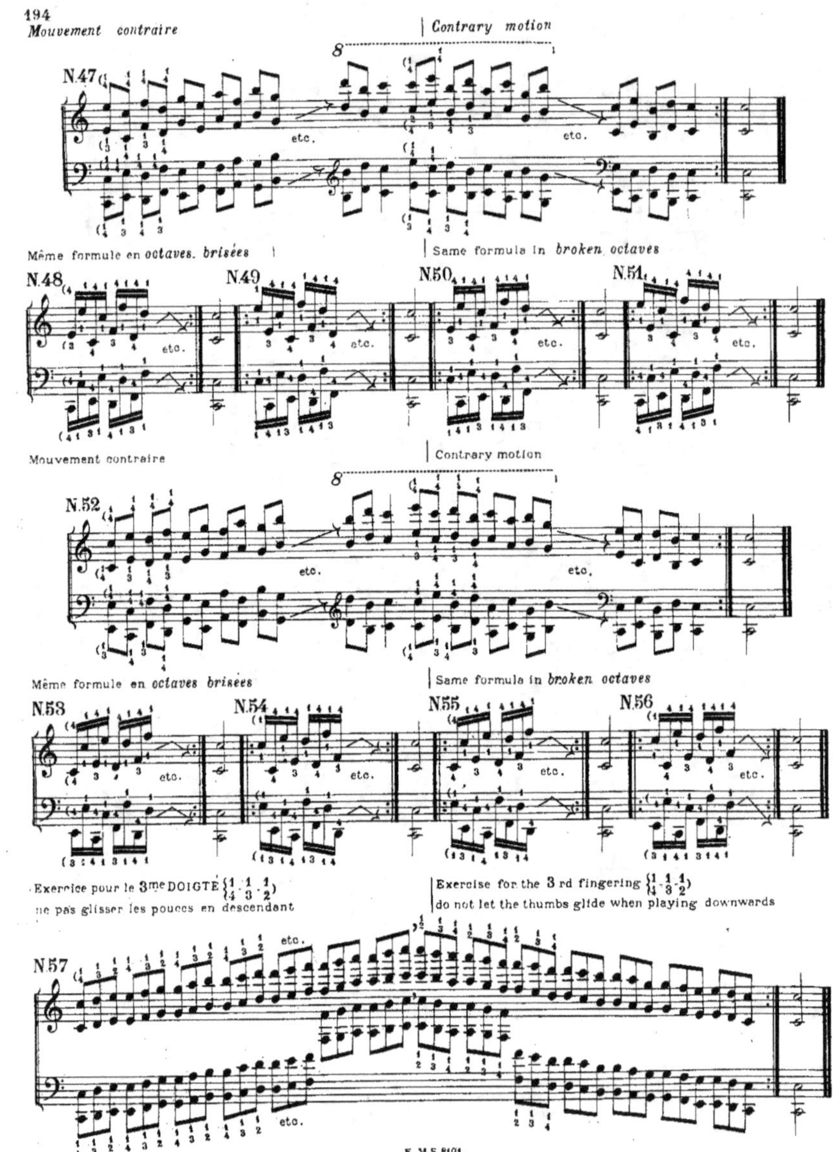
194
Mouvement contraire
Contrary motion
N.47
etc.
etc.
Même formule en octaves brisées
Same formula in broken octaves
N.48
N.49
N.50
N.51
etc.
etc.
etc.
etc.
Mouvement contraire
Contrary motion
N.52
etc.
etc.
Même formule en octaves brisées
Same formula in broken octaves
N.53
N.54
N.55
N.56
etc.
etc.
etc.
etc.
Exercice pour le 3me DOIGTÉ
ne pas glisser les pouces en descendant
Exercise for the 3 rd fingering
do not let the thumbs glide when playing downwards
N.57
etc.
etc.
E.M.S.8101.

Même formule en octaves brisées
Same formulæ in broken octaves
N.58
N.59
N.60
Mouvement contraire
Contrary mouvement
N.61
Mouvement contraire
Contrary mouvement
etc.
Exercices sur l'arpège. Un seul doigté
Exercises on the arpeggio. one fingering only
continuer
de même
jusqu'à:
(v. Partition)
(p. 29)
likewise
up to:
(see score)
(p. 29)
etc.

Même formule en octaves brisées
Same formula in broken octaves
N.2
Continuer de même comme la formule N°1 Partition p.29
go on likewise as for the formula Nr.1(see score) p. 29
N.3
même observation comme N°1
Same observation as Nr.1
etc.
N.4
contraire
contrary
etc. comme N°1
etc. as Nr.1
N.5
contraire
contrary
etc. comme le N°1
etc. as Nr.1
MOUVEMENT CONTRAIRE sur l'arpège . un seul doigté.
CONTRARY MOTION on the arpeggio. one fingering only.
N.6
de même jusqu'à (voir Partition) (p.29) etc.
likewise up to (see score) (p.29)
Même formule en octaves brisées
Same formula in broken octaves.
N.7
de même comme le N°6 etc. likewise as Nr.6
etc.
N.8
comme le N°6 etc. as Nr. 6
etc.

197
N.9
comme
Nº 6
etc.
etc.
as Nr.6
N.10
comme
Nº 6
etc.
as Nr.6
Exercices sur l'arpège (accord de 7ᵐᵉ) un seul doigté
Exercises on the arpeggio (chord of the 7 th.) one fingering only
N.1 A
N.1 B
etc.
N.1 C
etc.
N.1 D
etc.
Jouer de même en réb,mib,Fa,solb,lab et sib
sur les 4 points de départs différents A,B,C et D (voir Nº1)
exemple des accords.
Play the same in Db,Eb,F,Gb,Ab,Bb
with the four different starting points A,B,C and D (see Nr.1)
example of chords.
N.2
N.3   N.4   N.5   N.6   N.7
Mêmes formules en octaves brisées
à jouer sur le modèle du Nº1 (Points de départs différents)
puis en réb,mib,fa,solb,lab et sib, voir accords du Nº2,3, etc.
Same formula in broken octaves
Different starting points to be played according to pattern
of Nr.1 further in Db Eb F Gb Ab and Bb see chords of Nr. 2,3, etc.
N.8 A
N.8 B
etc.
E.M.S.8101.

N.8 C
N.8 D
etc.
etc.
Nᵒˢ 9 10 et 11 comme le Nᵒ2 (4 points de départs différents
A,B,C,D) puis en re♭, mi♭, fa, sol♭, la♭ et si♭. voir accords du
Nᵒ 2.
Nrs.9,10 and 11 as Nr.2 (four different starting points A,B,C,D)
further in D♭, E♭, F, G♭ A♭ and B♭ see chords of Nr.2
N.9
N.10 Mouvement contraire / Contrary motion
N.11 Mouvement contraire / Contrary motion
etc.
etc.
etc.
MOUVEMENT CONTRAIRE sur l'arpège (accord de 7ᵐᵉ)
un seul doigté (1/4) une seule formule . à jouer en re♭, mi♭, fa,
sol♭, la♭ et si♭.
CONTRARY MOTION on the arpeggio of the chord of the 7 th.
one fingering only (1/4), one formula only. to be played in D♭,
E♭, F, G♭, A♭, and B♭.
N.12 A
N.13 N.14 N.15 N.16 N.17 N.18
Mêmes exercices en octaves brisées
à jouer comme le Nᵒ 12 A dans les 7 TONS (voir accords)
Same exercises in broken octaves
to be played as Nr. 12 A in the seven keys (see chords)
N.2 B
etc.
etc.
etc.
etc.
F.M.S.8101.

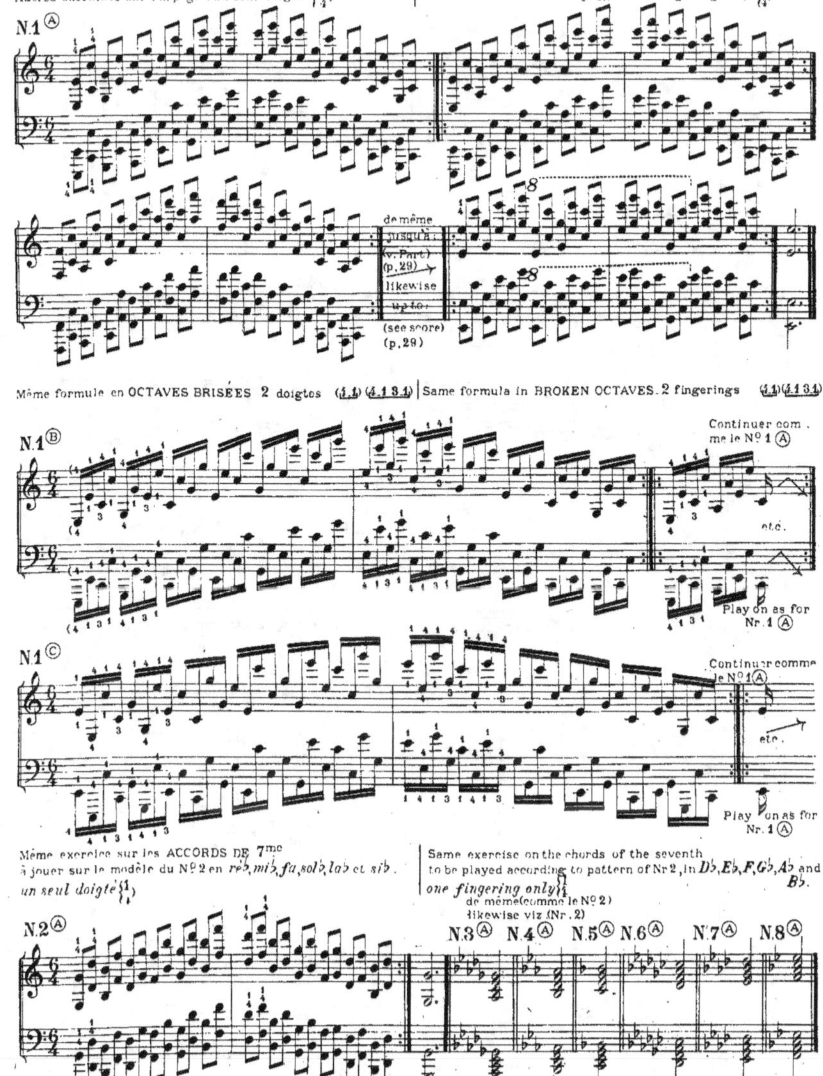

Autres exercices sur l'arpège . un seul doigté {1/4}
Other exercises on the arpeggio . one fingering only : {1/4}
N.1 Ⓐ
de même jusqu'à (v. Part) (p.29) →
likewise up to (see score) (p.29)
Même formule en OCTAVES BRISÉES 2 doigtes (1 1)(4 1 3 1)
Same formula in BROKEN OCTAVES. 2 fingerings (1 1)(4 1 3 1)
N.1 Ⓑ
Continuer comme le N° 1 Ⓐ
etc.
Play on as for Nr. 1 Ⓐ
N.1 Ⓒ
Continuer comme le N° 1 Ⓐ
etc.
Play on as for Nr. 1 Ⓐ
Même exercice sur les ACCORDS DE 7me
à jouer sur le modèle du N° 2 en réb, mib, fa, solb, lab et sib .
un seul doigté {1}
Same exercise on the chords of the seventh
to be played according to pattern of Nr 2, in Db, Eb, F, Gb, Ab and Bb.
one fingering only {1}
de même (comme le N° 2)
likewise viz (Nr. 2)
N.2 Ⓐ
N.3 Ⓐ N.4 Ⓐ N.5 Ⓐ N.6 Ⓐ N.7 Ⓐ N.8 Ⓐ
E.M.S.8101.

Même formule en OCTAVES BRISÉES
Deux doigtés (4.1)(4.1 3.1)
à jouer sur tous les accords .comme № 2 Ⓐ. soit: 3 Ⓐ
4 Ⓐ 5 Ⓐ etc.

Same formula in BROKEN OCTAVES
2 Fingerings (4.1) (4.1 3.1)
To be played on all the chords as Nr. 2 Ⓐ, viz. 3 Ⓐ, 4 Ⓐ 5 Ⓐ etc.

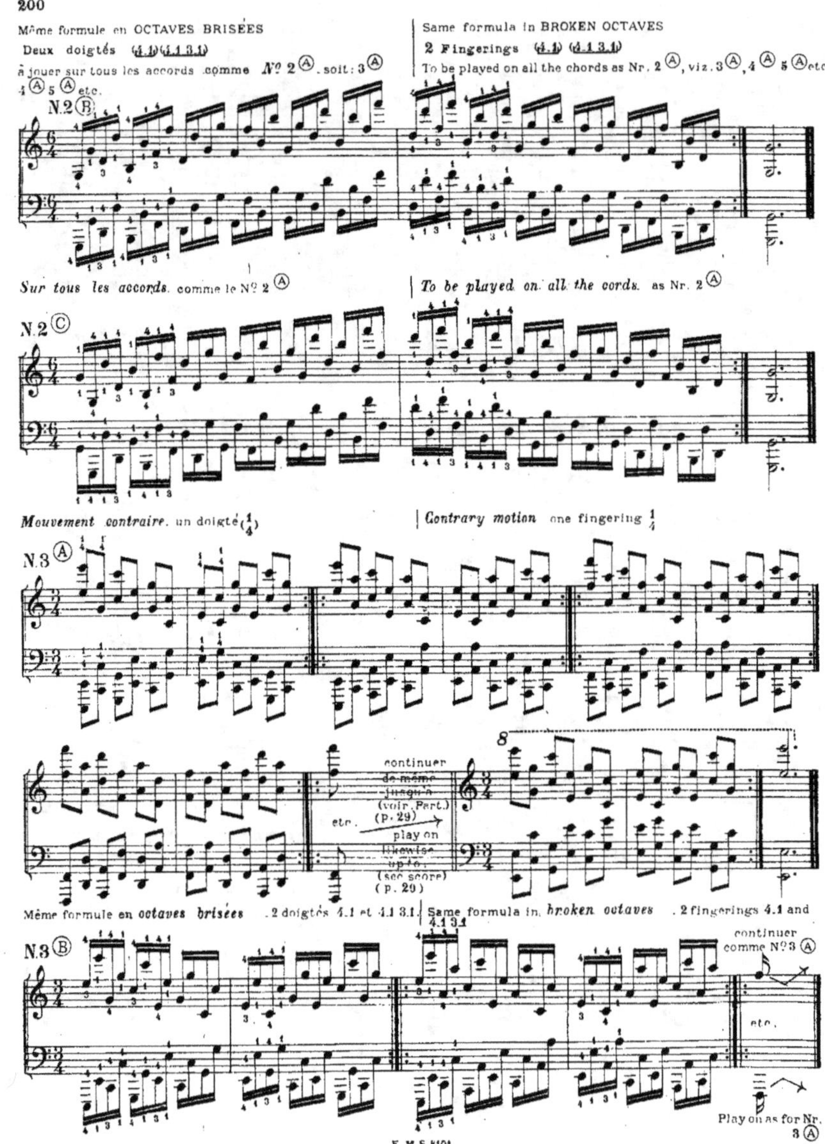

N.3 C
continuer comme N°. 3 A
go on as for Nr. 3 A
Même exercice sur l'ACCORD. de 7me
à jouer en réb, mib fa solb lab et sib. Un doigté
Same exercise on the CHORD of 7me
to be played in Db, Eb, F, Gb, Ab and Bb One fingering only
comme le N° 4 A
as Nr. 4 A
N.4 A
5 A 6 A 7 A 8 A 9 A 10 A
Même formules en OCTAVES BRISÉES. 2 doigtés.
Same formula in BROKEN OCTAVES. 2 fingerings.
N.4 B
à jouer comme le N° 4 A
sur tous les accords
soit: 5 A 6 A 7 A etc.
to be played as Nr 4 A
on all the chords, viz.
5 A 6 A 7 A etc.
N.4 C
mêmes observations
que pour le N°4 B
Same observation as
for Nr. 4 B
DÉPLACEMENT DES MAINS. Un doigté
SHIFTING OF HANDS One fingering
en passant par
toutes les notes de
même jusqu'à
etc.
play on starting from all
the notes of the
scale likewise up to:
E.M.S.8101.

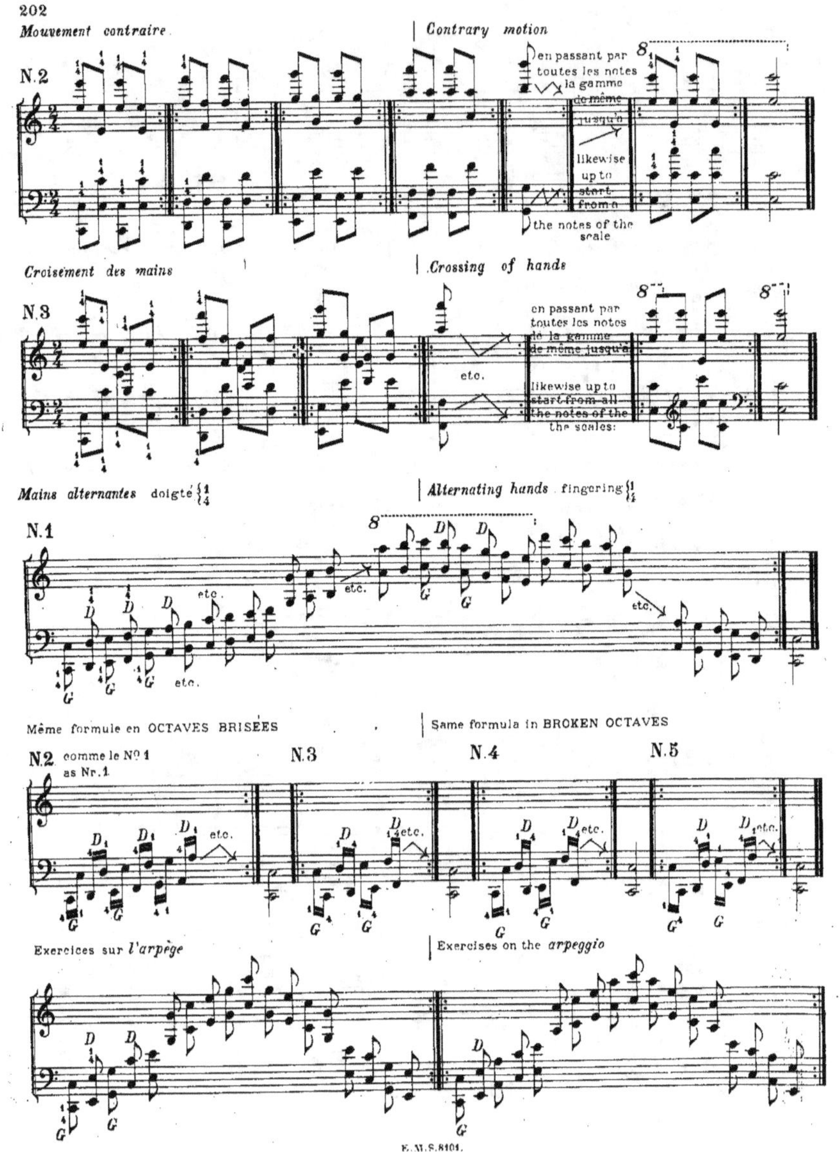
Mouvement contraire
Contrary motion
N.2
en passant par toutes les notes de la gamme de même jusqu'à
likewise up to start from a the notes of the scale
Croisement des mains
Crossing of hands
N.3
en passant par toutes les notes de la gamme de même jusqu'à
etc.
likewise up to start from all the notes of the the scales:
Mains alternantes doigté
Alternating hands fingering
N.1
etc.
etc.
etc.
etc.
Même formule en OCTAVES BRISÉES
Same formula in BROKEN OCTAVES
N.2 comme le N.º 1 as Nr.1
N.3
N.4
N.5
etc.
etc.
etc.
etc.
Exercices sur l'arpège
Exercises on the arpeggio

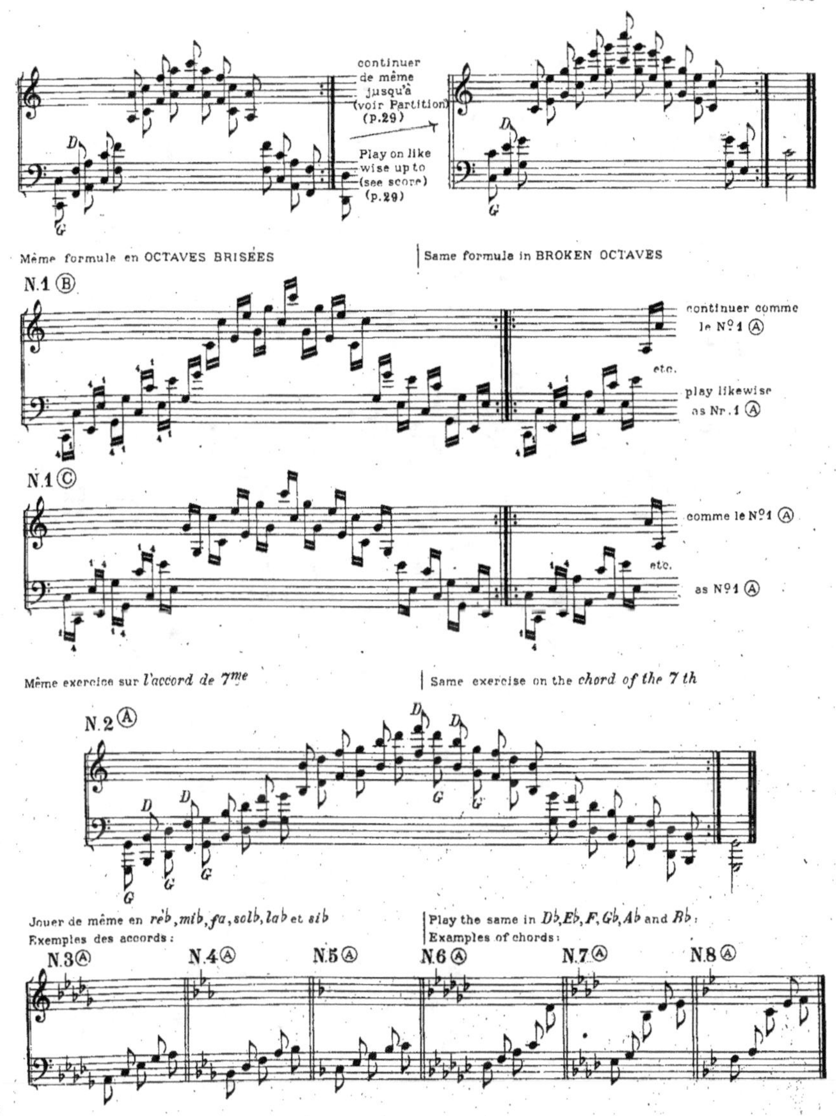

continuer
de même
jusqu'à
(voir Partition)
(p.29)

Play on like
wise up to
(see score)
(p.29)

Même formule en OCTAVES BRISÉES
Same formula in BROKEN OCTAVES

N.1 B

continuer comme
le N°1 A
etc.
play likewise
as Nr.1 A

N.1 C

comme le N°1 A
etc.
as N°1 A

Même exercice sur l'accord de 7me
Same exercise on the chord of the 7 th

N.2 A

Jouer de même en réb, mib, fa, solb, lab et sib
Exemples des accords:
Play the same in Db, Eb, F, Gb, Ab and Bb:
Examples of chords:

N.3 A   N.4 A   N.5 A   N.6 A   N.7 A   N.8 A

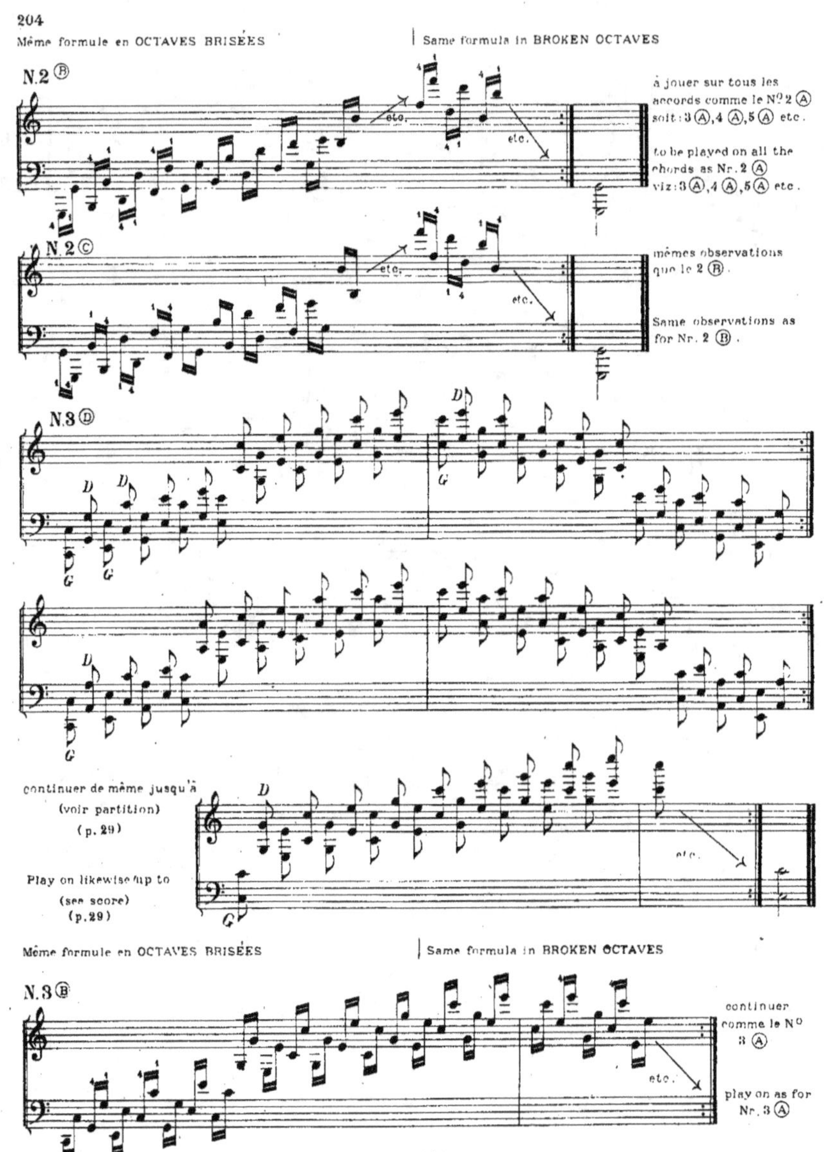

Même formule en OCTAVES BRISÉES
Same formula in BROKEN OCTAVES
N.2 B
etc.
etc.
à jouer sur tous les
accords comme le No 2 A
soit:3 A,4 A,5 A etc.
to be played on all the
chords as Nr.2 A
viz:3 A,4 A,5 A etc.
N.2 C
etc.
etc.
mêmes observations
que le 2 B.
Same observations as
for Nr.2 B.
N.3 D
D
D
G
D
G
D
G
continuer de même jusqu'à
(voir partition)
(p.29)
Play on likewise up to
(see score)
(p.29)
D
G
etc.
Même formule en OCTAVES BRISÉES
Same formula in BROKEN OCTAVES
N.3 B
continuer
comme le No
3 A
etc.
play on as for
Nr.3 A

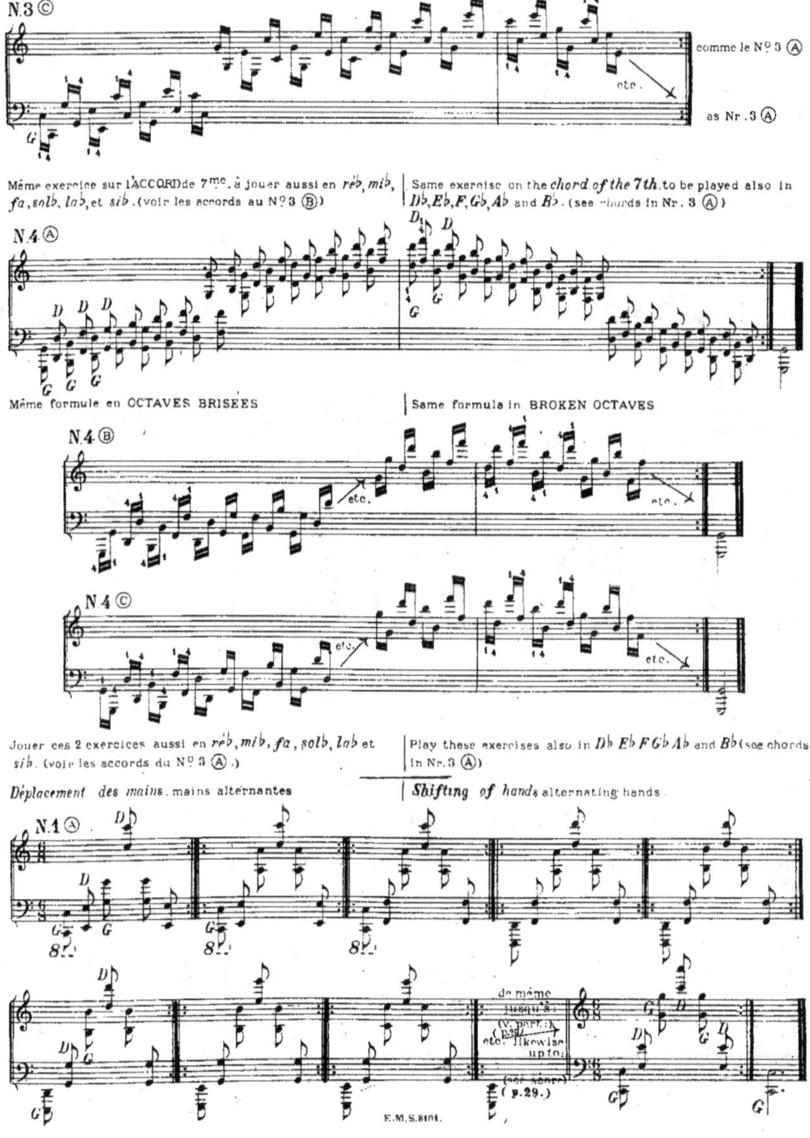

Même exercice sur l'ACCORD de 7me. à jouer aussi en *réb, mib, fa, solb, lab,* et *sib.* (voir les accords au N° 3 Ⓑ)

Same exercise on the *chord of the 7th.* to be played also in *Db, Eb, F, Gb, Ab* and *Bb.* (see chords in Nr. 3 Ⓐ)

Même formule en OCTAVES BRISÉES

Same formula in BROKEN OCTAVES

Jouer ces 2 exercices aussi en *réb, mib, fa, solb, lab* et *sib.* (voir les accords du N° 3 Ⓐ.)

Play these exercises also in *Db Eb F Gb Ab* and *Bb* (see chords in Nr. 3 Ⓐ)

Déplacement des mains. mains alternantes

Shifting of hands alternating hands

E.M.S.8104.

Même formule en OCTAVES BRISÉES | Same formula in BROKEN OCTAVES

XXIII

DIXIEMES

Gammes
Dixièmes et Dixièmes brisées
Mouvement contraire
Déplacement des mains
Mains alternantes

Un seul doigté: $\{^1_4\}$
1º GAMME en *10mes*

TENTHS

Scales
Tenths and broken tenths
Contrary motion
Shifting of hands
Alternating hands

One fingering only: $\{^1_4\}$
1st SCALE in TENTHS

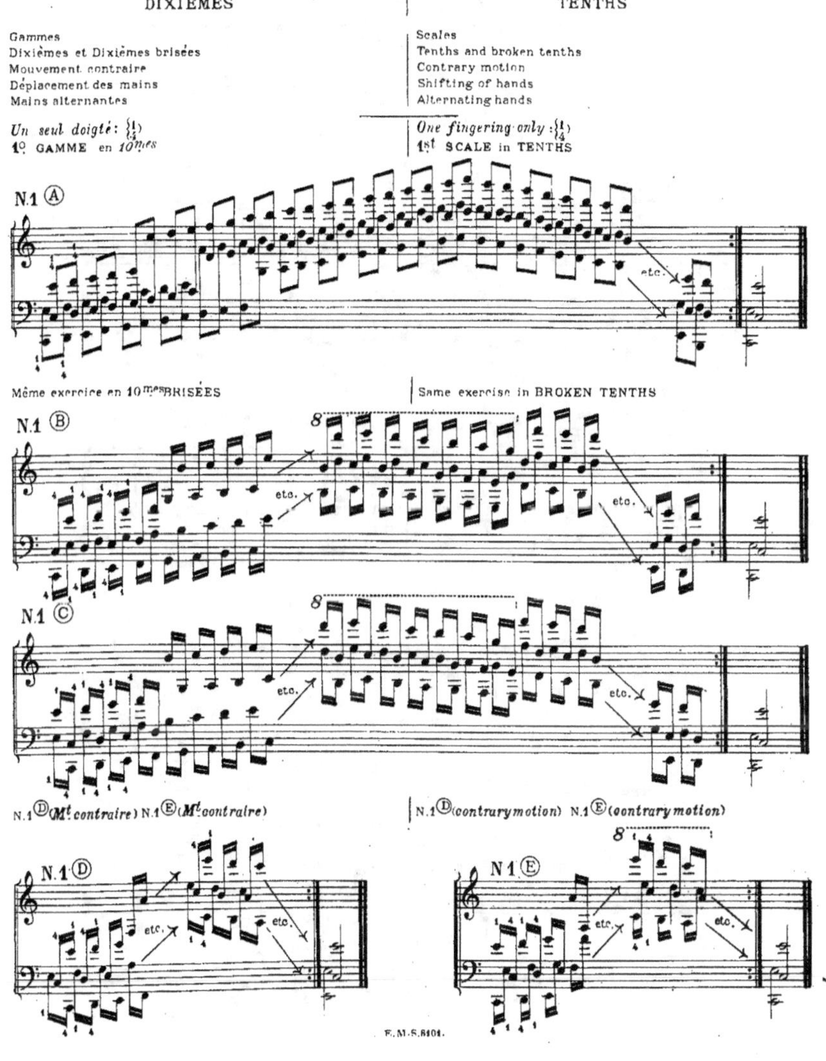

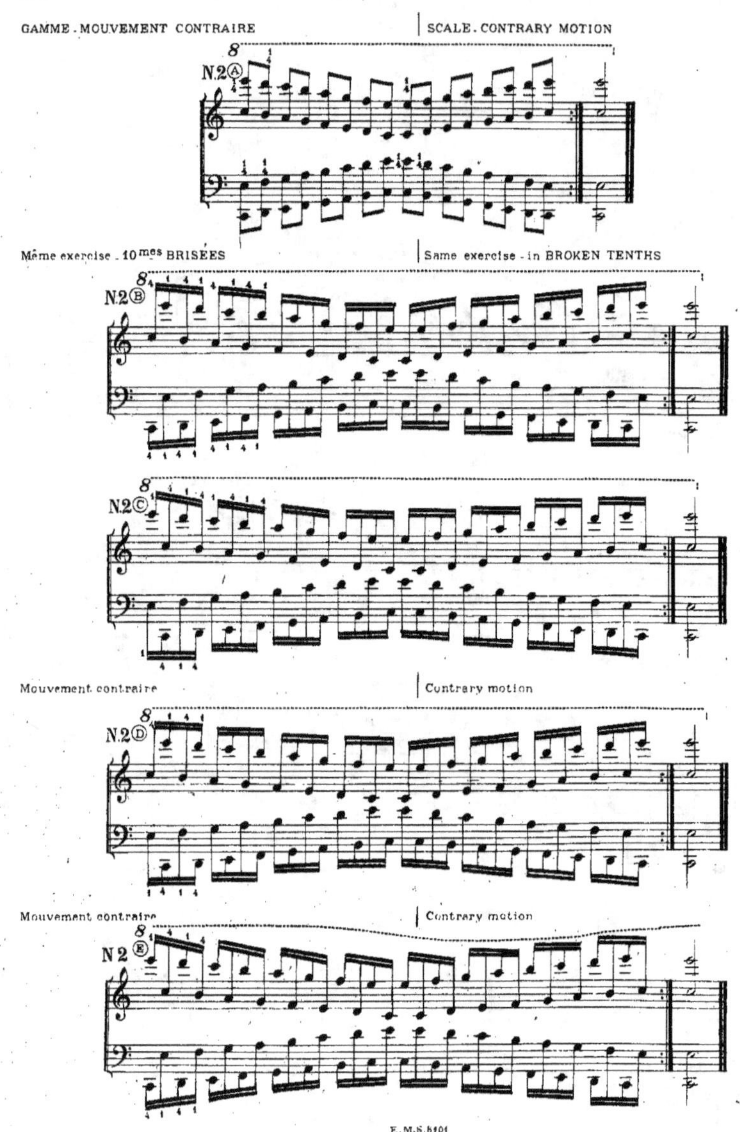
GAMME . MOUVEMENT CONTRAIRE
SCALE . CONTRARY MOTION
N.2 Ⓐ
Même exercise . 10 mes BRISÉES
Same exercise - in BROKEN TENTHS
N.2 Ⓑ
N.2 Ⓒ
Mouvement contraire
Contrary motion
N.2 Ⓓ
Mouvement contraire
Contrary motion
N 2 Ⓔ

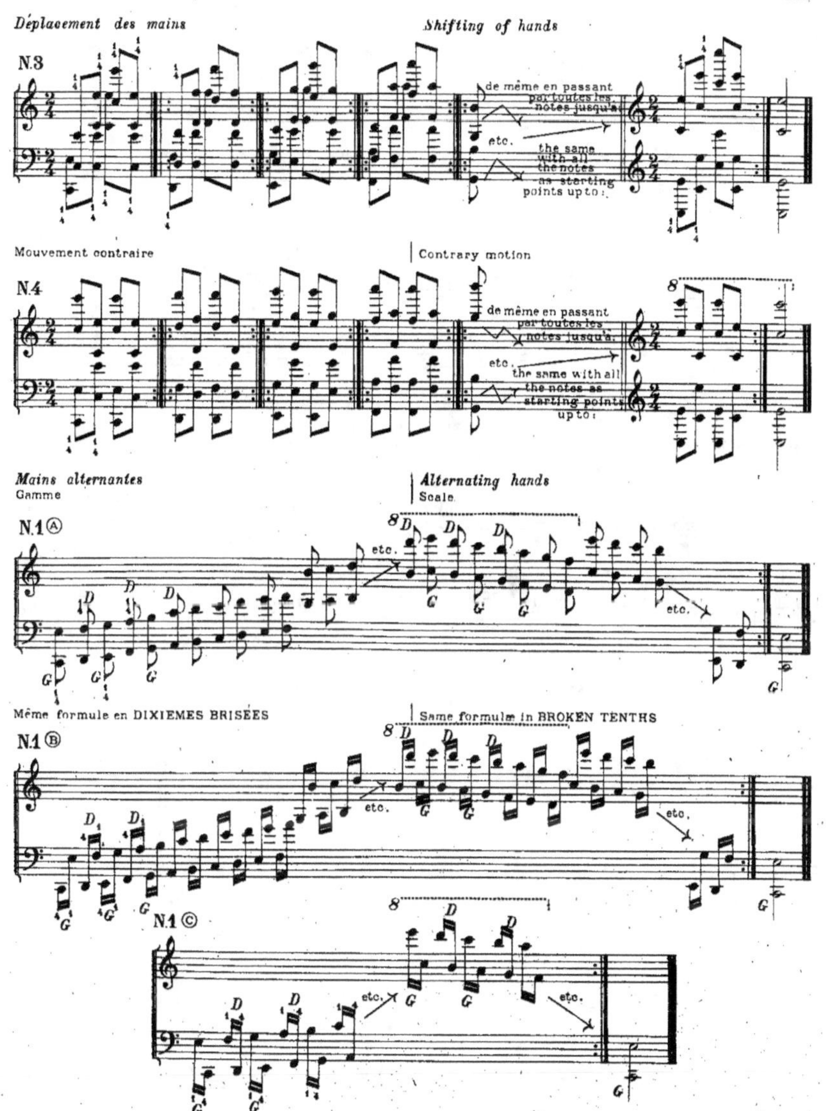
Déplacement des mains
Shifting of hands
N.3
de même en passant
par toutes les
notes jusqu'à.
etc.
the same
with all
the notes
as starting
points up to:
Mouvement contraire
Contrary motion
N.4
de même en passant
par toutes les
notes jusqu'à.
etc.
the same with all
the notes as
starting points
up to:
Mains alternantes
Alternating hands
Gamme
Scale
N.1 Ⓐ
etc.
Même formule en DIXIEMES BRISÉES
Same formula in BROKEN TENTHS
N.1 Ⓑ
etc.
N.1 Ⓒ
etc.

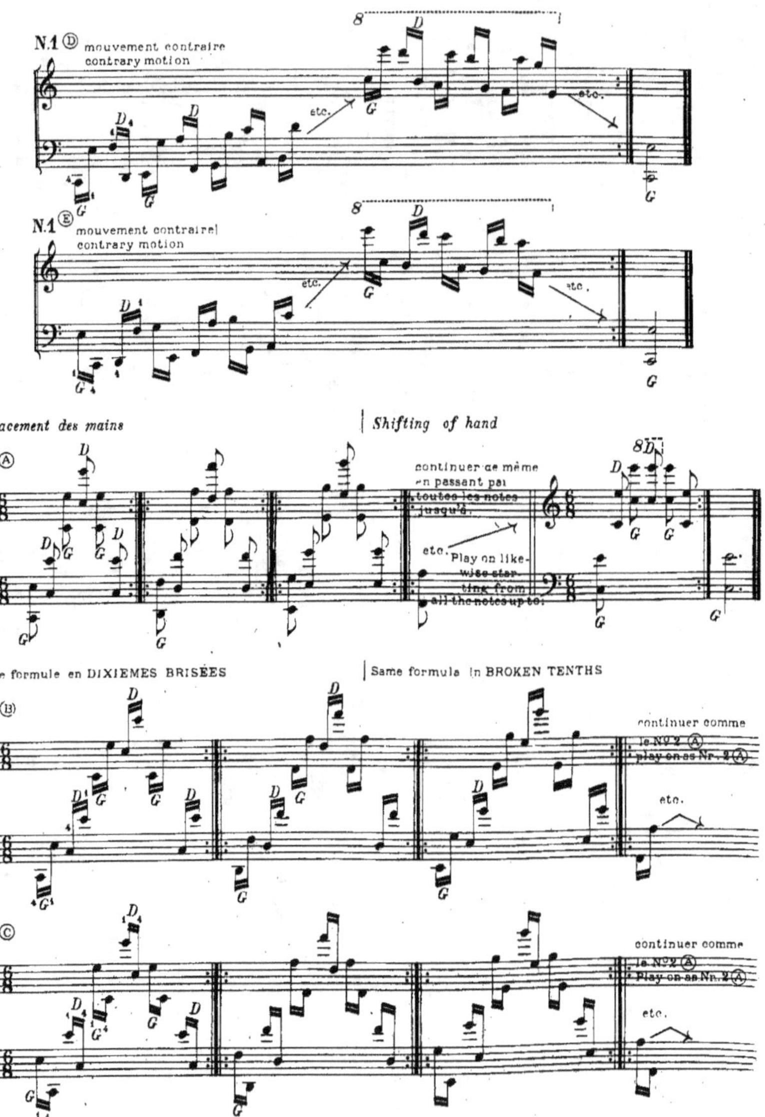
N.1 ⓓ mouvement contraire
contrary motion
etc.
etc.
N.1 ⓔ mouvement contraire
contrary motion
etc.
etc.
Déplacement des mains
Shifting of hand
N.2 ⓐ
continuer de même
en passant par
toutes les notes
jusqu'à:
etc.
Play on like-
wise star-
ting from
all the notes up to:
Même formule en DIXIEMES BRISÉES
Same formula in BROKEN TENTHS
N.2 ⓑ
continuer comme
le N° 2 ⓐ
play on as Nr. 2 ⓐ
etc.
N.2 ⓒ
continuer comme
le N° 2 ⓐ
Play on as Nr. 2 ⓐ
etc.

XXIV

ECARTS . 4 DOIGTS .	STRETCHES . 4 FINGERS
1º entre le 4me et le 3me doigt	1 between 4 th and 3 rd fingers
2º entre le 3me et le 2me doigt	2 between 3 rd and 2 nd fingers
3º entre le 2me et le 1er doigt	3 between 2 nd and 1 st fingers
4º entre le 2me et 3me et entre le 3me et le 4me doigt (Partitions)	4 between 2 nd and 3 rd and between 3 rd and 4 th fingers (score
5º entre le 1er et 2me et entre le 3me et le 4me doigt (Partitions)	5 between 3 rd and 2 nd and between 3 rd and 4 th fingers (scores)
6º entre le 1er et le 2me et entre le 2me et le 3me doigt (Partitions)	6 between 1 st and 2 nd and between 2 nd and 3 rd fingers (scores)
7º entre TOUS les doigts (Partitions)	7. between any two fingers (scores)
Formules diverses . doubles notes etc.	Divers formulæ . double notes etc .

1º Entre le 4me et le 3me doigt

Note: rythmer par 3 . ou par 5 . jouer la main gauche à l'octave
grave . monter ces exercices sur 2 OCTAVES environ .

1st Between the 4th and the 3rd fingers.

N.B.. The notes to be grouped in triplets or quintuplets play lef
hand in the octave below . play these exercises upwards on about
2 octaves .

N.1 Rythmer par 3 . Triplets

N.2 Par 3 . Triplets

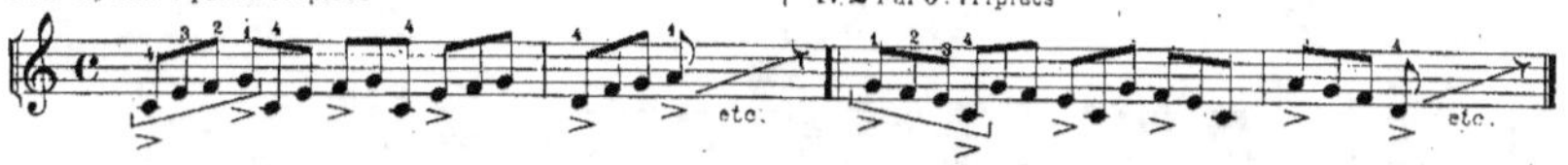

N.3 Rytmer par 5 . Quintuplets

N.4 Par 3 . Triplets

N.5 Par 3 . Triplets

N.6 Par 5 . Quintuplets

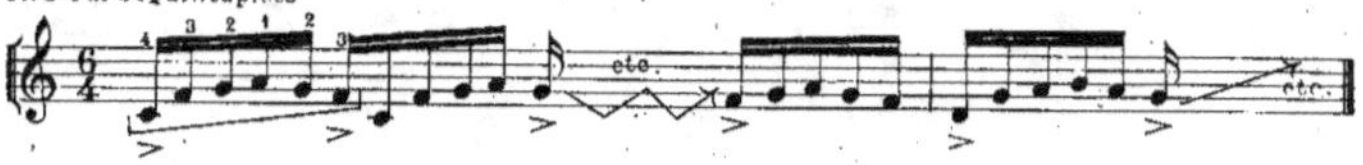

N.7 Par 3 . Triplets

N.8 Par 3 . Triplets

N.9 Par 5 . Quintuplets

N.10 Par 3. Triplets
N.11 Par 3. Triplets
etc.
etc.
N.12 Par 5. Quintuplets
etc.
etc.
2º Écart entre le 3ᵐᵉ et le 2ᵐᵉ doigt
Note: monter ces exercices sur 2 OCTAVES environ
2nd. Stretch between the 3rd and the 2me finger
N.B. Play these exercises upward on about 2 OCTAVES
N.14 Par 3. Triplets
etc.
etc.
N.15 Par 5. Quintuplets
etc.
main gauche à l'8ᵛᵉ grave: left hand in the lower octave.
N.16 Par 3. Triplets
N.17 Par 3. Triplets
etc.
etc.
M.G. à l'8ᵛᵉ grave. Left hand in the lower octave.
N.18 Par 5. Quintuplets
etc.
etc.
N.19 Par 3. Triplets
N.20 Par 3. Triplets
etc.
etc.
M.G. à l'8ᵛᵉ grave: Left hand in the lower octave.
N.21 Par 5. Quintuplets
etc.
etc.
① quitter la main gauche pour l'enchaînement
E. M. S. 8101

N.22 Par 3 . Triplets

N.23 Par 5 . Quintuplets

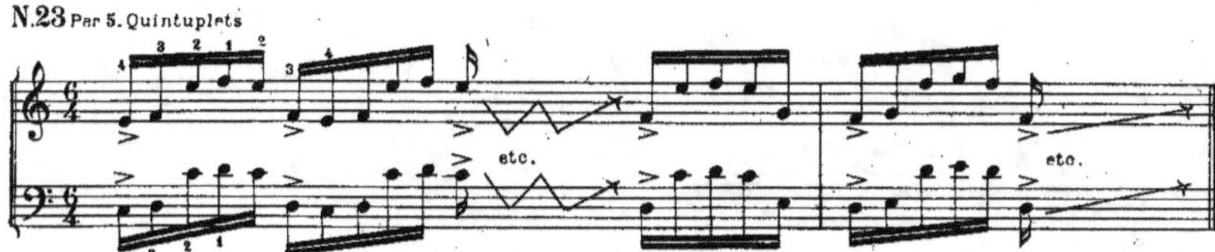

3º. *Ecart entre le 2ᵐᵉ doigt et le pouce* | 3 rd. *Stretch between the 2nd finger and the thumb.*

N.24 Par 3 . Triplets

N.25 Par 3 . Triplets

N.26 Par 5 . Quintuplets

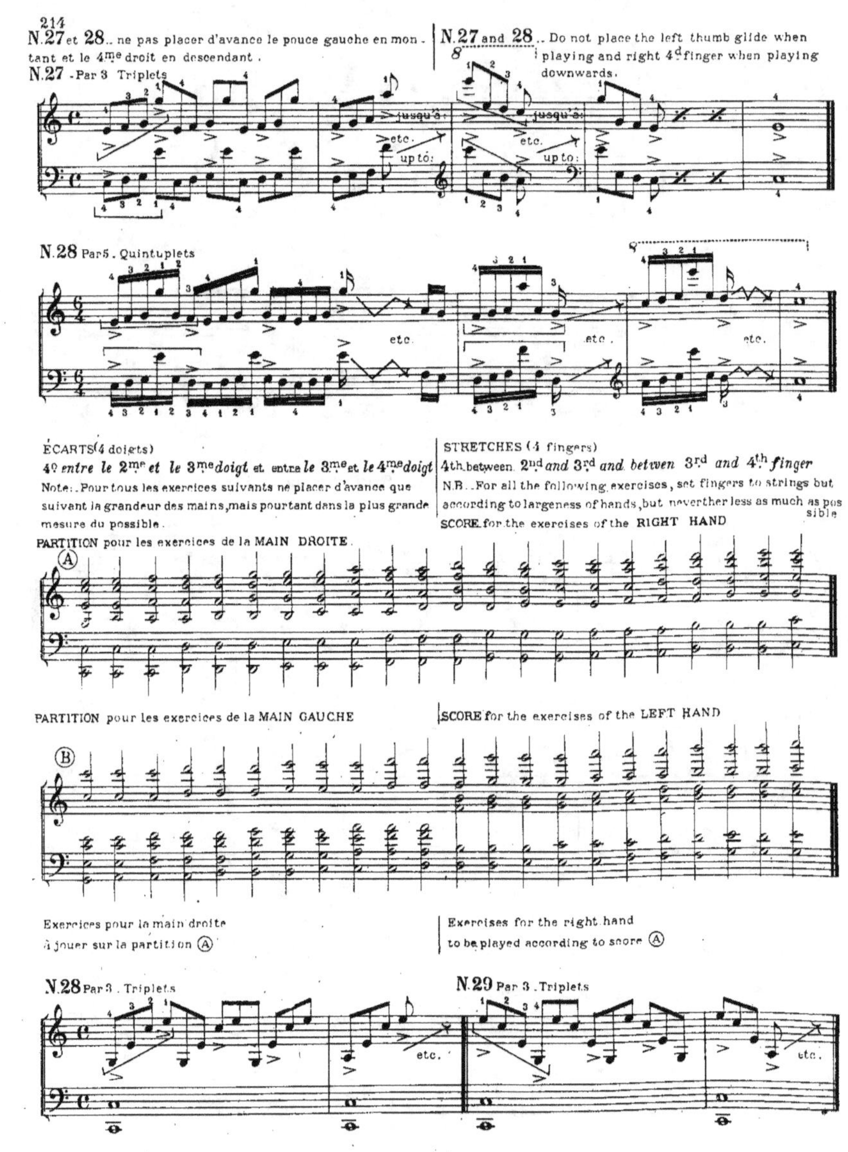
214
N.27 et 28 .. ne pas placer d'avance le pouce gauche en montant et le 4me droit en descendant.
N.27 - Par 3 Triplets
N.27 and 28 .. Do not place the left thumb glide when
playing and right 4d finger when playing
downwards.
jusqu'à:
up to:
etc.
N.28 Par5. Quintuplets
etc.
ÉCARTS(4 doigts)
4° entre le 2me et le 3me doigt et entre le 3me et le 4me doigt
Note:. Pour tous les exercices suivants ne placer d'avance que
suivant la grandeur des mains, mais pourtant dans la plus grande
mesure du possible.
STRETCHES (4 fingers)
4th.between 2nd and 3rd and. between 3rd and 4th finger
N.B..For all the following exercises, set fingers to strings but
according to largeness of hands, but neverther less as much as pos
sible
PARTITION pour les exercices de la MAIN DROITE
SCORE for the exercises of the RIGHT HAND
A
PARTITION pour les exercices de la MAIN GAUCHE
SCORE for the exercises of the LEFT HAND
B
Exercices pour la main droite
à jouer sur la partition A
Exercises for the right hand
to be played according to score A
N.28 Par 3. Triplets
N.29 Par 3. Triplets
etc.
E.M.S.8404.

N.30 Par 5. Quintuplets

Exercice pour la main gauche .à jouer sur la Partition Ⓑ.   Exercises for the left hand .to be played according to score Ⓑ.
rythmer par 3 ou par 5.   the notes.to.be grouped.in.triplets or quintuplets .

N.31 Par 3 Triplets   **N.32** Par 3 Triplets   **N.33** Par 5. Quintuplets

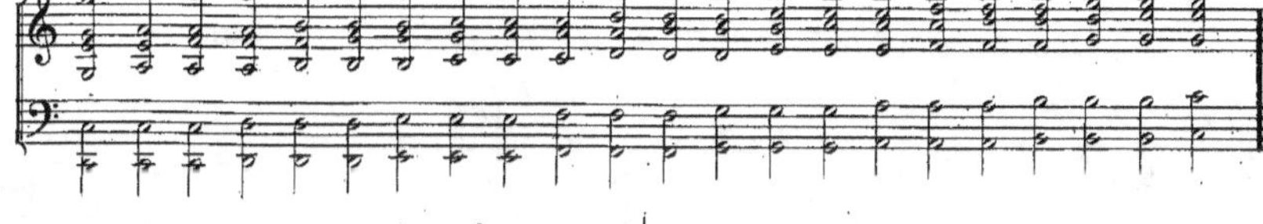

5º Ecarts entre le *pouce et le* 2ᵐᵉ*doigt* et entre le 3ᵐᵉ et   5th Stretches between *thumb and* 2ⁿᵈ *finger* and between 3ʳᵈ
le 4ᵐᵉ *doigt*_ PARTITION pour les exercices de la *main droite.*   *and* 4ᵗʰ *fingers* . SCORE for the exercises of the *right hand* .

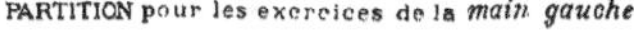

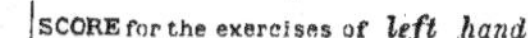

PARTITION pour les exercices de la *main gauche*   SCORE for the exercises of *left hand*

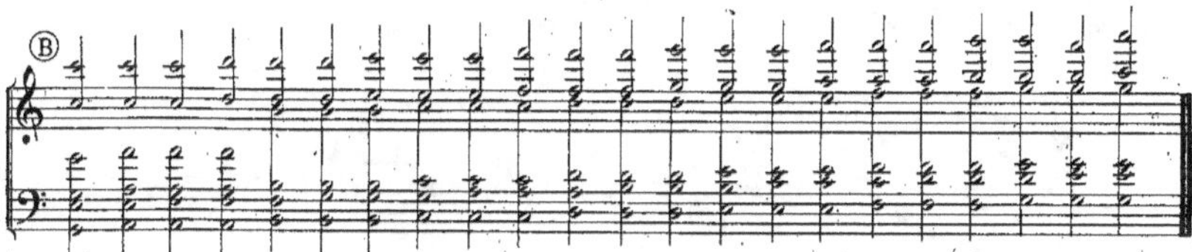

Exercices pour la main droite   Exercises for the right hand
à jouer la Partition Ⓐ   to be played according to score Ⓐ

N.34 Par 3 . Triplets   Par 3 . Triplets   Par 5 . Quintuplets
    N.35   **N.36**

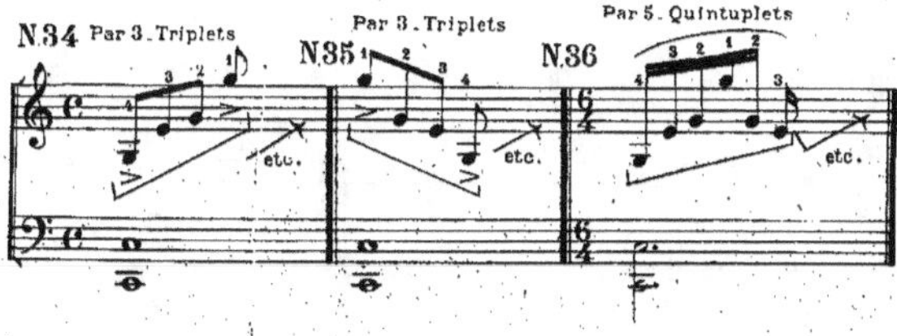

Exercices pour la main gauche
à jouer sur la Partition (B)

Exercises for the left hand
to be played according to score (B)

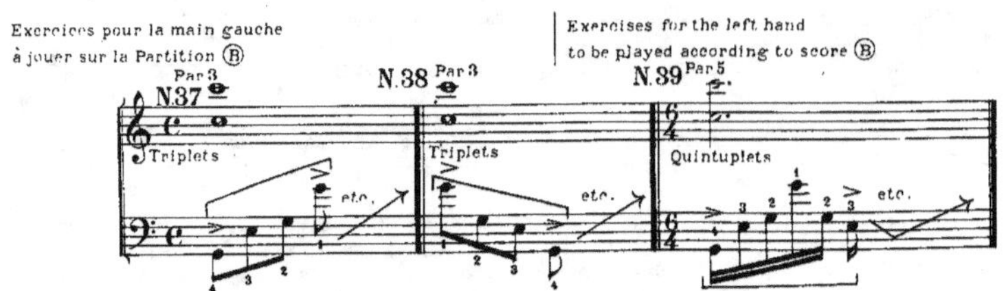

6° Ecarts entre le *pouce et le 2me doigt* et entre le 2me et le 3me *doigt*

6th. Stretches between *thumb* and *2nd finger* and between 2nd and 3rd *finger*.

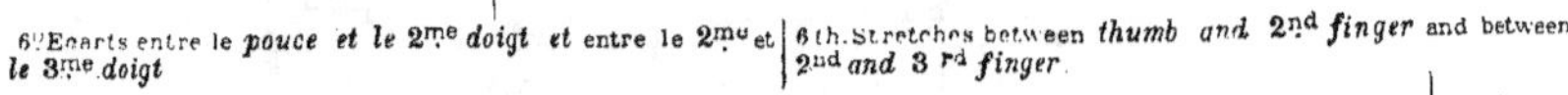

Partition pour les exercices de la *main gauche.*

Score for the exercises of the *left hand*

Exercices pour la main droite à jouer sur la partition (B)

Exercises for the left hand to be played according to score (B).

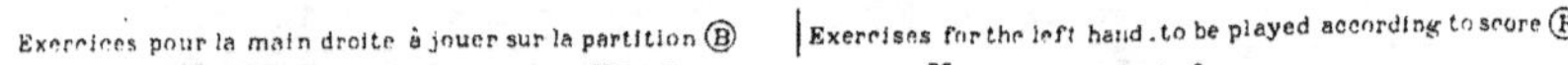
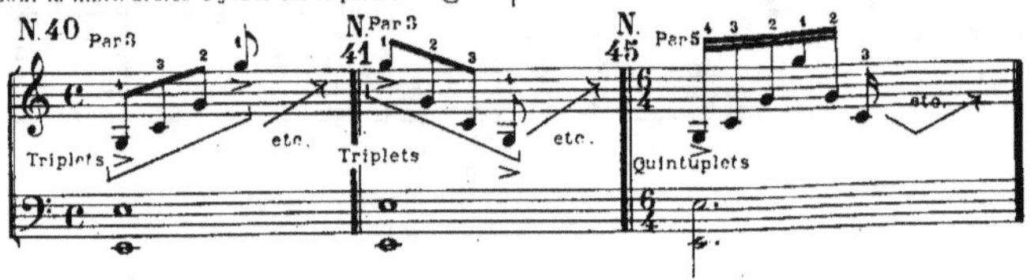

Exercices pour la main gauche à jouer sur la partition (B).

Exercises for the left hand to be played according to score (B)

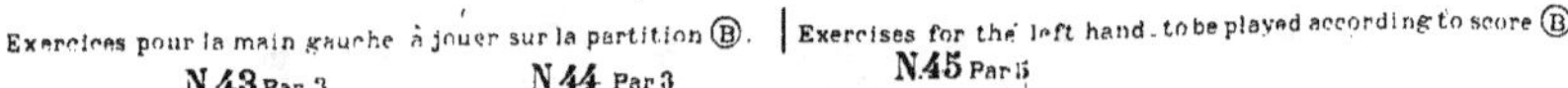
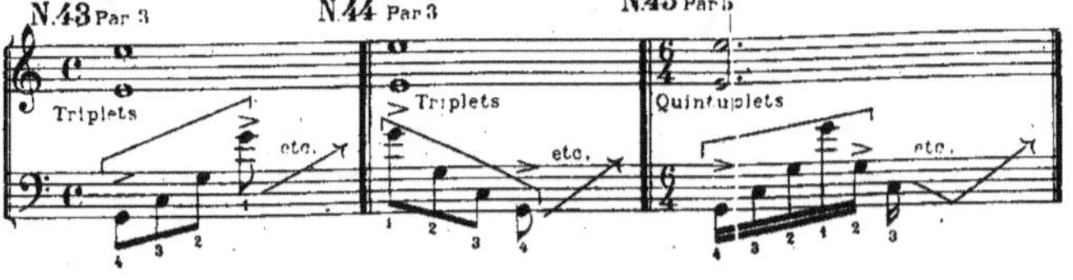

7ᵥ *Écarts entre tous les doigts* : soit . entre le pouce et le 2ᵐᵉdoigt. entre le 2ᵐᵉet 3ᵐᵉdoigt , entre le 3ᵐᵉ et le 4ᵐᵉ doigt .

7th. *Stretches between any two fingers*: between thumb and 2nd finger, between 2nd and 3 rd fingers between 3 rd and 4 th fingers .

PARTITION pour les exercices de la *main droite*

SCORE for the exercises of the *right hand*

PARTITION pour les exercices de la *main gauche*

SCORE for the exercises of the *left hand*

Exercices pour la MAIN DROITE . Partition Ⓐ

Exercises for the RIGHT HAND . see score Ⓐ .

Exercices pour la MAIN GAUCHE . Partition Ⓑ

Exercises for the LEFT HAND . see score Ⓑ

Mêmes écarts _ Partition pour les exercices de la MAIN DROITE

Same stretches _ Score for the exercises of the RIGHT HAND

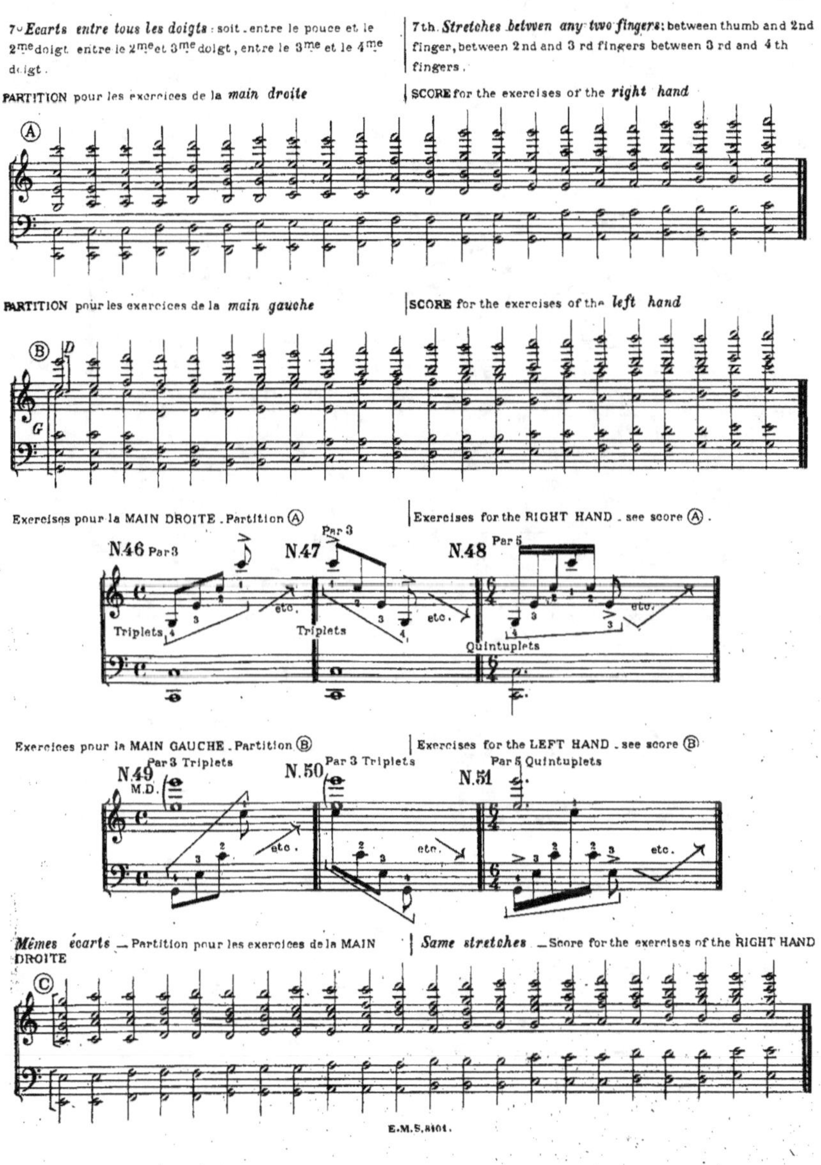

PARTITION pour les exercices de la *main gauche* | SCORE for the exercises of the *left hand*

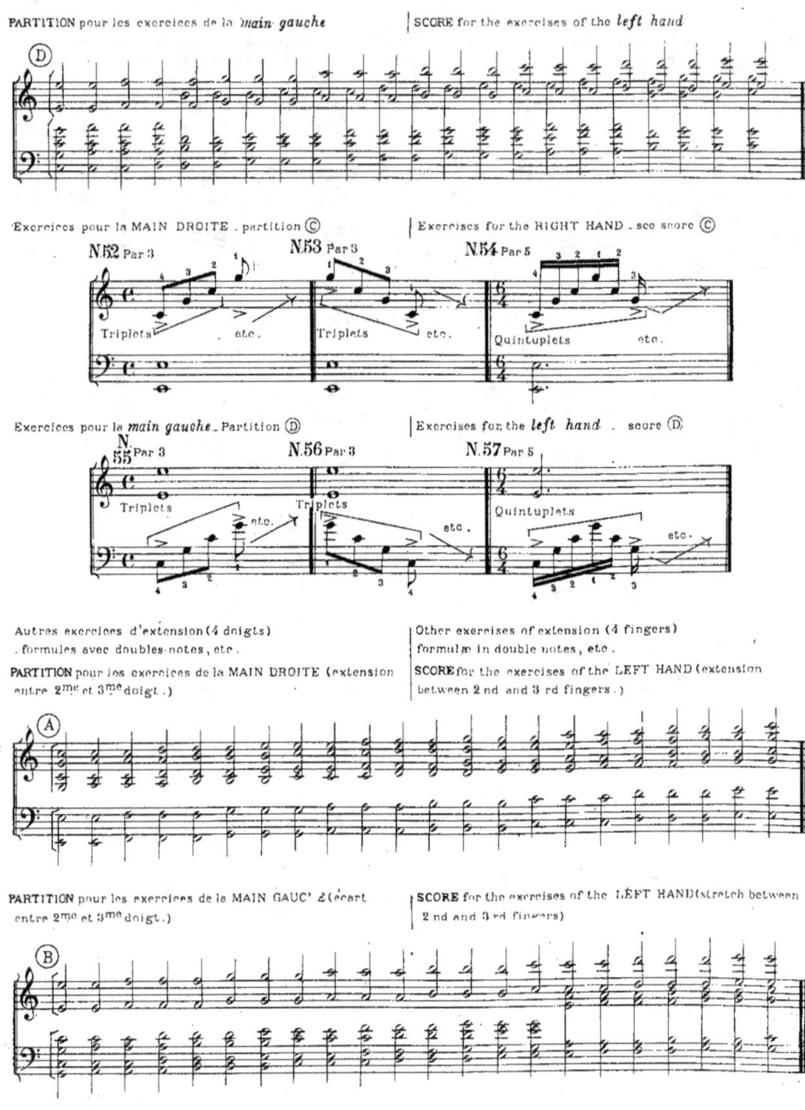

Exercices pour la MAIN DROITE partition (A)

Exercises for the RIGHT HAND . see score (A)

Exercices pour la MAIN GAUCHE partition (B) | Exercises for the LEFT HAND see score (B)

Ecart entre le pouce et le 2me doigt . autres formules | Stretch between thumb and 2nd finger . other formulæ
PARTITION pour les exercices de la MAIN DROITE | SCORE for the exercises of the RIGHT HAND

PARTITION pour les exercices de la MAIN GAUCHE | SCORE for the exercises of the LEFT HAND

Exercices pour la *main droite* partition (A) | Exercises for the *right hand* . see score (A)
Observations pour les N°s 27 et 28 : QUITTER après chaque | Observations for Nrs 27 and 28: leave off after each
liaison . ne pas rythmer . | binding . no accents .

Exercices pour la *main gauche* Partition (B) | Exercises for the *left hand* . see score (B)
Observations pour les N°s 33 et 34 . quitter apres chaque | Observations for Nrs 33 and 34 . leave off after each binding
liaison . ne pas rythmer . | no accents .

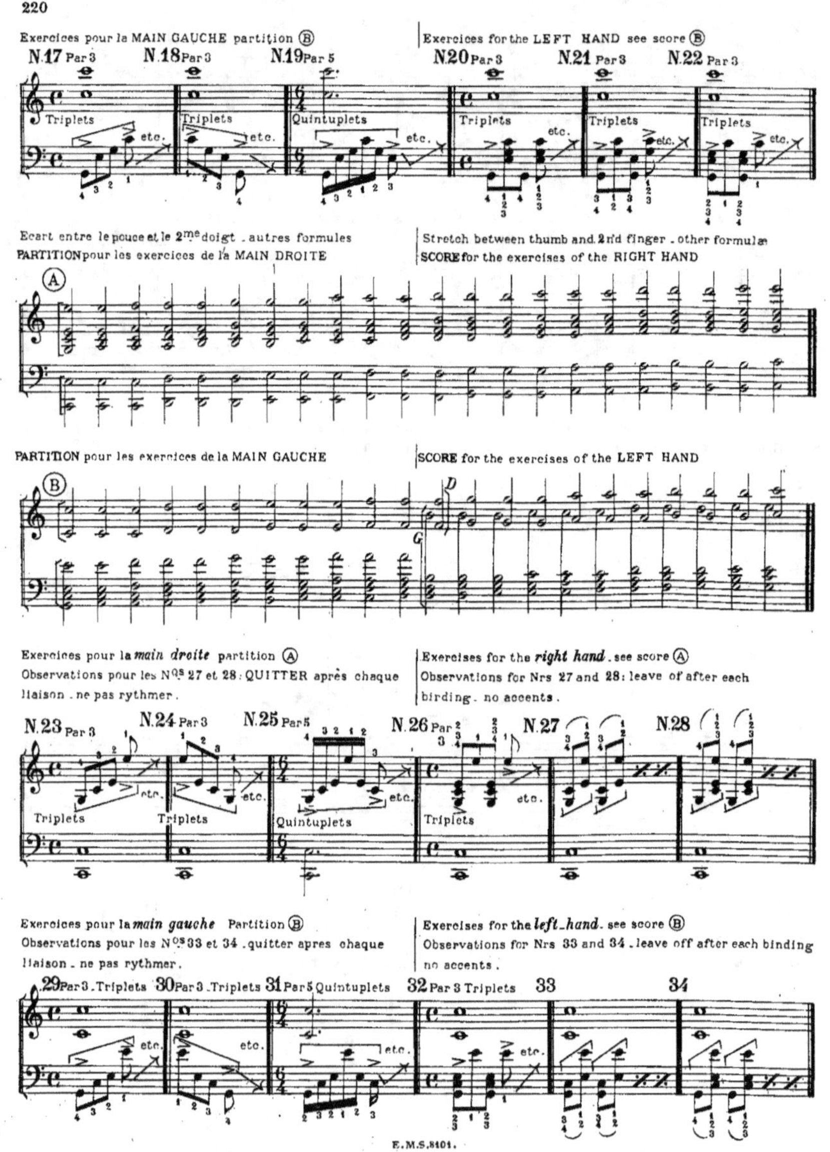

XXV

ECARTS (3 DOIGTS)	STRETCHES (3 FINGERS)
Partitions	Scores
Exercices pour la main droite	Exercises for the RIGHT HAND
Exercices pour la main gauche	Exercises for the LEFT HAND
Ecarts entre 3ᵐᵉ et 4ᵐᵉ . et entre 2ᵐᵉ et 3ᵐᵉ doigts	Stretches between 3rd and 4th and between 2nd and 3rd fingers
Ecarts entre 1ᵉʳ et le 2ᵐᵉ doigt (Partitions)	Stretches between the 1st and 2nd fingers (Scores)
Ecarts entre le 2ᵐᵉ et le 3ᵐᵉ doigt (Partitions)	Stretches between the 2nd and 3rd fingers (Scores)
Ecarts entre 1ᵉʳ et 2ᵐᵉ et entre 2ᵐᵉ et 3ᵐᵉ doigts .(Partitions)	Stretches between the 1st and 2nd and between 2nd and 3rd fingers (scores)

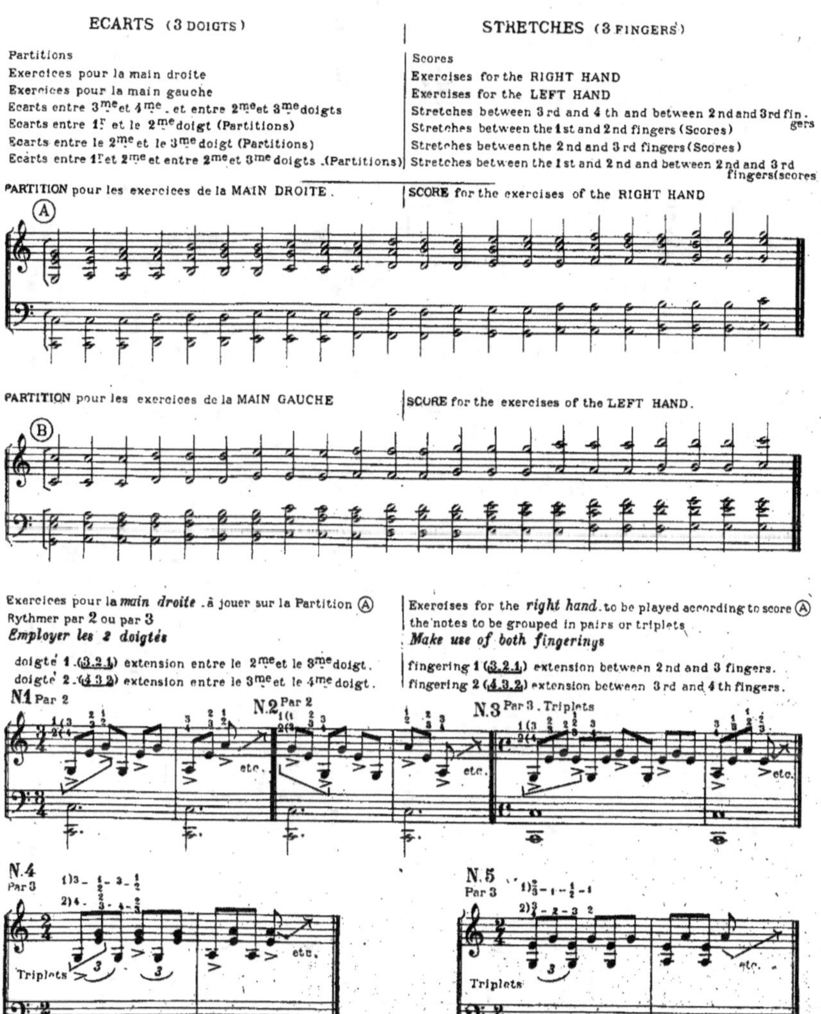

Exercices pour la main gauche. à jouer sur la partition (B)
MÊMES OBSERVATIONS que pour la main droite.
Exercises for the left hand to be played according to score (B)
SAME OBSERVATIONS as for the right hand
N.6. Par 2, by pairs
N.7 Par 2 by pairs
N.8 Par 3
Triplets
etc.
N.9 Par 3 . Triplets
N.10 Par 3 . Triplets
etc.
Extension entre le pouce et le 2me doigt
PARTITION pour les exercices de la MAIN DROITE
Extension between thumb and 2nd finger
SCORE for the exercises of the Right hand
A
PARTITION pour les exercices de la MAIN GAUCHE
SCORE for the exercises of the LEFT HAND
B
Exercices pour la main droite . à jouer sur la Partition (A)
Rythmer par 2 ou par 3 . n'employer que le doigté 1.(3.2.1)
Exercices for the right hand to be played according to score (A)
The notes to be grouped in pairs or in triplets . make use of fingering 1(3.2.1) only
N.11 Par 2
N.12 Par 2
N.13 Par 3
by pairs
by pairs
Triplets
etc.
etc.
etc.
N.14 Par 3 . Triplets
N.15 Par 3 . Triplets
etc.
etc.
E.M.S.8101.

Exercices pour la *main gauche*. doigté 1.(3.2.1.)
Partition Ⓑ

Exercises for the *left hand*. fingering 1 (3.2.1.)
Score Ⓑ

224

Écarts entre le *pouce et le deuxième doigt et entre le 2me* | Stretches between *thumb and 2nd finger* and between
et le 3me doigt. PARTITION Ⓐ | 2nd and 3 rd *finger*. SCORE Ⓐ

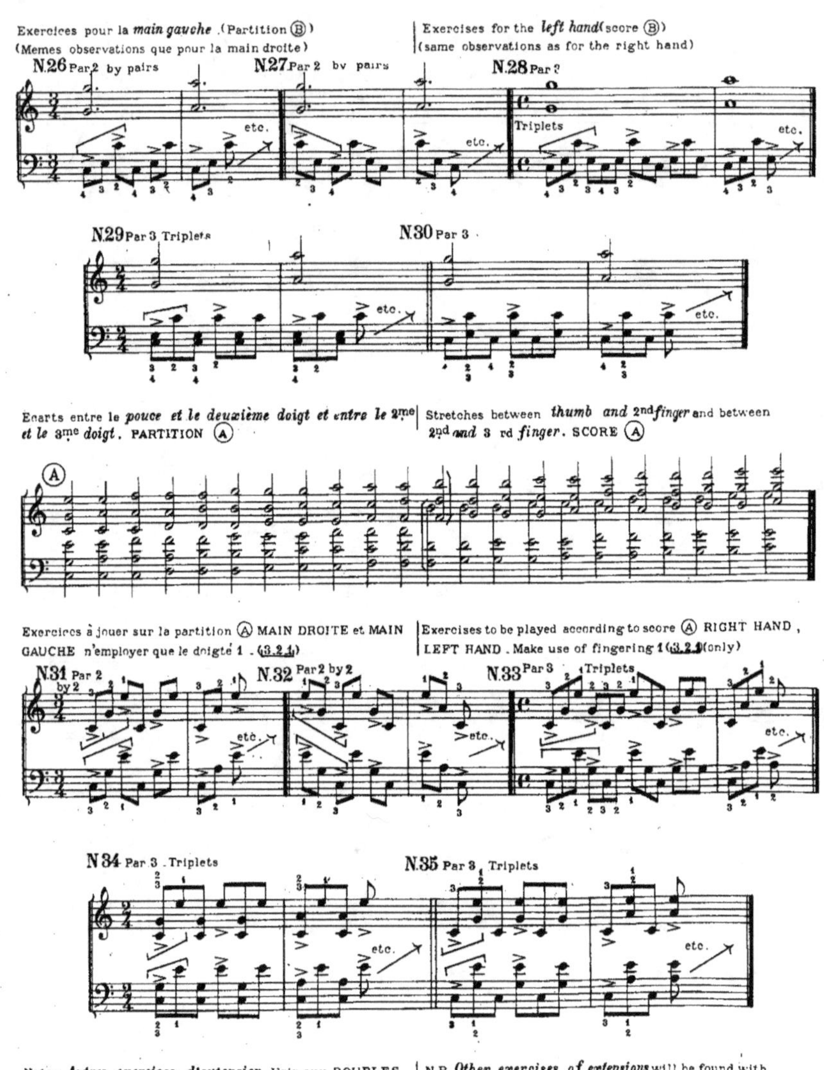

Exercices à jouer sur la partition Ⓐ MAIN DROITE et MAIN | Exercises to be played according to score Ⓐ RIGHT HAND ,
GAUCHE n'employer que le doigté 1 . (3.2.1) | LEFT HAND . Make use of fingering 1 (3.2.1)(only)

Note : *Autres exercices d'extension* Voir aux DOUBLES | N.B.*Other exercises of extensions* will be found with
TIERCES et DOUBLES SIXTES. | THIRDS and DOUBLED SIXTHS

XXVI

<table>
<tr><td>

DIFFICULTÉS SPÉCIALES

SONS ETOUFFÉS et NOTES DETACHEES

Exercices pour la main gauche (sons étouffés)
Exercices pour la main droite (notes détachées)
Mains ensemble
Mouvements contraires
Arpèges
Mains alternantes
Exercices sur les accords de 7me
Accords 4 doigts et 3 doigts
Déplacement des mains
Accords de 7me

Sons étouffés et notes détachées 1º Sons étouffés
Exercices pour la main gauche seule (pouce gauche)
Nº *1 Gamme*) à jouer au minimun 10 fois de suite.

</td><td>

SPECIAL DIFFICULTIES

DANYED SOUNDS and STACCATO NOTES

Exercises for the left hand (damped sounds)
Exercises for the right hand (staccato notes)
Both and together
Contrary motion
Arpeggios
Alternating hands
Exercises on the chords of the 7 th
Chords for 4 and 3 fingers
Shifting of hands
Chords of the 7 th.

Damped sounds and *staccato notes* 1 st. Damped sounds.
Exercises for the left and solo . left thumb
Nº *1 Scale*) to be played at least 10 times

</td></tr>
</table>

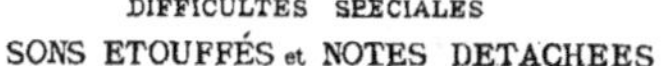

Nº *2 Notes répétées*) 5 fois chaque mesure.

Nº *2 (Repetead notes*) 5 times each bar.

de même
jusqu'à:

etc.

likewise
up to:

Nºs 3 et 4 (*Tierces brisées*)

Nrs . 3 and 4 (*Broken thirds*)

N.3

N.4

Nºs 5 et 6 (*Sixtes brisées*)

Nrs 5 and 6 (*broken sixths*)

N.5

N.6

Nos 7 et 8 (Octaves brisées)
Nrs.7 and 8 (Broken sixths)
N.7
S.et.
N.8
S.et.
Nº 9 . Sauts d'octaves
Nr.9 . Leaps to the octave
N.9
S.et.
de même jusqu'a:
likewise up to:
Autres exercices
Other exercises
N.10
S.et. etc.
etc.
N.11
S.et.
N.12
S.et
de même jusqu'a:
voir partition p.39
likewise up to:
see score p.39
N.13
S.et.
de même jusqu'à:
voir partition p.39
likewise up to:
see score p.39
N.14
S.et.
de même jusqu'à:
voir partition p.39
likewise up to:
see score p.39
NOTES DÉTACHÉES . Main droite seule (2me doigt)
STACCATO NOTES . right hand solo (2nd finger)
Nº 1 (gamme) 5 FOIS de suite au minimum.
Nr.1 (scale) 5 times at least
N.1
etc.
Nº 2 (notes répétées) 3 fois chaque mesure.
Nr 2 (repetated notes) 3 times each bar
N.2
de même jusqu'à:
likewise up to:

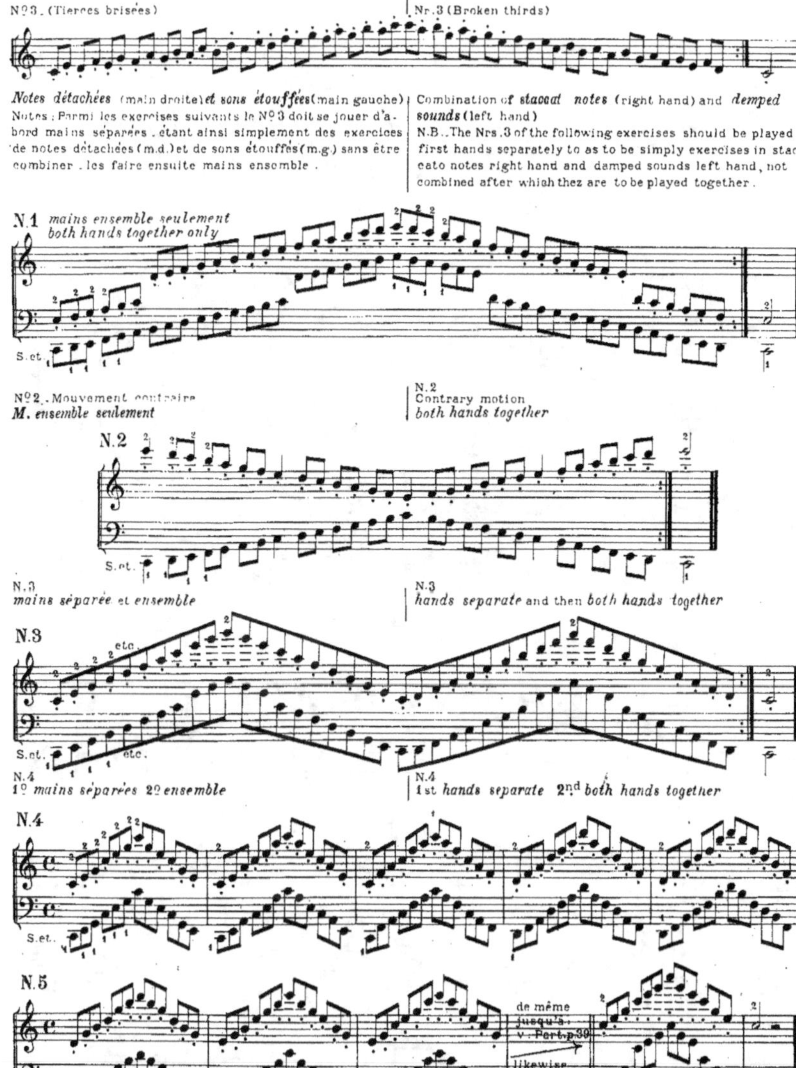

N°3. (Tierces brisées)
Nr.3 (Broken thirds)
Notes détachées (main droite) et sons étouffées (main gauche)
Notes: Parmi les exercises suivants le N°3 doit se jouer d'a-
bord mains séparées, étant ainsi simplement des exercices
de notes détachées (m.d.) et de sons étouffés (m.g.) sans être
combiner, les faire ensuite mains ensemble.
Combination of staccat notes (right hand) and demped
sounds (left hand)
N.B..The Nrs.3 of the following exercises should be played
first hands separately to as to be simply exercises in stac-
cato notes right hand and damped sounds left hand, not
combined after whiah thez are to be played together.
N.1 mains ensemble seulement
both hands together only
S.et.
N°2. Mouvement contraire
M. ensemble seulement
N.2
Contrary motion
both hands together
N.2
S.et.
N.3 mains séparée et ensemble
N.3 hands separate and then both hands together
N.3
etc.
S.et. etc.
N.4 1° mains séparées 2° ensemble
N.4 1st hands separate 2nd both hands together
N.4
S.et.
N.5
de même
jusqu'à
v: Part.p 39
likewise
up to:
see score
(p. 39)
S.et.

E.M.S.8101.

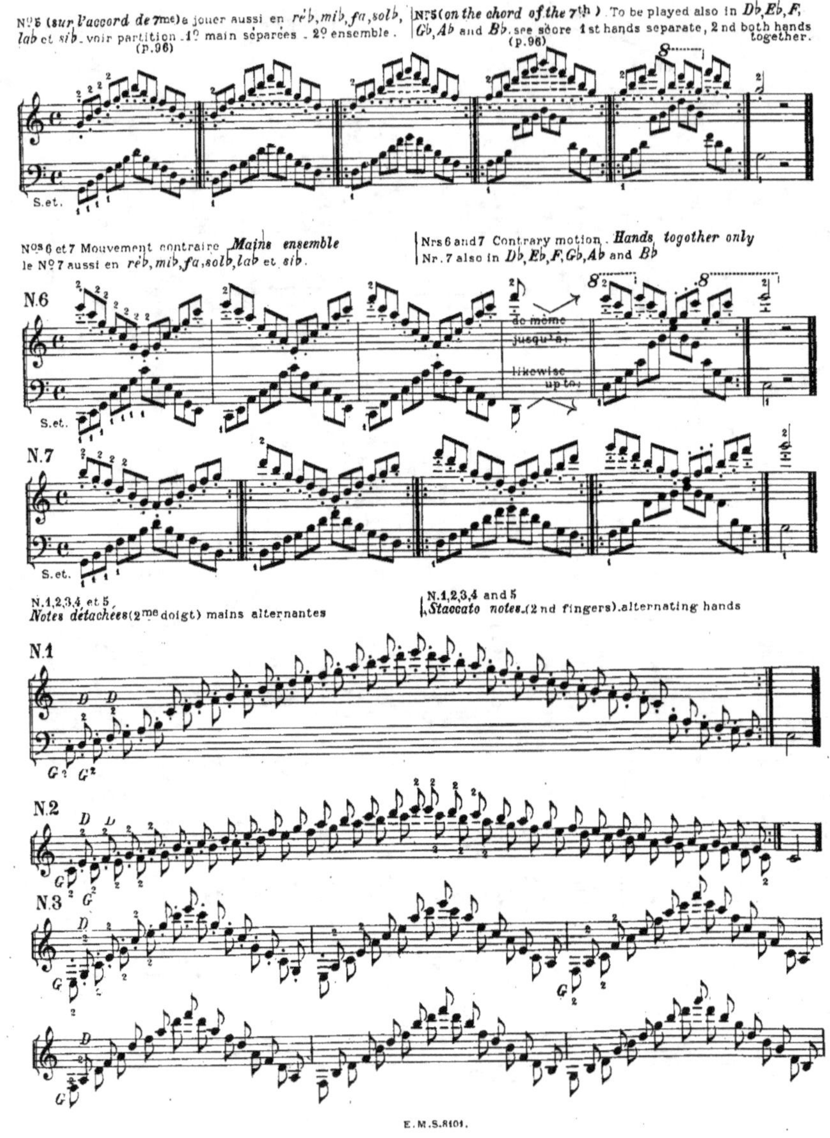

228
N°5 (sur l'accord de 7me) a jouer aussi en réb, mib, fa, solb, lab et sib. voir partition. 1° main séparées. 2° ensemble.
(p.96)
Nr5 (on the chord of the 7th). To be played also in Db, Eb, F, Gb, Ab and Bb. see score 1st hands separate, 2 nd both hands together.
(p.96)
S.et.
Nos 6 et 7 Mouvement contraire Mains ensemble le N°7 aussi en réb, mib, fa, solb, lab et sib.
Nrs 6 and 7 Contrary motion. Hands together only Nr. 7 also in Db, Eb, F, Gb, Ab and Bb
N.6
de même jusqu'à;
likewise up to;
S.et.
N.7
S.et.
N.1,2,3,4 et 5
Notes détachées (2me doigt) mains alternantes
N.1,2,3,4 and 5
Staccato notes (2nd fingers). alternating hands
N.1
N.2
N.3
E.M.S.8101.

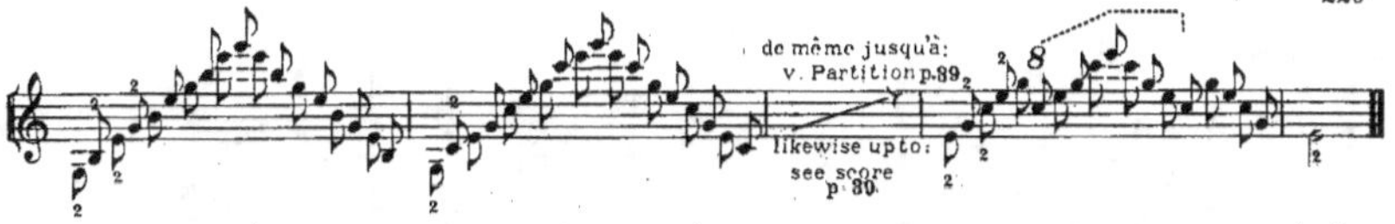

Nos 4 et 5 (sur l'accord de 7me) à jouer aussi en *réb, mib, fa, solb, lab* et *sib*.

Nrs 4 and 5 (chord of the 7 th) to be played also in *Db, Eb, F, Gb, Ab* and *Bb*.

N. 4   N. 5

SONS ÉTOUFFÉS — ACCORDS

1º *Main gauche seule* (accords de 4 doigts)

Note: *pour tous les exercices*. Etouffer les sons après chaque accord

Nº 1 . (3 fois chaque mesure au minimum.)

DAMPED. SOUNDS — CHORDS

1st *left hand alone* (chords of. 4. fingers)

N.B. *for all the exercises*

Damp the sound after each chord

Nº 1. (3 times each bar, at least.)

Nº 2 même formule (*une seule fois* chaque accord)

Nº 2. Same formula (*once only* each chord)

Nº 3 . Accords en disposition large (3 fois chaque mesure)

Nº 3 Wide spreade dispositions (3 times each bar)

Main gauche seule (Accords de 3 doigts) memes observations

Nº 4 (une seule fois chaque accord.)

Left hand only. (Chords. for 3 fingers) Same observations

Nº 4 (once only each chord.)

2º MAINS ENSEMBLE (étouffer les sons aux *deux* mains)

Note: l'étude de la main droite seule est inutile. de même que l'étude des accords en disposition serrée de 3 doigts.

2nd. BOTH HANDS TOGETHER (damp the sound in both hands).

N.B. Playing the right hand only is useless, and so is the study of serried chords for 3 fingers.

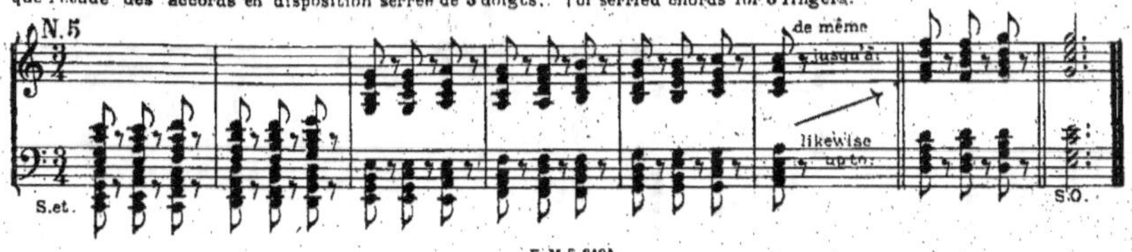

N. 5

230
No.6. Accords en disposition large
Nr.6 Wide spread dispositions
de même
jusqu'à:
voir part. p.143
likewise
up to:
see score p.143
S.et.
No.7. Déplacement des mains (3 fois chaque mesure)
Nr.7. Shifting of hands (3 times each bar)
S.et.
S.O.
E.M.S.8101.

Nº8 (sur l'accord de 7me) à jouer aussi en réb, mib, fa, solb, lab et sib. (3 fois de suite la formule)
Nr 8 (chord of the 7th) to be played also in Db, Eb, F, Gb, Ab and Bb. (3 times each formula.)
S.et.
S.O.
Jouer les deux exercices précédents Mains alternantes.
Exemples :
Play the two above exercises with Alternating hands
Examples :
N.7 bis
Comme Nº7
etc.
as Nr. 7
S.et.
N.8 bis
comme le Nº8 et dans les autres tonalités.
etc.
as Nr.8 and in the other keys.
S.et.
Nº 9 accords de 3 doigts
Nr.9 chords for 3 fingers
S.et.
S.et.
S.O

XXVII

DIFFICULTÉS SPÉCIALES SONS HARMONIQUES	SPECIAL DIFFICULTES HARMONIC SOUNDS
Gammes	Scales
Mouvements contraires	Contrary motion
Arpeggio	Short arpeggios
Mains alternantes	Alternatings hands
Exercices sur l'accord de 7me	Exercises on the chord of the 7 th
Tierces et Sixtes brisées	Broken thirds and sixths
Arpèges	Long arpeggios
Formules diverses	Divers formulæ
Tierces. Sixtes	Thirds . Sixths
Accords de 3 sons et de 4 notes	Triads and chords of 4 notes

1º GAMMES

Note : . Jouer *tous les exercices* en sons harmoniques en *ut♭*, *ut et ut♯* .

1ˢᵗ SCALES

N.B .. Play all the exercises in harmonics in *C♭, C* and *C♯* .

(Mains alternantes)
(Alternating hands)
N.5
S.H.
D D D etc.
G G G etc.
Exercices (sur l'arpeggio)
Exercises on the short arpeggio
N.1
de même
jusqu'à:
(v. Part.)
(P.39)
likewise
up to:
(see score)
(p.39)
S.H.
Nos 2 et 3 (à faire sur la même étendue que le No 1.)
Nrs 2 and 3 (to be played on the same compass as Nr.1.)
N.2
N.3
comme No 4
etc.
as Nr.1
S.H.
Nos 4,5 et 6. Mêmes formules (mouvement contraire)
Nrs 4,5 and 6. Same formulæ in contrary motion
N.4
N.5
N.6
S.H.
etc.
etc.
etc.
Nos 7,8,9,10 et 11.(Mains alternantes)
Nrs 7,8,9,10 and 11 (Alternating hands)
N.7
S.H. D D D etc.
G G G G etc.
de même
jusqu'à:
likewise
up to:
N.8
S.H. D D D etc.
G G G etc.
jusqu'à:
up to:
E.M.S.8101.

N.9

N.10

Nᵒ11 sur l'accord de 7ᵐᵉ
à jouer aussi en *ré♭,mi♭,fa,sol♭,la♭ et si♭ et en ré, mi,fa♯*
sol, la et si.

Nr.11 Chord of the 7 th
To be played also in *D♭* and *D*, *E♭* and *E*, *F* and *F♯*, *G♭* and *G*,
A♭ and *A*, *B♭* and *B♭*, *C* and *C♯*

N.11

Tierces brisées

| *Broken thirds*

N.1

Nᵒ2 (sur le modèle du Nᵒ1)

| Nr 2 (according to model Nr.1)

N.2

E.M.S.8101.

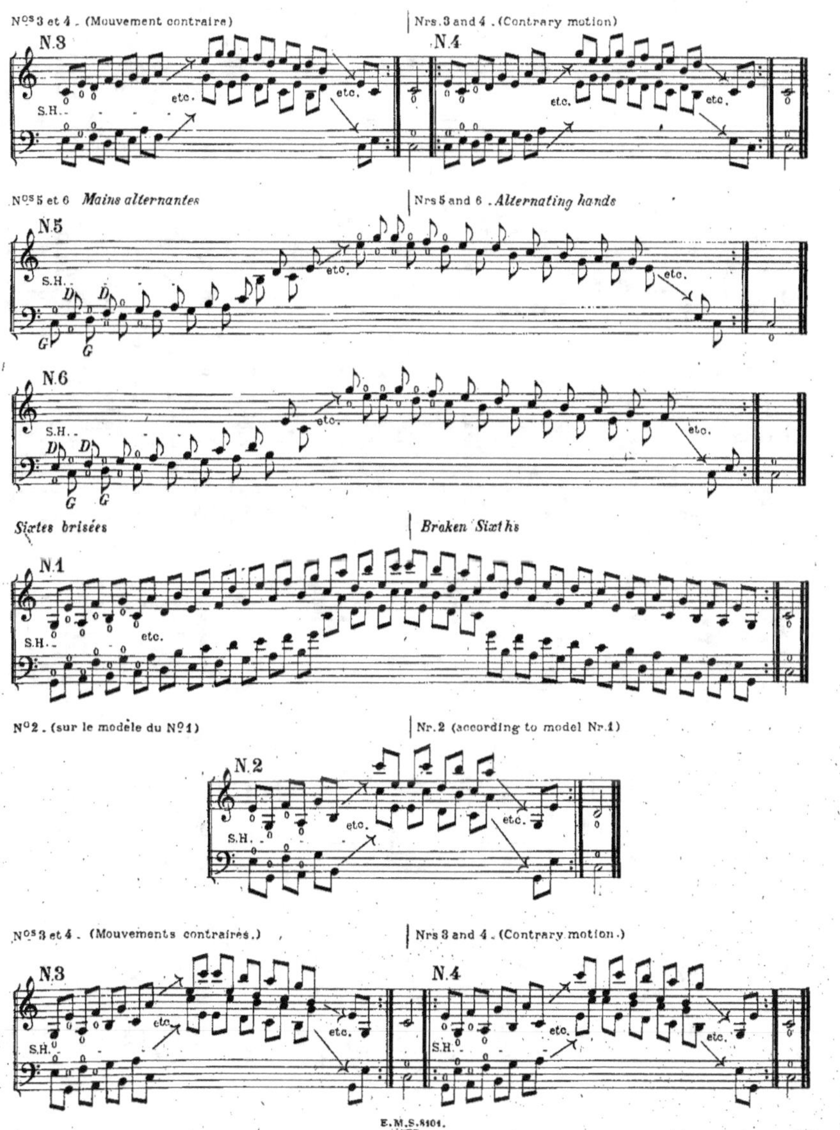
Nᵒˢ 3 et 4 . (Mouvement contraire)
Nrs. 3 and 4 . (Contrary motion)
N.3
N.4
S.H.
etc.
etc.
etc.
etc.
Nᵒˢ 5 et 6 Mains alternantes
Nrs 5 and 6 . Alternating hands
N.5
S.H.
D
D
G
G
etc.
etc.
N.6
S.H.
D
D
G
G
etc.
etc.
Sixtes brisées
Broken Sixths
N.1
S.H.
etc.
Nᵒ 2 . (sur le modèle du Nᵒ 1)
Nr. 2 (according to model Nr.1)
N.2
S.H.
etc.
etc.
Nᵒˢ 3 et 4 . (Mouvements contraires.)
Nrs 3 and 4 . (Contrary motion.)
N.3
N.4
S.H.
S.H.
etc.
etc.
etc.
etc.
E.M.S.8101.

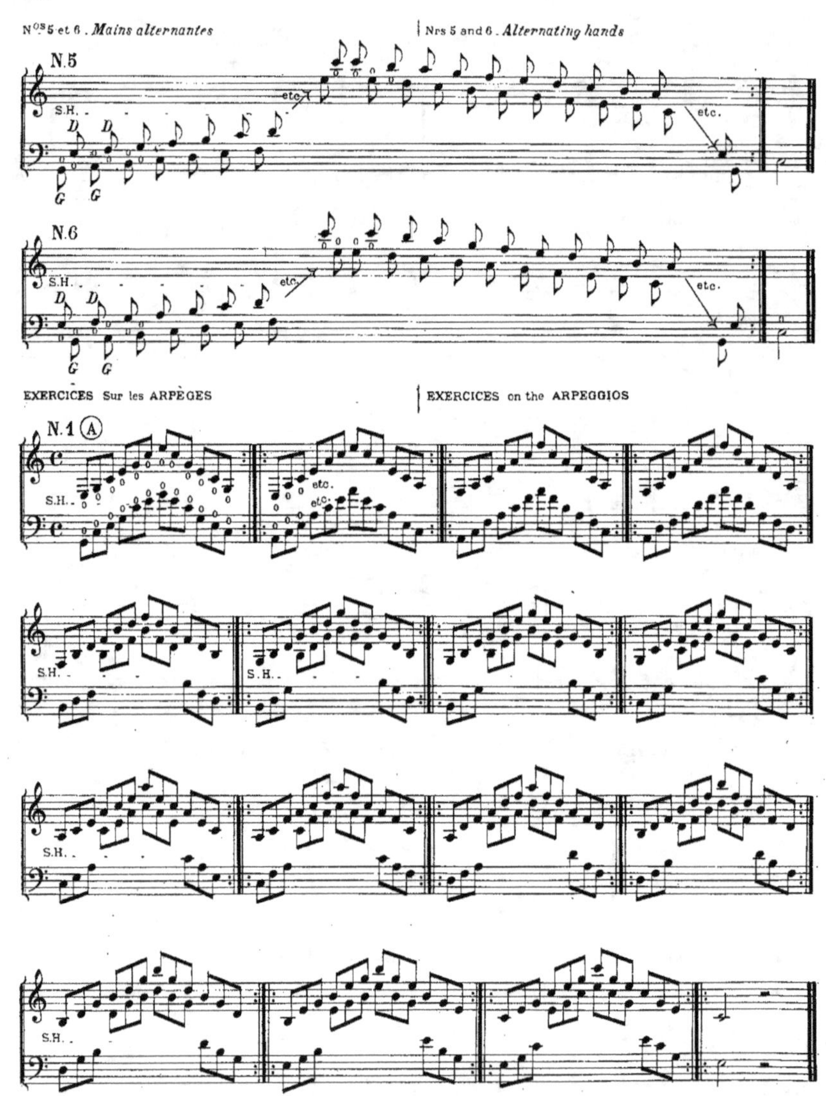

Nos 5 et 6. Mains alternantes
Nrs 5 and 6. Alternating hands
N.5
S.H.
D D
G G
etc.
etc.
N.6
S.H.
D D
G G
etc.
etc.
EXERCICES Sur les ARPÈGES
EXERCICES on the ARPEGGIOS
N.1 A
S.H.
etc.
etc.
S.H.
S.H.
S.H.
S.H.

Jouer le même exercice (N? 1 Ⓐ)
Mains alternantes des 2 manières: Exemples:

Play the same exercise (Nr. 1 Ⓐ), with *alternating hands,* in the two following ways: Examples:

N.1 Ⓑ

N? 2 Ⓐ (sur l'accord de 7ᵐᵉ) à jouer aussi en *ré♭* et *ré, mi♭* et *mi, fa* et *fa♯, sol♭* et *sol la♭* et *la si♭* et *si* et en *ut* et *ut♯.*

Nr. 2 Ⓐ (Chord of the 7 th) to be played also in *D♭* and *D. E♭* and *E. F* and *F♯, G♭* and *G, A♭* and *A, B♭* and *B, C* and *C♯.*

N?ˢ 2 Ⓑ et 2 Ⓒ *Mains alternantes* (et comme le N? 2 Ⓐ en *ré♭,* et *ré, mi♭* et *mi, fa* et *fa♯,* etc.

Nrs. 2 Ⓑ and 2 Ⓒ *Alternating hands* (and ,as Nr. 2 Ⓐ, in *D♭,* and *D, E* and *E♭, F* and *F♯* etc.

N.2 Ⓑ

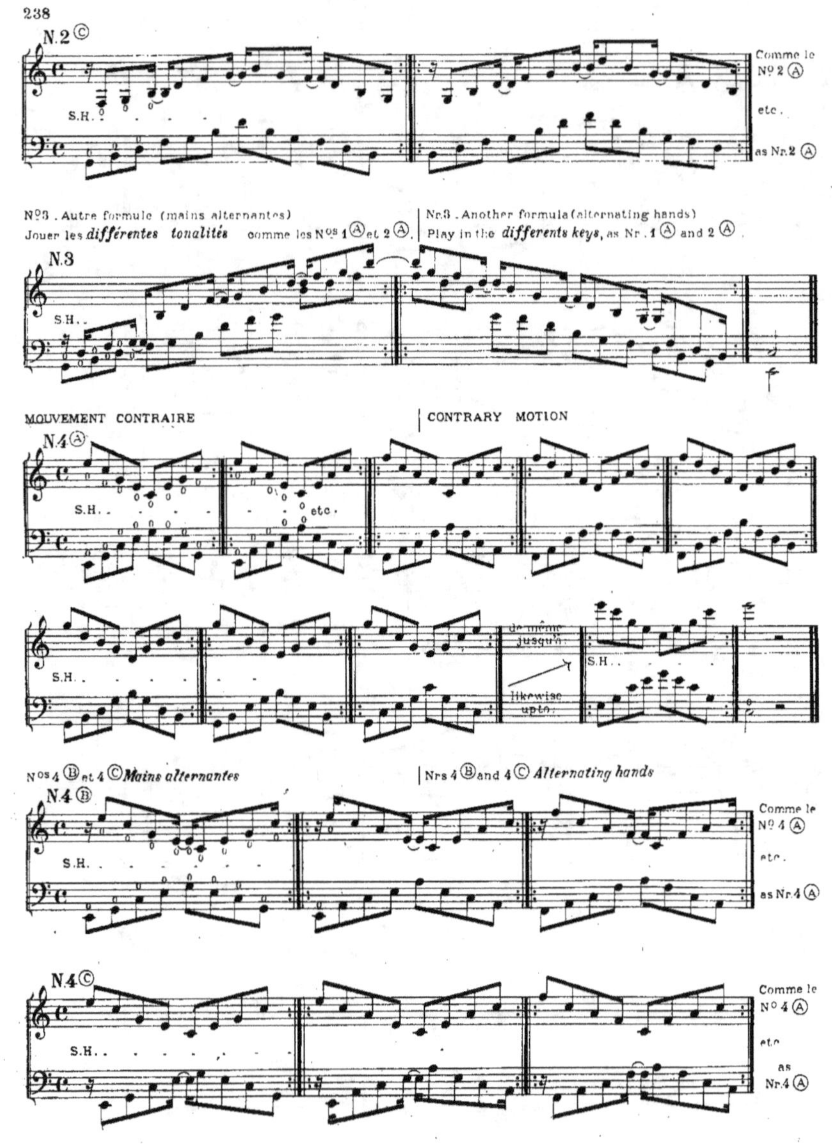

N.2 ©
S.H.
Comme le
N° 2 Ⓐ
etc.
as Nr.2 Ⓐ

N°3 . Autre formule (mains alternantes)
Jouer les *différentes tonalités* comme les N°S 1 Ⓐ et 2 Ⓐ .
Nr.3 . Another formula (alternating hands)
Play in the *differents keys*, as Nr .1 Ⓐ and 2 Ⓐ .
N.3
S.H.

MOUVEMENT CONTRAIRE
CONTRARY MOTION
N.4 Ⓐ
S.H.
etc.

de même
jusqu'à
likewise
up to
S.H.

N°S 4 Ⓑ et 4 © *Mains alternantes*
Nrs 4 Ⓑ and 4 © *Alternating hands*
N.4 Ⓑ
S.H.
Comme le
N° 4 Ⓐ
etc.
as Nr.4 Ⓐ

N.4 ©
S.H.
Comme le
N° 4 Ⓐ
etc
as
Nr.4 Ⓐ

Nos 5 (A) 5 (B) et 5 (C) . sur l'accord de 7me
(Jouer les différentes tonalités - voir Nº 1 (A) .)
Nrs. 5 (A) 5 (B) and 5 (C) on the chord of the 7 th
(play in different keys as Nr. 1 (A) .)
N.5 (A)
S.H.
Nº 5 (B) .(Mains alternantes.)
Nº 5 (C) .(Mains alternantes.)
Nr.5 (B) Alternating hands.
Nr.5 (C) Alternating hands.
comme le
Nº 5 (A)
etc.
as Nr.5 (A)
S.H.
ARPÈGES
ARPEGGIOS
D
G
S.H.
D
de-même
jusqu'a
etc
likewise
up to
S.H.

Faire le même exercice Mains alternantes
The same exercise with hands alternating
N.1 B
S.H.
D D
G G
S.H.
de même
jusqu'à:
likewise
up to:
S.H.
No 2 A ACCORD de 7me
et en reb, mib, fa, solb, lab, et sib.
ré, mi, fa#, sol, la, et si.
Nr. 2 A CHORD of 7me
To be played also in Db and D, Eb and E, F and F#, Gb and G,
Ab and A, Bb and B♮, C and C#.
D
S.H.
G
G
No 2 B Même exercice, Mains alternantes.
Nr. 2 B Same exercise. Alternating hands.
Play as well in the other keys (see Nr. 2 A.)
S.H.
D D
G G
TIERCES 1o Main gauche seule
THIRDS 1st left hand alone
N.1
S.H. etc.
N 2
etc.
S.H.
N.3 etc.
S.H.

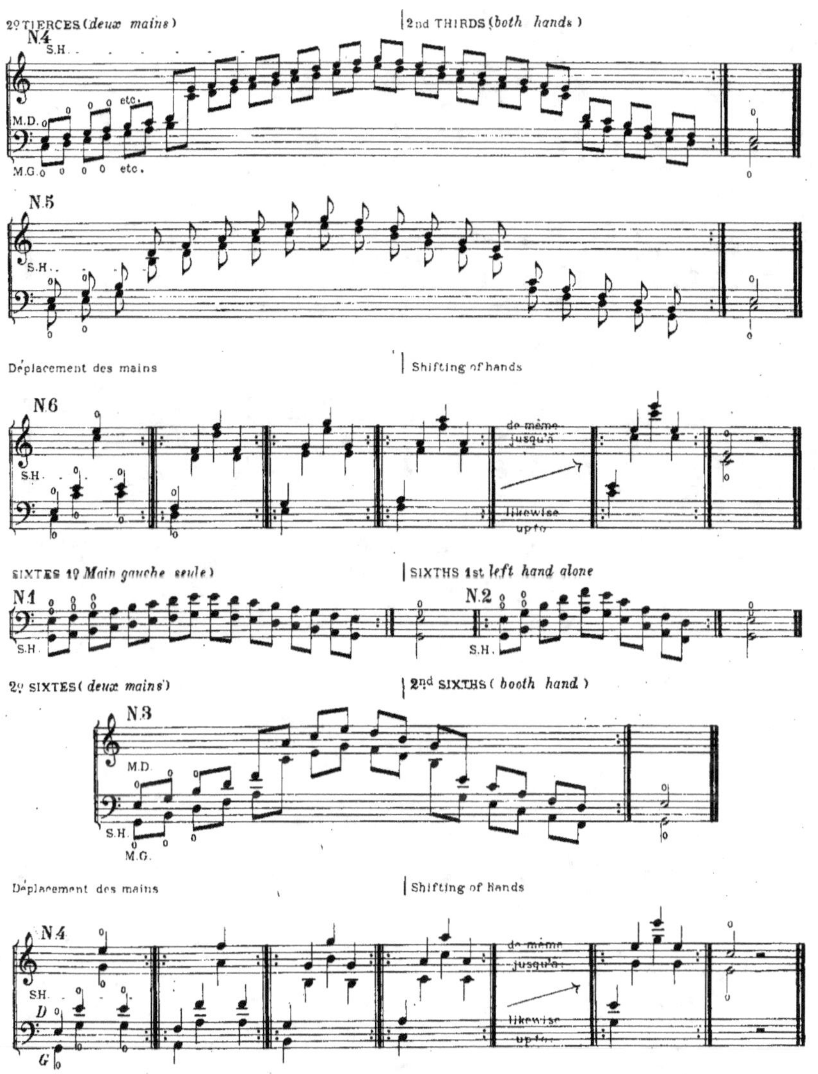
2º TIERCES (deux mains)
2nd THIRDS (both hands)
N.4
S.H.
M.D.
etc.
M.G.
etc.
N.5
S.H.
Déplacement des mains
Shifting of hands
N.6
S.H.
de même jusqu'à
likewise up to
SIXTES 1º (Main gauche seule)
SIXTHS 1st left hand alone
N.1
S.H.
N.2
S.H.
2º SIXTES (deux mains)
2nd SIXTHS (booth hand)
N.3
M.D.
S.H.
M.G.
Déplacement des mains
Shifting of Hands
N.4
S.H.
D
de même jusqu'à
likewise up to
G

ACCORDS de 3 SONS (voir part.p.39)

2 avec la main gauche et 1 avec la main droite

TRIADS (see score p.39)

2 notes in the left hand 1 in the right hand

N.º3 Sur l'accord de 7.me à jouer aussi en *ut, ut#, réb, ré, mib, mi, fa, fa#, solb, sol, lab, la, sib, si*.

N.º3 On the chord of the 7th to be played also in *C, C# Db, D, Eb, E, F, F#, Gb, G, Ab, A, Bb, B#*.

ACCORDS de 4 notes

3 avec la main gauche et 1 avec la main droite.

CHORDS of four notes

3 in the left hand, 1 in the right hand.

N.º2. Sur l'accord de 7.me à jouer aussi en *ut, ut#, reb, ré, mib, mi, fa, fa#, solb, sol, lab, la, sib, si*.

Nr.2 Chord of the 7th to be played also in *C, C#, Db, D, Eb, E, F, F#, Gb, G, Ab, A, Bb, B#*.

XXVIII

DIFFICULTÉS SPÉCIALES
BISBIGLIANDI

Formules diverses sur l'arpeggio . (*4 doigts*)
Exercices sur l'accord de 7ᵐᵉ (*4 doigts*)
Formules diverses (*3 doigts*)
Exercices sur l'accord de 7ᵐᵉ (*3 doigts*)

BISBIGLIANDI (4 DOIGTS)
Note : Jouer *préalablement* chaque exercice du Nº1 au
Nº12 inclus en rythmant par 3, par 5 et par 7 *lentement*.
(mais *seulement* sur les accords indiqués par les exemples
ci dessous) Exemples (sur l'exercice Nº1.)

SPECIAL DIFFICULTIES
BISBIGLIANDI

Divers formulæ on the arpeggio .(*4 fingers*)
Exercises on the chord of the 7th (*4 fingers*)
Divers formulæ for (*3 fingers*.)
Exercises on the chord of the 7th (*3 fingers*)

BISBIGLIANDI (4 FINGERS)
First play each exercise, from Nr 1 to Nr.12 inal, grouping
the notes in triplets, in quintuplets and septuplets *slowly*
but *only* on the chords mentioned in the following:
Examples on exercise Nr.1.

N.2
N.3
N.4
N.5
N.6
D
G
jusqu'à:
etc.
up to:
8

N.7
D
G
jusqu'à:
etc.
up to:
N.8
D
G
jusqu'à:
etc.
up to:
Nos 9 10 11 et 12
Comme exercices d'entraînement (virtuosité.)
Nrs. 9, 10, 11 and 12
-as training exercises for (virtuosity.)
N.9
D
G
jusqu'à:
etc.
up to:
N.10
D
G
jusqu'à:
etc.
up to:
N.11
D
G
jusqu'à:
etc.
up to:

Note :. Répéter ensuite chacun des exercices précédents en ne jouant qu'*une seule fois* chaque accord . sans rythmer Exemple sur le Nᵒ 1 .	N.B.. Further, repeat each one of the above exercises, playing each chord *only once*, without accents. Example on Nr. 1

de même
jus-
qu'à
like-
wise
up to
Nᵒˢ 14,15 et 16 . sur le modèle du Nᵒˢ 13 .
Nrs.14,15 and 16 . according to Nr. 13 .
N.14
D
G
de même
jusqu'à
etc.
likewise
up to
etc.
G
N.15
D
G
etc.
N.16
D
G
etc.
N.17
D
G
de même
jusqu'à:
etc.
likewise
up to:
D
etc.
G
G
E.M.S.8101.

Nᵒˢ 18,19 et 20 sur le modèle du Nᵒ 17 | Nrs.18,19 and 20 according to Nr. 17

N.18

N.19

N 20

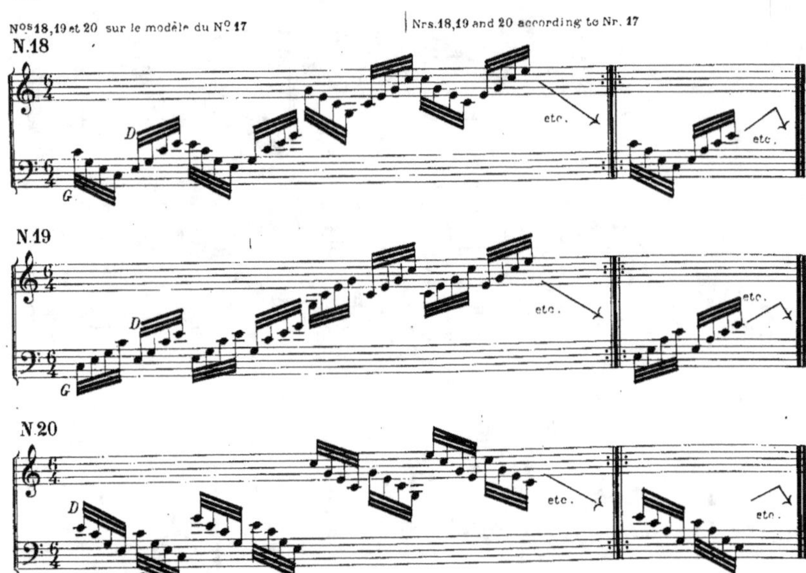

Mêmes exercices sur l'ACCORD de 7ᵐᵉ
à jouer aussi en *ré♭, mi♭, fa, sol♭, la♭, et si♭*. (voir partition
page 96)(*tous les exercices* du Nᵒ 21 au Nᵒ 40 inclus)

Note: Jouer préalablement chaque exercice du Nᵒ 21 au Nᵒ 32
inclus en rythmant par 3 par 5 et par 7. mais seulement
sur les accords indiqués par les exemples ci-dessous.
Exemples: (sur l'exercice du Nᵒ 21.)

Same exercises on the CHORD of the 7 th.
to be played also in *D♭, E♭, F, G♭, A♭* and *B♭* (see score of
chords, p. 96)(*all the exercises*. from Nr. 21 to Nr. 40 incl.)

N.B.. First play each exercise, from Nr. 21 to Nr. 32 incl., grouping the notes in triplets, in quintuplets and septuplets. but
only on the chords mentioned in the following examples:
Examples: (according to Nr. 21.)

Par 7
D
G
de même
etc.
likewise
de même
etc.
likewise
de même
etc.
likewise
N.os 21 à 40 (sans rythmer)
From Nr. 21 to 40 (without accents)
N. 21
D
G
8
D
G
G
de même jusqu'à :
likewise up to :
N. 22
D
G
8
D
G
G
de même jusqu'à:
likewise up to:
D
G
8
D
G
G
de même:
etc.
likewise:
E.M.S.8101.

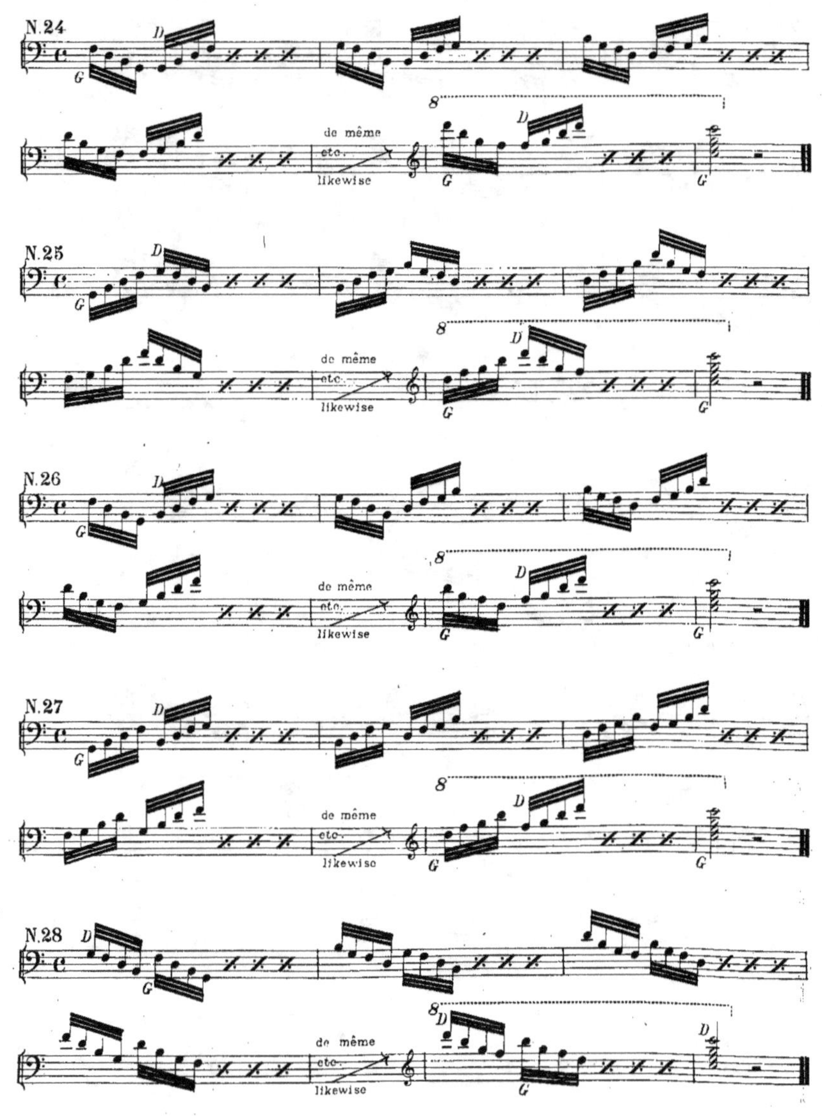
N.24
de même
etc.
likewise
N.25
de même
etc.
likewise
N.26
de même
etc.
likewise
N.27
de même
etc.
likewise
N.28
de même
etc.
likewise

N.ᵒˢ 29 30 31 et 32
Comme exercice d'entraînement(virtuosité)

Nrs.29 30 31 and 32
As training exercises for virtuosity

N.ᵒˢ 33 à 40 sans rythmer (une seule fois chaque accord)   Nrs.33 à 40 without accents (each chord only once)

E.M.S.8101.

de même
jusqu'à
likewise
up to:
etc.
jusqu'a
likewise
D
G
Nos 34 35 36 37 38 39 et 40
sur le modèle du No 33
Nrs. 34 35 36 37 38 39 and 40
According to Nr. 33
N. 34
N. 35
N. 36
N. 37
N. 38
N. 39
N. 40
D
G
etc.

BISBIGLIANDI .3 *doigts*

Note: Jouer préalablement chaque exercice(du Nº1 au Nº10 inclus) en rythmant par **5** seulement sur les 3 formules indiqués par l'exemple ci dessous.

Exemple :(sur l'exercice Nº1 .)

BISBIGLIANDI .3. *fingers*

N.B..First play each exercise , from Nr.1 to Nr.10 incl., grouping thes notes in quintuplets but only according to the 3 formulæ given in the following example :

Example : (according to Nr.1)

Nº1 au Nº10.(sans rythmer)

From Nr.1 to Nr.10 (without accents)

E.M.S.8101.

N.7
jusqu'à:
up to:
N.8
jusqu'à:
up to:
Nᵒˢ 9 et 10 comme exercices d'entraînement (virtuosité)
Nrs. 9 and 10 as training exercises for virtuosity
N.9
jusqu'à:
up to:
N.10
jus qu'à:
up to:
Note: Jouer ensuite chacun des exercices précédants en ne jouant qu'une seule fois chaque accord (sans rythmer)
Exemple sur le Nᵒ1.
N.B. Further, repeach each one of the above exercises, playing each one of the chords only once (without accents.)
Example according to Nr.1
jus qu'a:
etc.
up to:
N.11
de même jusqu'à:
likewise up to:

N.⁰ˢ 12,13 et 14 (sur le modèle du N.⁰ 11.) |Nrs.12, 13 and 14 (according to Nr.11)

N.⁰ˢ 16,17 et 18 (sur le modèle du N.⁰ 15.) |Nrs.16,17 and 18 (according to Nr.15)

Exercices sur l'ACCORD de 7ᵐᵉ (sans rythmer)   Exercises on the CHORD of the 7th. (without accents)
à jouer aussi en *réb, mib, fa, solb, lab* et *sib*. (voir partition)   to be played also in *Db Eb F Gb Ab* and *Bb* (see score)
(Tous les exercices du N.⁰ 19 au N.⁰ 26 inclus.)   (all the exercises from Nr.19 to Nr.26 incl.)

Nᵒˢ 20, 21 et 22 (sur le modèle du Nᵒ19) | Nrs 20, 21 and 22 (according to Nr. 19)

Jouer ensuite *tous les exercices à 3 doigts* avec le doigté 4.3.2 comme exercice d'entraînement (virtuosité) Quelques examples :

Further play *all the exercises with 3 fingers* with the fingering 4.3.2 as training exercises for virtuosity Several examples :

XXIX

BISBIGLIANDI - 2 DOIGTS

Tierces brisées (Partitions)
Formules diverses
Sixtes(Partitions)
Déplacement des mains
Exercices sur l'accord de 7me
Octaves (Partitions)
Formules diverses sur l'arpège - l'accord de 7me etc .

BISBIGLIANDI (2 doigts)
Note : Jouer *préalablement* en rythmant par 3 les exercices suivants *lentement* .

BISBIGLIANDI . 2 FINGERS

Broken thirds (Scores)
Divers formulæ
Sixths (scores)
Shifting of hands
Exercises on the chord of the 7 th .
Octaves (scores)
Divers. formulæ on the arpeggio , the chord of the th .etc .

BISBIGLIANDI . (2 fingers)
N.B..First play *slowly* the following exercises , grouping the notes in triplets .

Nⁿˢ 1,2,3 et 4.*Tierces* (sans rythmer)

Nrs . 1 2 3 and 4.*Thirds* (wihout accents)

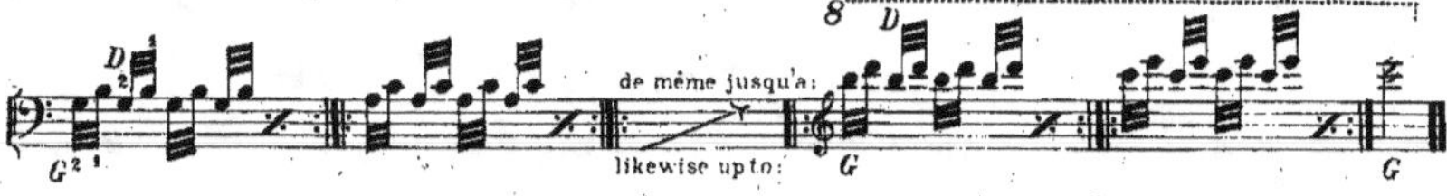

N.2
N.3
N.4
comme N.º 1
etc.
as Nr. 1
NOTE : Jouer ensuite chaque exercice en ne répétant qu'une seule fois chacune des tierces.
Exemple sur l'exercice N.º 1
N.B.. Further play each exercise repeating only once each one of the thirds
Example according to Nr. 1
de même jusqu'à :
Jouer les 4 formules précédentes sur la partition suivante Ⓐ
Play the 4 above formulæ on the following score Ⓐ
Ⓐ
jusqu'à :
etc.
up to :
Examples :
Examples :
Ex : 1
Ex : 2
etc.
Ex : 3
Ex : 4
etc.
(1) Ex : 3 Peut se faire en commençant par la MAIN DROITE.
(1) Ex : 3 May be played beginning by the RIGHT HAND.

Nºs 5,6,7,8 Autres formules

(sans rythmer) Nº 5 (voir partition p. 39)

Nrs. 5 6 7 8 Other formulæ

(without accents) Nr. 5 (see score p. 39)

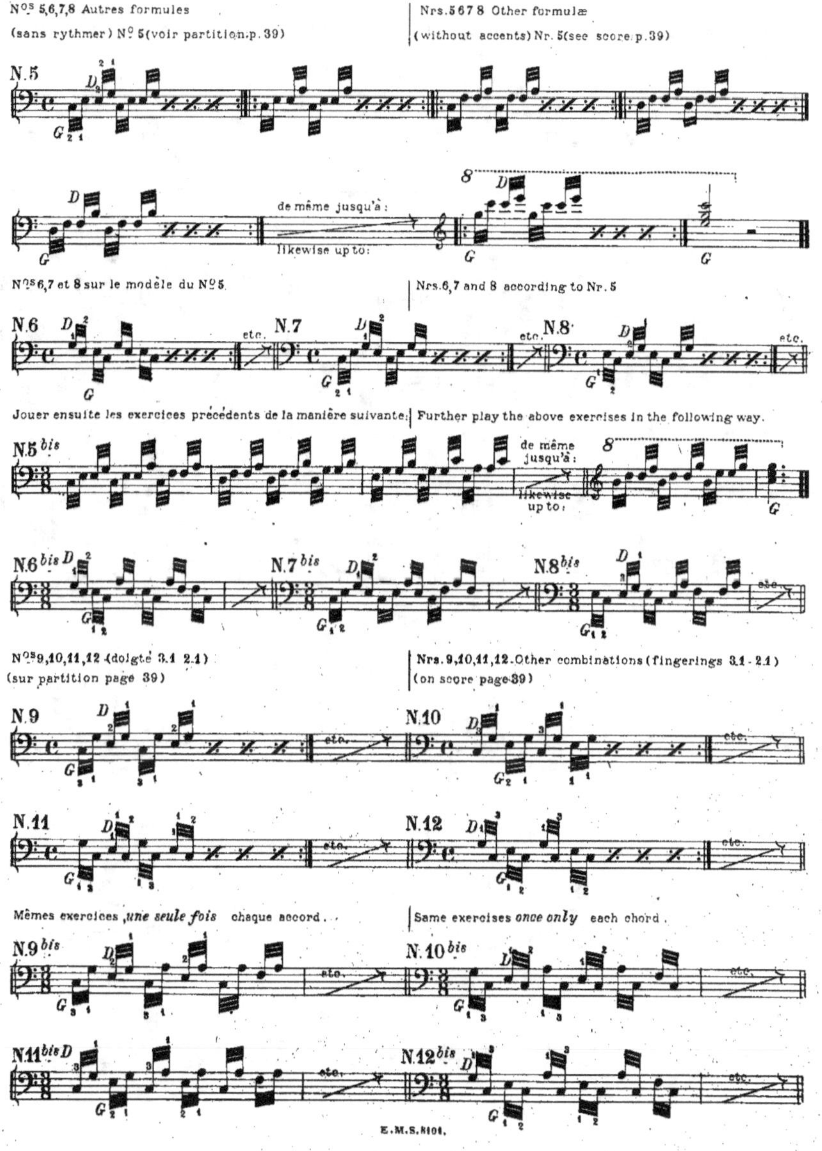

Nᵒˢ 13,14,15,16 Mêmes exercices avec déplacement des mains. | Nrs. 13 14 15 and 16 Same exercises with shifts.

Exercices sur *l'accord de 7me*(mêmes formules)
à jouer aussi en *ré♭ mi♭ fa sol♭ la♭ et si♭*. (voir partition
pour accords.) p.96

Exercises on the chord of the 7 th.(same formulæ)
to be played also in *D♭ E♭ F G♭ A♭* and *B♭*(see score of chords.)
p.96

N.6 bis
SIXTES: Quatre exercices préparatoires à rythmer par 3
lentement.
SIXTHS: 4 preparatory exercises, the notes to be grouped
in triplets slowly.
jusqu'à:
up to:
Nos 1,2,3,4 (sans rythmer)
Nrs.1,2,3,4 (without accents)
N.1
de même jusqu'à:
likewise up to:
Nos 2 3 et 4 (sur le modèle du No 1.)
Nrs.2,3 and 4 (according to Nr.1.)
N.2
N.3
N.4
etc.
Jouer ensuite les 4 exercices précédents de la manière
suivante: Exemple sur l'exercice No 1.
Further play the 4 above exercises in the following way:
Example according to Nr.1.
etc.
Jouer aussi sur les 2 Partitions ci-dessous (A et B) les 4
exercices précédents en commençant alternativement
avec la main gauche et avec la main droite.
Play also, according to the following scores (A and B) the
4 above exercises, beginning alternately with either hand.
A
jusqu'à:
up to:

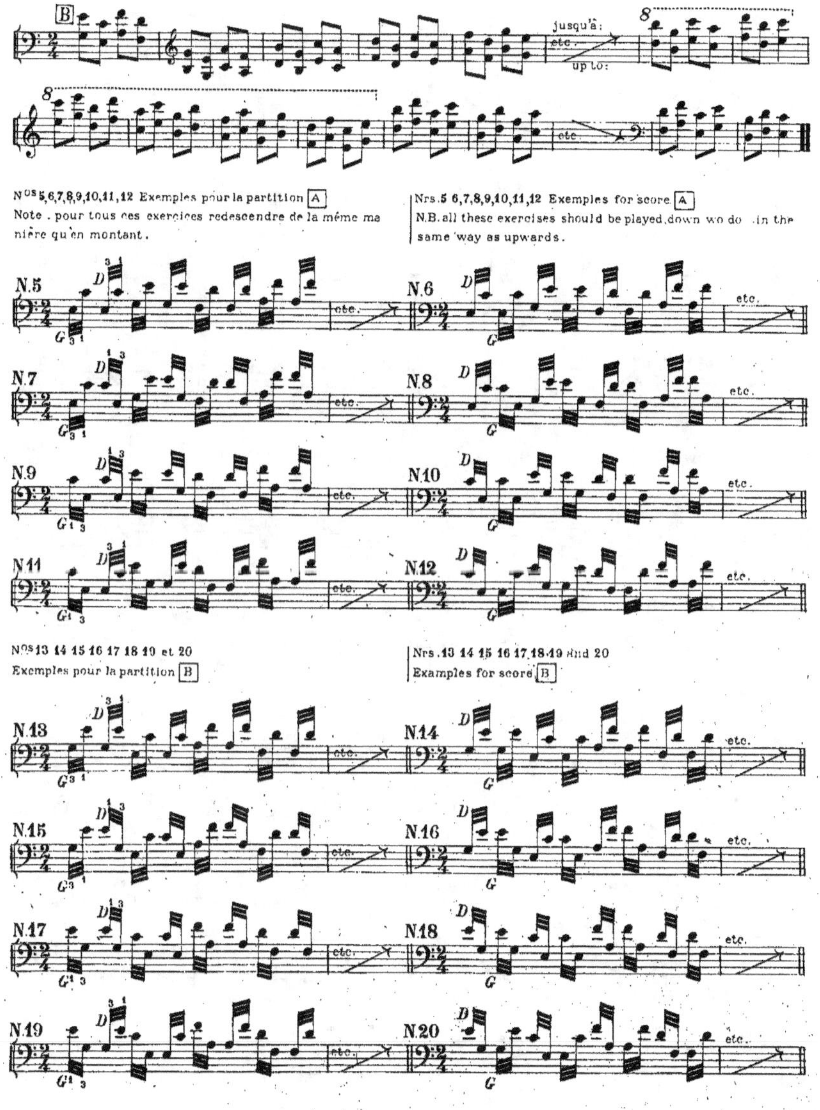

Nᵒˢ 5,6,7,8,9,10,11,12 Exemples pour la partition A

Note . pour tous ces exercices redescendre de la même ma
nière qu'en montant .

Nrs. 5 6,7,8,9,10,11,12 Exemples for score A

N.B. all these exercises should be played down wo do .in the
same way as upwards .

Nᵒˢ 13 14 15 16 17 18 19 et 20

Exemples pour la partition B

Nrs . 13 14 15 16 17 18 19 and 20

Examples for score B

OCTAVES.-4 Exercices préparatoires a rythmer par 3
lentement

OCTAVES.-4 Preparatory exercises, notes to be grouped in triplets, *slowly*

265
B
C
Nos 5,6,7,8,9,10,11,12 Examples pour la Partition A
Note: redescendre de la même manière qu'en montant
Nrs.5,6,7,8,9,10,11,12 Examples for score A
N.B..to be played downwards in the same way as upwards.
N.5
N.6
N.7
N.8
N.9
N.10
N.11
N.12
Jouer exactement de même sur les partitions B & C
soit: 8 exercices pour chaque partition (Nos 13 à 28.)
Play exactly in the same way on scores B and C
viz. 8 exercises on each score (Nrs. 13 to 28.)
Nos 29,30,31,32,33,34,35,36 (Autres formules.)
Nrs. 29,30,31,32,33,34,35,36 (Other formulæ.)
N.29
E.M.S.9101.

Tous les exercices suivants sur le modèle du N.º 29 | All the following exercises according to Nr. 29

N.º 30

Comme le N.º 29 mais en commençant par la MAIN DROITE.

As Nr. 29 but beginning by the RIGHT HAND.

N.31

Comme le N.º 31 .. As Nr. 31

N.33

Comme le N.º 33 .. As Nr. 33

N.35

Comme le N.º 35 .. As Nr. 35

Mêmes exercises sur l'ACCORD de 7me
à jouer aussi en *réb, mib, fa, sol b, la b,* et *si b*.
(voir partition pour accords) p.96

Same exercises on the chord of the 7 th.
to be played also in *Db, Eb, F, Gb, Ab* and *Bb* (see score for chords.) p.96

N.37

Nᵒˢ 46,47,48 (sur le modèle du Nᵒˢ 45.) | Nrs. 46,47,48 (according to Nr. 45.)

Jouer aussi les 4 exercices *précédents* de la manière suivante : Exemple sur le Nᵒ 45

Play also the *4 above* exercises in the following way : Exemple according to Nr. 45.

Jouer ensuite sur les 3 partitions ci-dessous (A B C) les 4 *mêmes exercices* en commençant *alternativement* avec la main gauche et avec la main droite.

Further, play according to the above following scores (A B C) the same four exercises beginning *alternately* by either hand

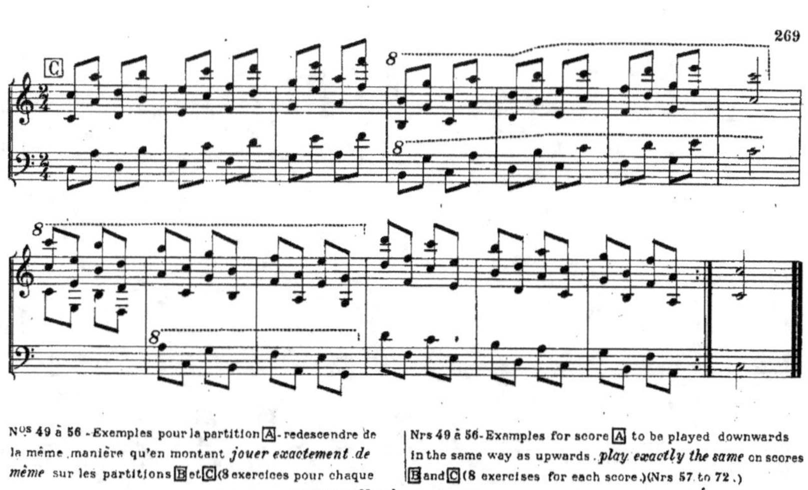

Nᵒˢ 49 à 56 - Exemples pour la partition Ⓐ - redescendre de la même manière qu'en montant *jouer exactement de même* sur les partitions Ⓑ et Ⓒ (8 exercices pour chaque partition. Nᵒˢ 57 à 72.)

Nrs 49 à 56 - Examples for score Ⓐ to be played downwards in the same way as upwards . *play exactly the same* on scores Ⓑ and Ⓒ (8 exercises for each score.)(Nrs 57 to 72.)

Formules sur l'arpège. | Formulæ on the arpeggio.

E.M.S.8101.

Nᵒˢ 75,76,77,78,79,80 sur le modèle du Nº 73 .   Nrs.75,76 77,78,79,80 according to Nr.73 .

Mêmes exercices *sur l'accord de 7ᵐᵉ*
à jouer aussi en *ré♭, mi♭, fa, sol♭, la♮ et si♭* . (voir parti -
tion pour accords.) p.96

Same exercises on the chord of the 7 th.
to be played also in *D♭,E♭,F, G♭,A♭* and *B♭* (see score for
the chords.) p.96

N.º 82
comme le N.º 81 mais en commençant par la main droite.

Nr. 82
As Nr 81 but beginning by the right hand.

N.ºs 83,84,85,86,87,88 sur le modèle du N.º 81

Nrs. 83,84,85,86,87,88 according to Nr. 81.

N.83

N.84

N.85

N.86

N.87

N.88

XXX

DIFFICULTÉS SPÉCIALES	SPECIAL DIFFICULTIES
TRILLES	**SHAKES**
Exercices préparatoires	Preparatory exercises
Doigtés différents	Different fingerings
Attaque	Starting notes
Mains ensemble	Both hands together
Exercices spéciaux	Special exercises
Terminaisons	Closes of shakes
Trilles avec double note au départ	Shakes with double note on starting points
Trilles à 4 doigts	Shakes for 4 fingers
Trilles (mains alternées)	Shakes with alternating hands
Trilles en doubles notes	Shakes in double notes (3rds 6 ths)
Trilles avec une seule (tierces et sixtes)	Shakes of one single note and a third or sixth.

TRILLES 1º Travailler les *4 doigtés* suivants en rythmant par 3, *mains séparées*.

Exemple pour la *main droite*, jouer la *main gauche* à l'octave grave, *10 fois* chaque mesure au minimum.

SHAKES 1st. Practise the *4 following fingerings*, the notes being grouped in triplets, *hands separate*

Example for the *right hand*, the *left hand* to be played in the lower octave, each bar *ten times* at least.

2º Attaque des trilles - *mains séparées*
5 fois chaque formule au minimum
jouer la main gauche à l'octave grave.

2nd. Starting of shakes - *hand separate*
Each formula 5 times at least
left hand in the lower octave.

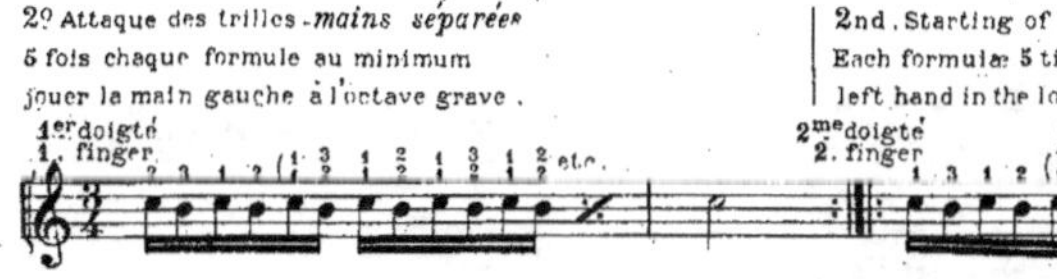

.Nº1 Ⓐ à jouer les mains séparées
TRILLES en SEXTOLETS - employer les 4 doigtés - rythmer par 3 - 3 fois chaque mesure au minimum.

Nr.1 Ⓐ To be played with hands separate
SHAKES in SEXTUPLETS - make use of the four fingerings each bar 3 times at least.

Note: Pour la main gauche arrêter l'exercice au DO 3me OCTAVE.

N.B., for the left hand stop the exercise on the C of the 3rd OCTAVE.

N°1 Ⓑ TRILLES en *triples croches* à jouer comme le N°1.
4 doigtés-*mains séparées*-mais sans rythmer. Arrêter la
main gauche au DO 3ᵐᵉ (pour le 4ᵐᵉ doigté jouer 1 4,1.3,
1 2,1.2.

Nr.1 Ⓑ SHAKES in *semidemiquavers* to be played as Nr.1
4 fingerings *hands separate*. without accents stop left hand
on C 3rd octave the 4th fingering should be 14 13 12 12.

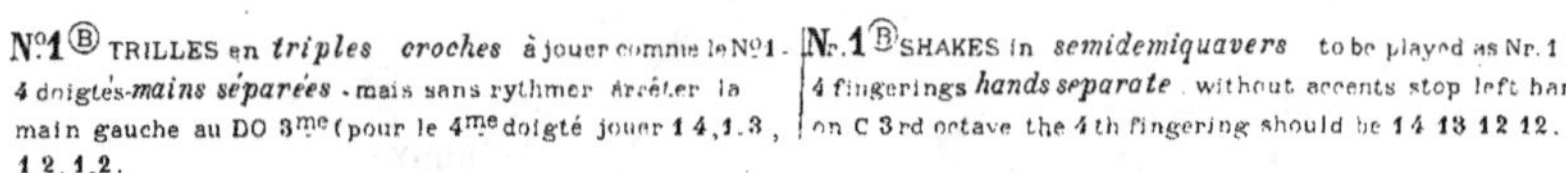

Mains ensemble. 4 doigtés-rythmer par 3. 3 fois chaque
mesure

Both hands together. 4 fingerings. notes to be grouped in
triplets. each bar 3 times.

N.2 Ⓐ

Jouer de même à la *tierce* et à la *sixte*. Examples:

Play the same in the *third* and in the *sixth*. Examples.

N.2 Ⓑ à la Tierce
in the Third

N.2 C à la Sixte
in the sixth
de même
jusqu'à:
likewise
up to:
Mêmes exercices - sans rythmer
3 doigtés
1º 12 12 12 12
2º 23 23 23 23
3º 12 13 12 13
Same exercises - without accents
3 fingerings
1st. 12 12 12 12
2nd. 23 23 23 23
3rd. 12 13 12 13
N.2 D M.G. à l'8ve
L.H. in the 8ve
jusqu'à:
etc.
up to:
N.2 E M.G. à la Tierce
L.H. in the third
jusqu'à:
etc.
up to:
N.2 G M.G. à la Sixte
L.H. in the Sixth
jusqu'à:
etc.
up to:
EXERCICES SPÉCIAUX (1º 5 notes)
à jouer mains séparées seulement.
SPECIAL EXERCISES, 1st 5 notes
to be played with hands separate only.
N.5 (Main droite) (Right hand)
jusqu'à:
etc.
up to:
N.6 (Main gauche) (Left hand)
jusqu'à:
etc.
up to:

276

20 *7 notes*

2nd. *7 notes*

N.7 Main droite
Right hand
jusqu'à:
etc.
up to:

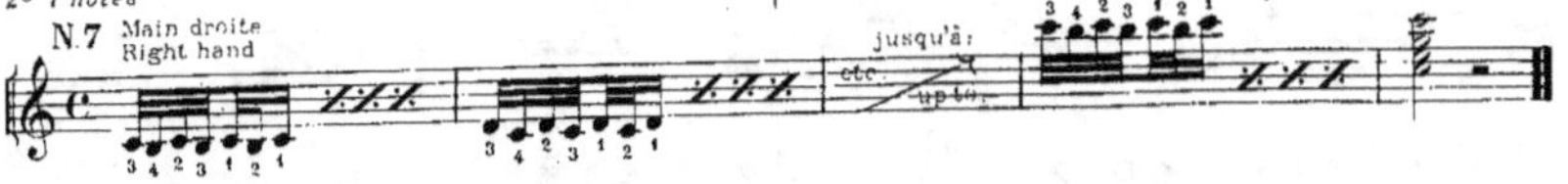

N.8 Main gauche
Left hand
jusqu'à:
etc.
up to:

TRILLES avec *terminaisons* - à jouer 1? mains séparées
2? mains ensemble (M.G. à l'8ve grave) N?3 Ⓐ Exemple pour
la main droite) (jouer la M.G. seule à l'8ve grave.)

SHAKES with *closes* to be played : 1st. with hands separate
2nd. both hands together, left hand in the lower octave
N?3 Ⓐ Example for the right hand, left hand to be played
alone in the lower octave.

N.3 Ⓐ

jusqu'à:
up to:

N?4 Ⓐ Mêmes observations que pour le N? 3.

Nr. 4 Ⓐ Same observations as for Nr. 3.

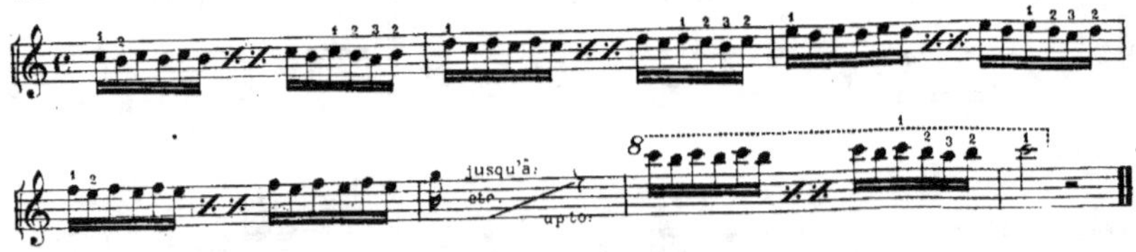

jusqu'à:
etc.
up to:

Mêmes exercices - *en descendant* - mêmes observations
N?3 Ⓑ Exemple pour la main droite.

Same exercises *downwards* - same observations
Nr. 3 Ⓑ Example for the right hand.

jusqu'à:
etc.
up to:

E. M.S. 8101

N°4 B Exemple pour la main droite.
Nr.4 B Example for the right hand.
jusqu'à:
etc.
up to:
3° (5 notes avec combinaisons de glissé)
3rd.(5 notes with gliding combination)
N°9 main droite - right hand
jusqu'à:
etc.
up to:
N.10 main gauche - left hand
jusqu'à:
etc.
up to:
TRILLES avec double note au départ - à jouer mains séparées
arrêter la main gauche une octave en dessous - Rythmer
par 3.
N.11 A (Exemple pour les 2 mains.)
SHAKES with double note on starting points, to be played with
hands separate - stop left hand one octave lower. Example for
both hand.)
jusqu'à:
etc.
up to:

N.º 11 Ⓑ même exercice (*sans rythmer*) |Nr. 11 Ⓑ same exercise (*without accents*)

N.º 12 Ⓐ rythmer par 3 - main séparées - 2 doigtés - 4 3 et 3 2 |Nr. 12 Ⓐ Notes to be grouped in triplets - hands separate
Exemple pour les 2 mains   arrêter la main gauche une oc -   2 fingerings 4 3 and 3 2 - example for both hands   stop
tave en dessous   left hand one octave lower .

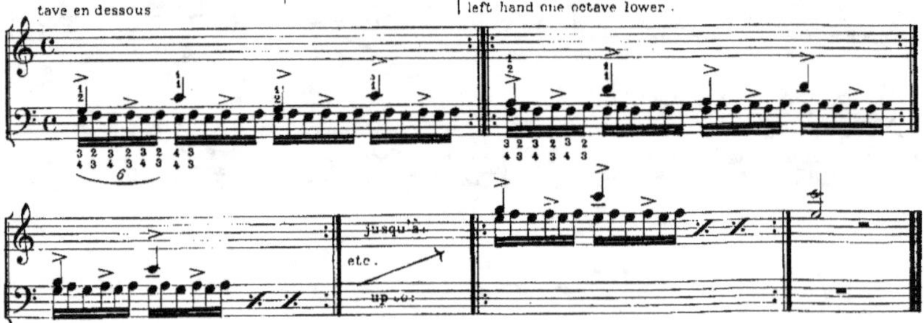

N.º 12 Ⓑ Même exercice sans rythmer - mêmes observations. |Nr. 12 Ⓑ Same exercise without accents - same observations.

N.º 13 Ⓐ Par 3 - Mêmes observervations *un seul doigté* : 4 3 |Nr. 13 Ⓐ Triplets - same observations - *1 fingering only* : 4 3

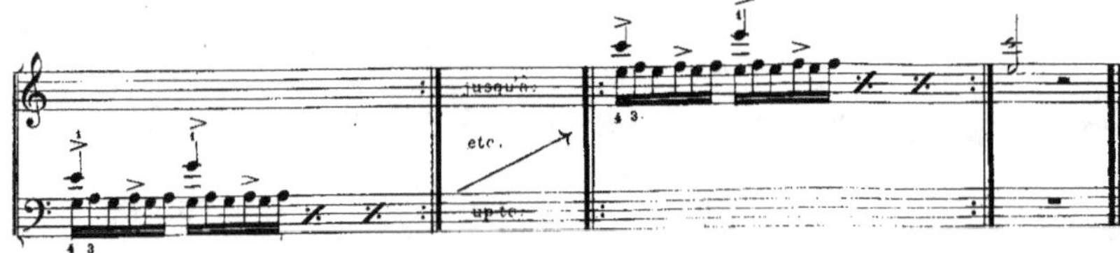

Nº13 Ⓑ sans rythmer. mêmes observations.
Nr.13 Ⓑ without accents. same observations.
4 3 4 3
4 3 4 3
etc.
Nº14 Ⓐ TRILLE mains ensemble seulement. sans rythmer. voir partition page 39.)
Nr.14 Ⓐ SHAKE both hands together. without accents. see score, p.39
de même jusqu'à.
likewise up to.
Nº14 Ⓑ Même exercice. (trille renversé)
Nr.14 Ⓑ Same exercise. (inverted shake)
etc.
Nº15 Ⓐ TRILLE sans rythmer. mains ensemble seule. ment.
Nr.15 Ⓐ SHAKE without accents. both hands together. only.
de même jusqu'à.
likewise up to.
E.M.S.8101.

N°15 Ⓑ Même exercice (trille inversé)   Nr.15 Ⓑ same exercise (inverted shake)

N° 16 Ⓐ TRILLE - mêmes observations   Nr.16 Ⓐ SHAKE same observations

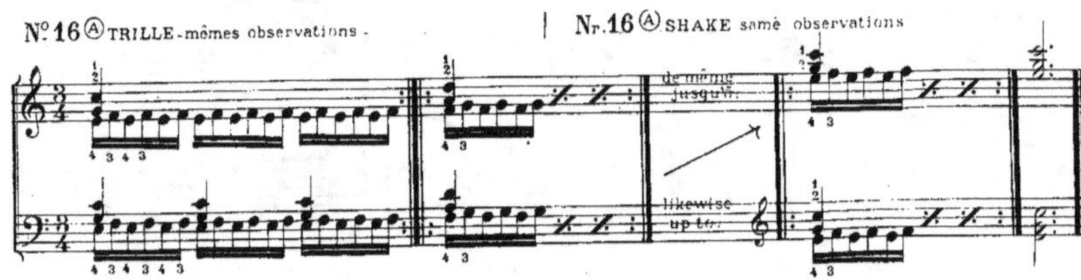

N° 16 Ⓑ même exercice (trille inversé)   Nr.16 Ⓑ same exercise (inverted shake)

N° 17 *Exercice spécial* pour la main droite - TRILLE A 4 DOIGTS. Employer préalablement sur toute l'étendue de l'exercice le rythme indiqué ci-dessous - *très lentement*.   Nr.17 *Special exercise* for the right hand SHAKE FOR 4 FINGERS - First make use, for the whole range of the exercise, of the rhythm marked hereafter *play very slowly*.

N.17 *(sans rythmer)*
(without accents)

Trilles à 2 mains -à jouer préalablement en rythmant par 3 *.lentement.* | *Shakes for both hands*.to be played first in triplets, *slowly.*

N.18

N.19

TRILLES en DOUBLES NOTES 1º TIERCES à jouer mains séparées -1ºtrès lentement en rythmant par 3. 2º sans rythmer en augmentant progressivement la vitesse. | SHAKES in DOUBLE NOTES. 1 st. THIRDS -hands separate 1 st. very slowly in triplets 2 nd. without accents, increasing speed progressively.

N.20 Main droite . Right hand

N.21 Main gauche . Left hand.

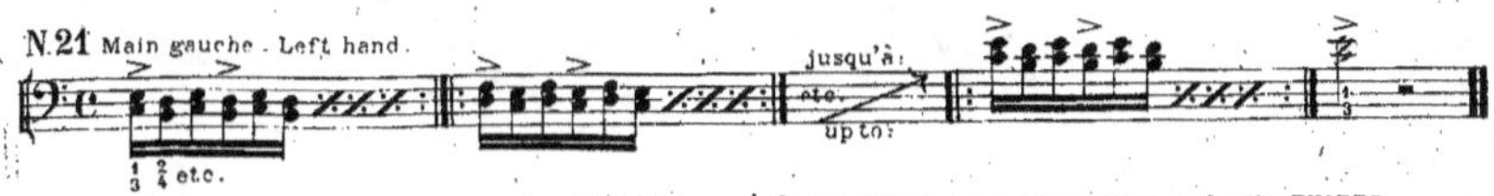

2º SIXTES -mêmes observations que pour les TIERCES. | 2nd. SIXTHS same observation as for the THIRDS.

N.22 Main droite . Right hand

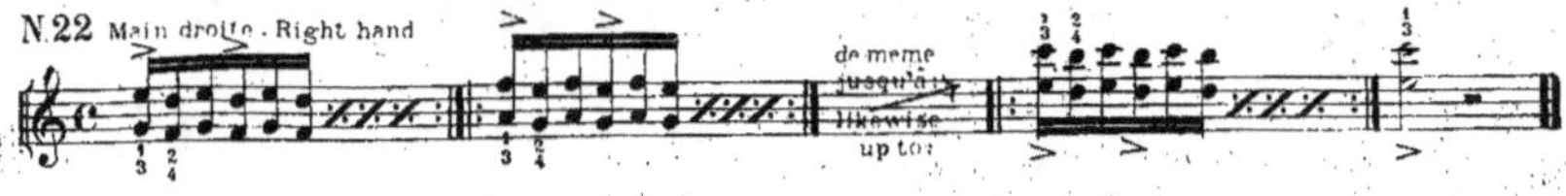

N.23 Main gauche . Left hand

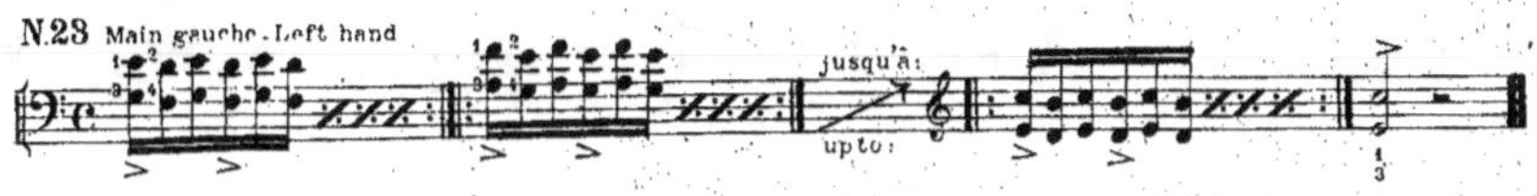

Trilles avec une seule double note
1º TIERCES - mêmes observations que pour les trilles en doubles notes.

Shakes with only one double note - 1 st. THIRDS - same
observation as for the shakes in double notes .

XXXI

DIFFICULTÉS SPÉCIALES GLISSÉS	SPECIAL DIFFICULTIES GLIDING
Glissés ascendants	Gling downwards
Glissés descendants	Gling upwards
Formules diverses	Divers formulæ
Tierces - doigtés differents	Thirds, divers fingerings
Sixtes	Sixths
Octaves	Octaves
Glisses ascendants en doubles et triples notes	Upward gliding in double and triple note

GLISSÉS - 1º Mains séparées / GLIDING 1st. Hands separate

Nº1 Glissé sur 2 notes en descendant - Placer d'avance. / Nr.1 Gliding on 2 notes downwards - right hand - set fingers to string before playing.

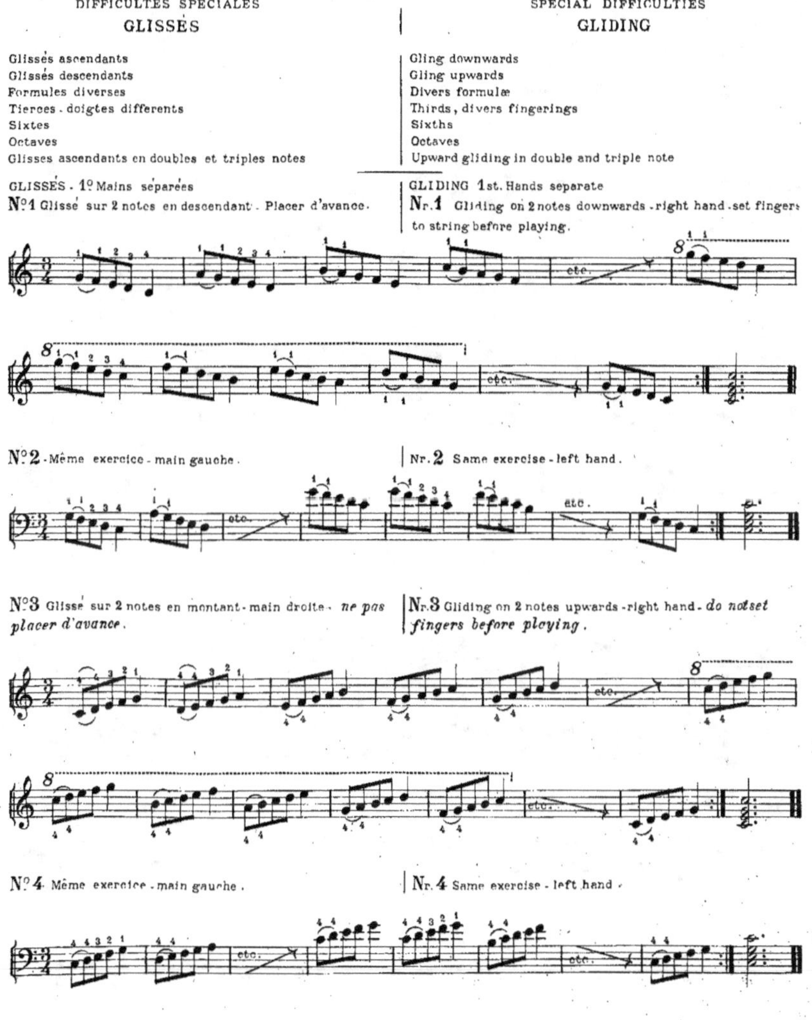

Nº2 - Même exercice - main gauche. / Nr.2 Same exercise - left hand.

Nº3 Glissé sur 2 notes en montant - main droite - *ne pas placer d'avance*. / Nr.3 Gliding on 2 notes upwards - right hand - *do not set fingers before playing*.

Nº4 Même exercice - main gauche. / Nr.4 Same exercise - left hand -

2.° *mains ensemble - mêmes exercices.* | 2nd. *both hands* together - same exercises.

N.5

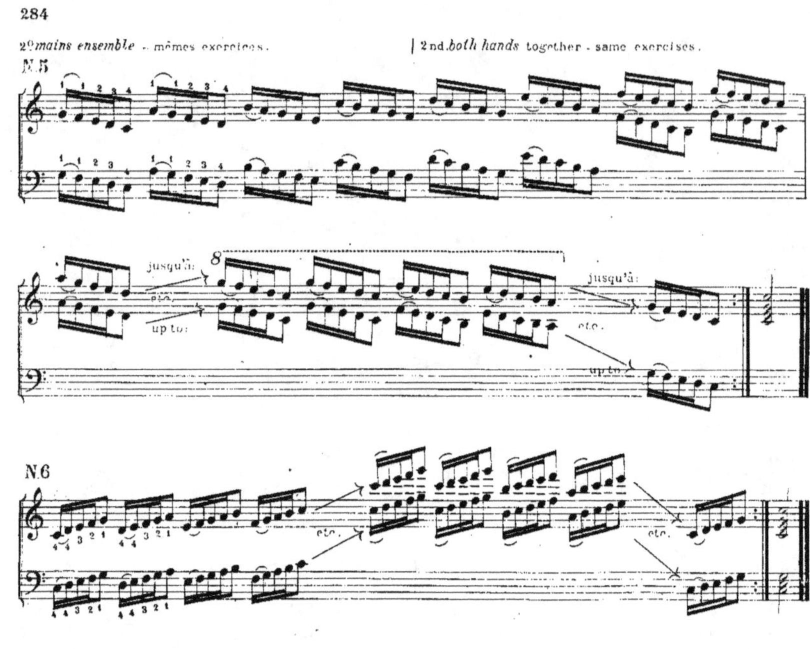

N.6

N.° 7 montant et descendant - *jouer 5 fois chaque mesure au minimum.* | N.° 7 upwards and downwards - *play each bar 5 times at least.*

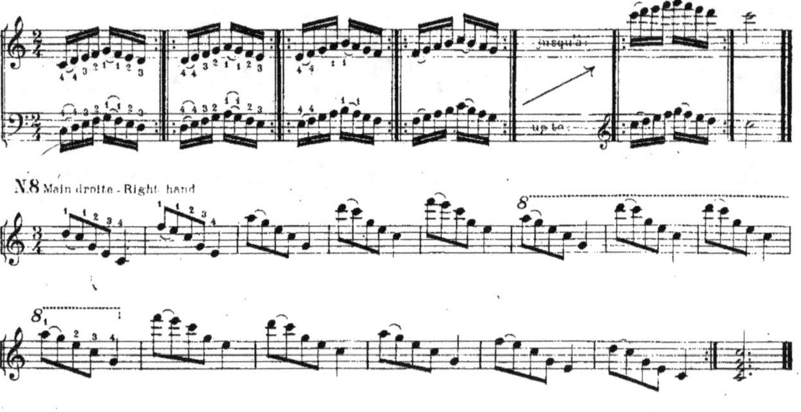

N.8 Main droite - Right hand

N.º 9 *même exercice - main gauche* | Nr. 9 *same exercise - left hand*

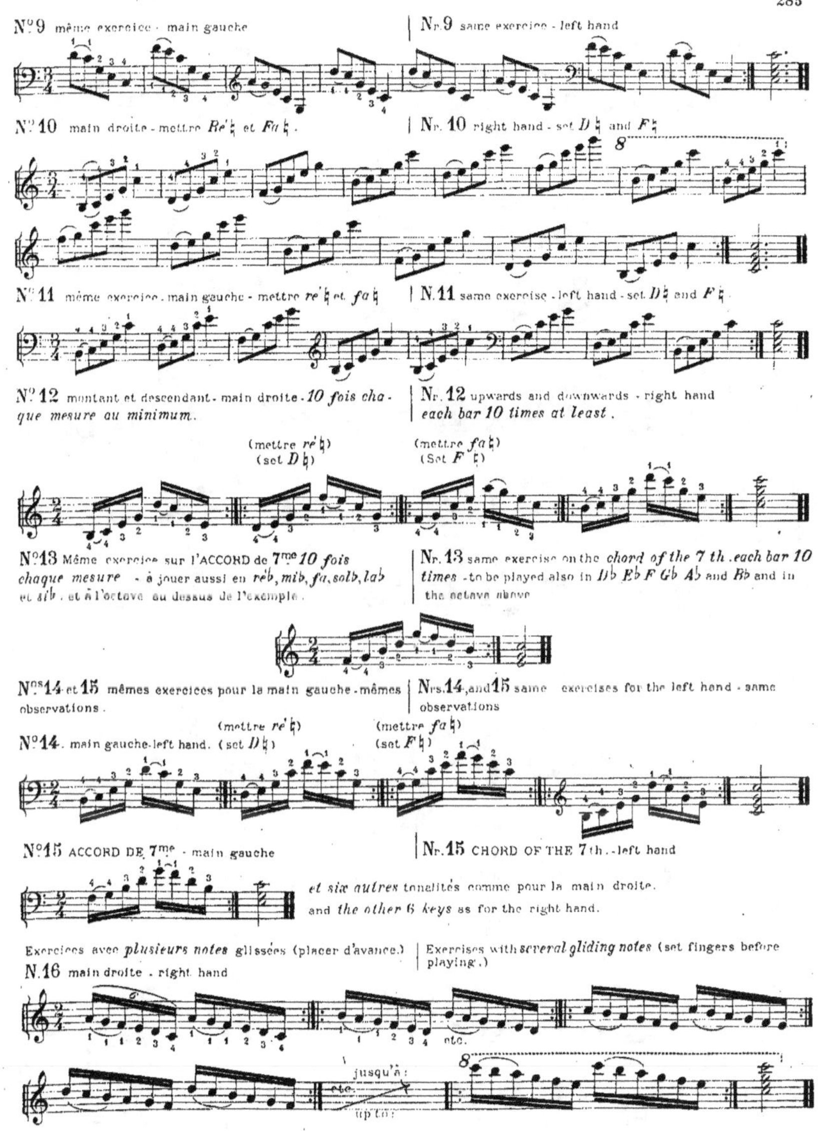

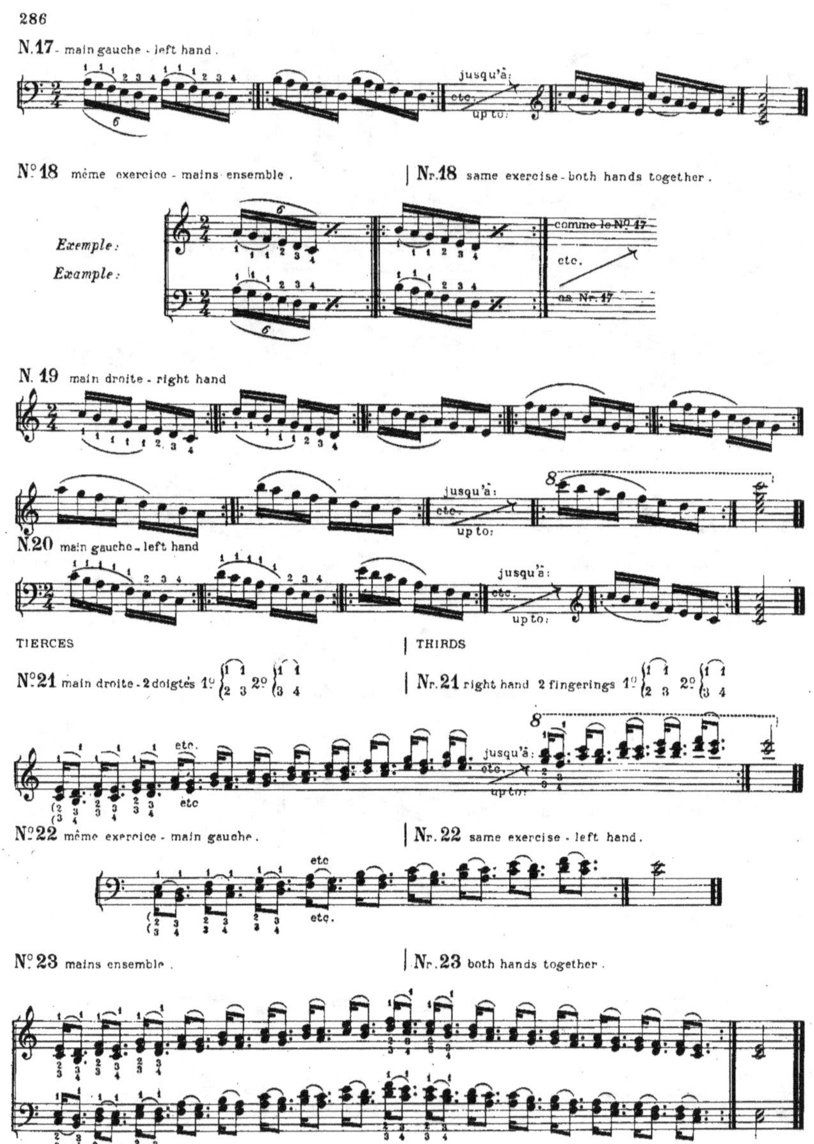

N.17 - main gauche - left hand.
jusqu'à:
etc.
up to:
N°18 même exercice - mains ensemble.
Nr.18 same exercise - both hands together.
Exemple:
Example:
comme le N° 17
etc.
as Nr. 17
N. 19 main droite - right hand
jusqu'à:
etc.
up to:
N.20 main gauche - left hand
jusqu'à:
etc.
up to:
TIERCES
THIRDS
N°21 main droite - 2 doigtés 1° 2°
Nr.21 right hand 2 fingerings 1° 2°
etc.
jusqu'à:
etc.
up to:
N°22 même exercice - main gauche.
Nr.22 same exercise - left hand.
etc.
etc.
N°23 mains ensemble.
Nr.23 both hands together.
E.M.S.8101.

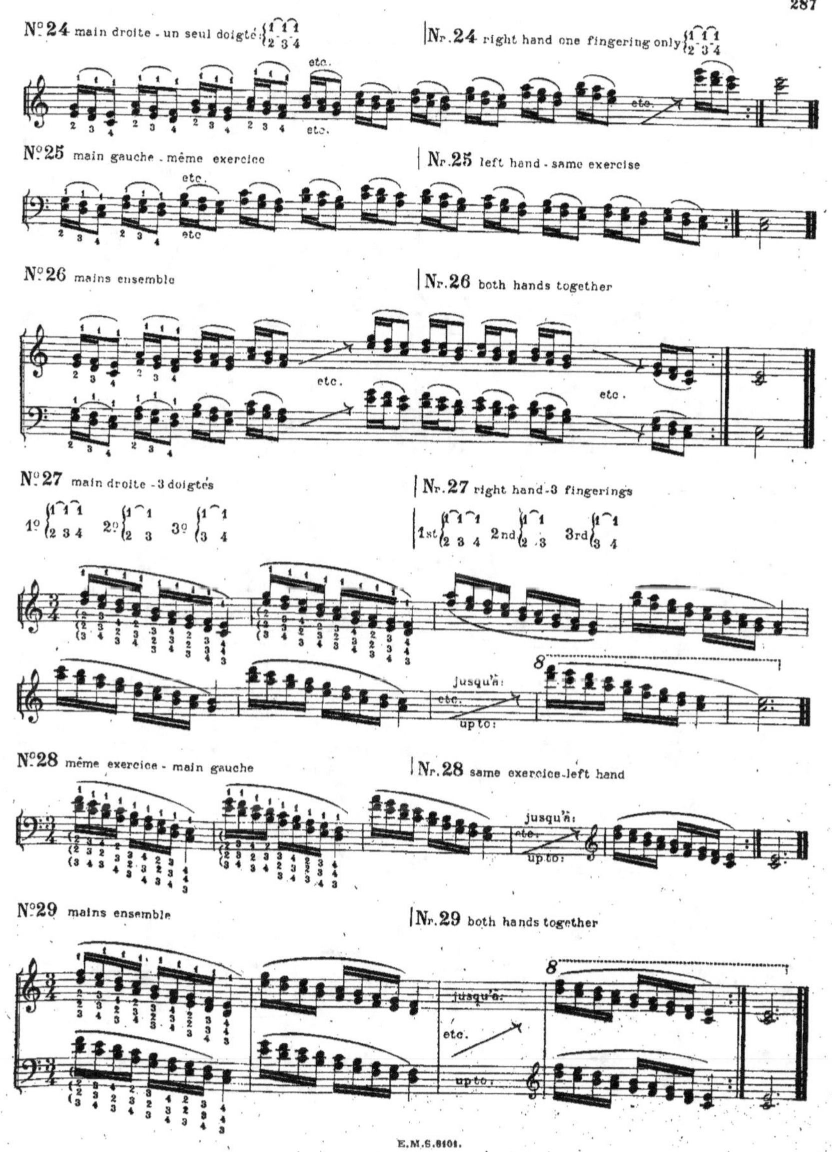
N° 24 main droite - un seul doigté
Nr. 24 right hand one fingering only
etc.
N° 25 main gauche - même exercice
Nr. 25 left hand - same exercise
etc.
N° 26 mains ensemble
Nr. 26 both hands together
etc.
etc.
N° 27 main droite - 3 doigtés
Nr. 27 right hand - 3 fingerings
1° 2° 3°
1st 2nd 3rd
jusqu'à:
up to:
etc.
N° 28 même exercice - main gauche
Nr. 28 same exercise - left hand
jusqu'à:
up to:
etc.
N° 29 mains ensemble
Nr. 29 both hands together
jusqu'à:
up to:
etc.

N.º 30 main droite seulement avec les 3 doigtés
10 fois au minimun chaque doigté.
Nr.30 right hand only with the three fingerings
each fingering at least 10 times.
SIXTES
N.º 31 main droite . 2 doigtés : 1º 2º
SIXTHS
Nr.31 right hand - 2 fingerings 1. 2.
etc.
etc.
N.º 32 même exercice . main gauche
Nr.32 same exercice - left hand
etc.
etc.
N.º 33 mains ensemble
Nr.33 both hands together
etc.
etc.
N.º 34 main droite - un seul doigté
Nr.34 right hand one fingering only
jusqu'à:
etc.
up to:
N.º 35 main gauche - même exercice
Nr.35 left hand - same exercice
N.º 36 main droite
3 doigtés 1º 2º 3º
Nr.36 right hand
3 fingerings 1. 2. 3.
jusqu'à:
etc.
up to:

N.º 37 *main gauche - même exercice* | **Nr. 37** *left hand - same exercise*

N.º 38 *mains ensemble - avec les doigtés 2 et 3 seulement* | **Nr. 38** *both hands together - with fingerings 2 and 3 only*

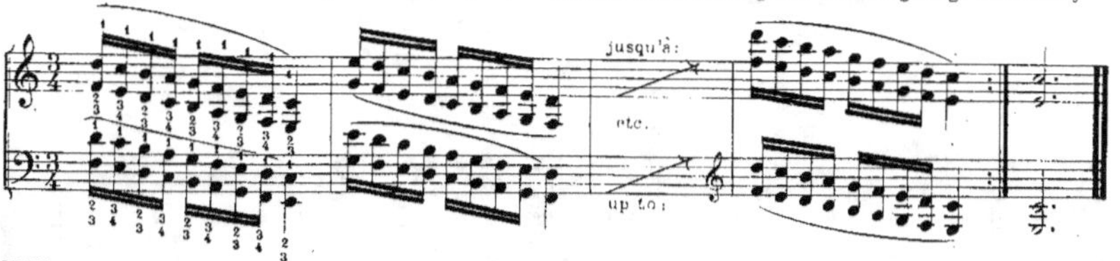

N.º 39 *main droite seulement - avec les 3 doigtés*
10 fois chaque doigté au minimum. | **Nr. 39** *right hand only* with the three fingerings
each fingering at least 10 times.

N.º 40 Octaves - main droite - un seul doigté | **Nr. 40** Octaves - right hand - one fingering only

N.º 41 *main gauche - même exercice* | **Nr. 41** *left hand - same exercise*

N.º 42 *mains ensemble* | **Nr. 42** *both hands together*

N.º 42 *bis* *même exercice - autre rythme* | **Nr. 42** *bis* *same exercise - another metre*

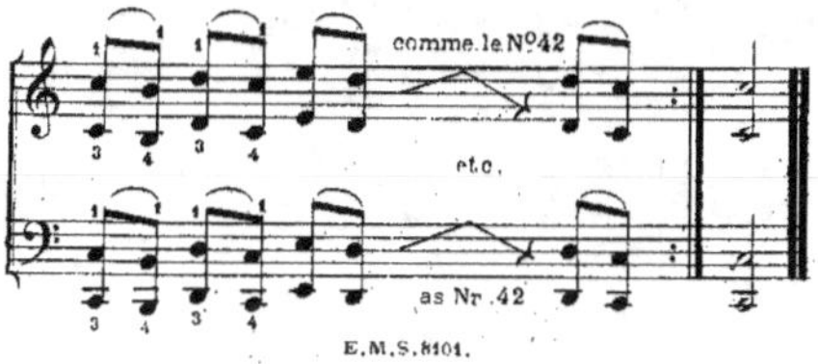

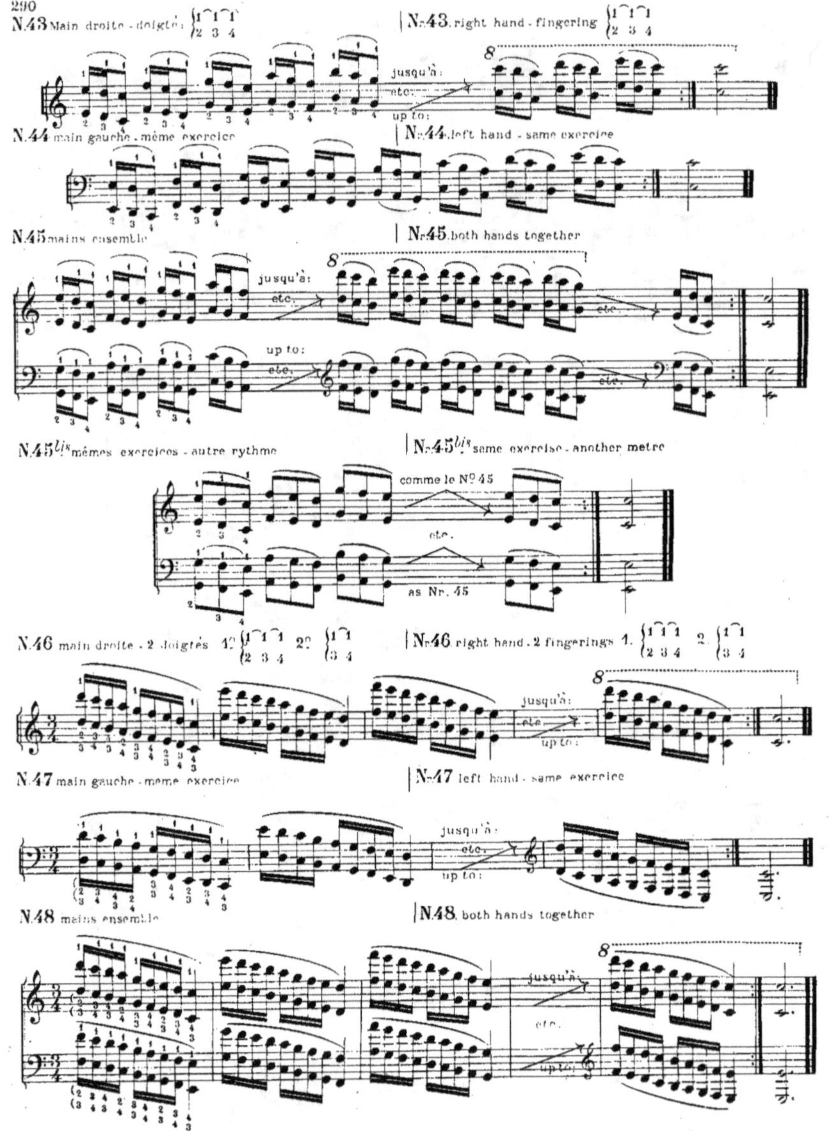
N.43 Main droite . doigté:
jusqu'à:
etc.
up to:
N.43. right hand . fingering
N.44 main gauche . même exercice
N.44. left hand . same exercice
N.45 mains ensemble
N.45. both hands together
jusqu'à:
etc.
up to:
etc.
etc.
N.45 bis mêmes exercices . autre rythme
N.45 bis same exercise . another metre
comme le N° 45
etc.
as Nr. 45
N.46 main droite . 2 doigtés 1° 2°
N.46 right hand . 2 fingerings 1. 2.
jusqu'à:
etc.
up to:
N.47 main gauche . même exercice
N.47 left hand . same exercice
jusqu'à:
etc.
up to:
N.48 mains ensemble
N.48. both hands together
jusqu'à:
etc.
up to:

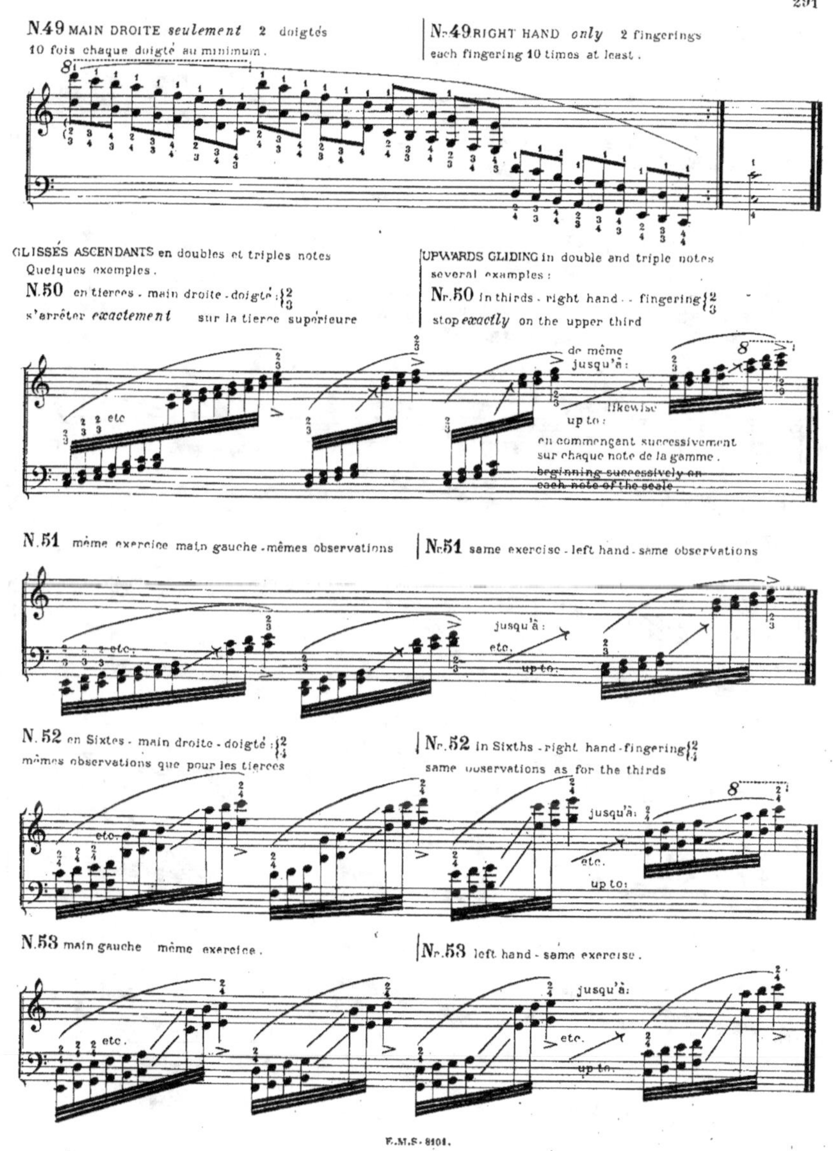
N.49 MAIN DROITE seulement 2 doigtés
10 fois chaque doigté au minimum.
Nr.49 RIGHT HAND only 2 fingerings
each fingering 10 times at least.
GLISSÉS ASCENDANTS en doubles et triples notes
Quelques exemples.
N.50 en tierces . main droite . doigté
s'arrêter exactement sur la tierce supérieure
UPWARDS GLIDING in double and triple notes
several examples:
Nr.50 in thirds . right hand .. fingering
stop exactly on the upper third
de même
jusqu'à:
likewise
up to:
en commençant successivement
sur chaque note de la gamme.
beginning successively on
each note of the scale.
N.51 même exercice main gauche . mêmes observations
Nr.51 same exercise . left hand . same observations
jusqu'à:
etc.
up to:
N.52 en Sixtes . main droite . doigté
mêmes observations que pour les tierces
Nr.52 in Sixths . right hand . fingering
same observations as for the thirds
jusqu'à:
etc.
up to:
N.53 main gauche même exercice.
Nr.53 left hand . same exercise.
jusqu'à:
etc.
up to:

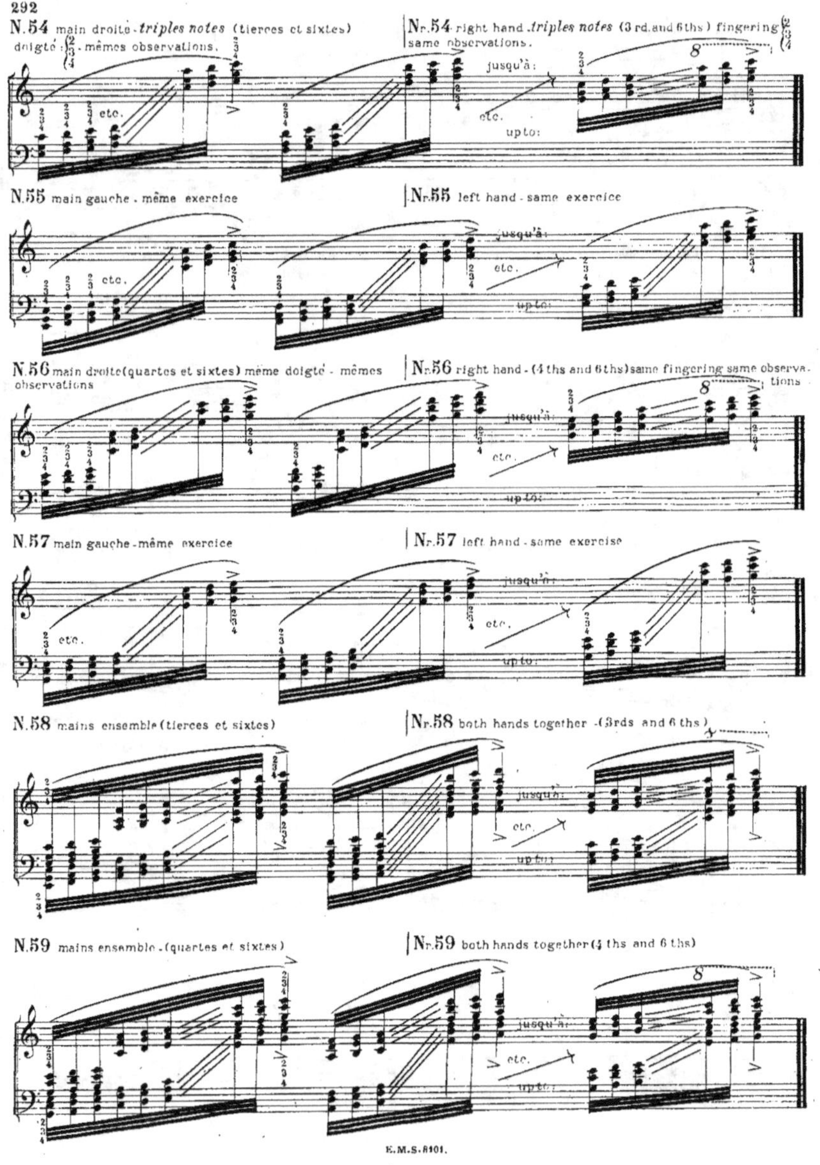

E.M.S. 8101.

XXXII

DIVERS	DIVERS
Formules de 5,6 et 7 note.	Formulæ of 5,6 and 7 notes
Notes et accords répétés	Repeated notes and chords
Successions d'accords et exercices sur ces accords	Connection of chords and exercises on such chords
Batterie 3 et 4 doigts,Tierces,Sixtes, Octaves	Beats 3 and 4 fingers ,3 rds ,6 ths and octaves
Exercices spéciaux 3 et 4 doigts(combinaisons d'arpegios et de notes détachées)	Special exercises - 3 and 4 fingers - combinations of arpeggios and single detached notes
Sauts	Leaps
Accords brisés en doubles notes(formules spéciales)	Broken chords in double notes (special formulæ)
Gamme - 2 doigts	Scale -2 fingers
Octaves , Sixtes ,Tierces (formule spéciale)	Octaves , sixths ,Thirds (special formulæ)
Groupes	Turns
Glissés spéciaux	Special gliding
Bisbigliandi spéciaux	Special bisbigliandi

1º Formules de 5 NOTES — **1st. formulæ for 5 NOTES**

N.º1 à jouer sur les 12 DOIGTÉS indiqués (A) 1ºmains séparées - main gauche à l'octave inférieure 2ºmains ensemble.

Nr.1 to be played with the 12 fingerings mentionned under (A) 1st. hands separate, left hand in the octave below 2nd both hands together

(A) les 12 doigtés pour l'exercice N.º1 — (A) 12 fingerings for exercise Nr.1

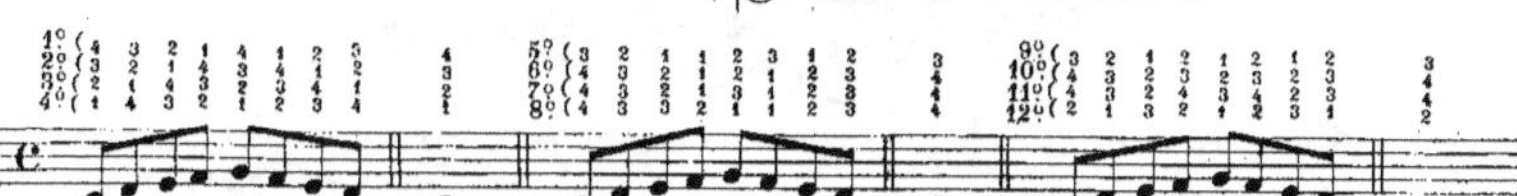

N.º1 {12 doigtés. (main gauche à l'octave basse)

Nr.1 {12 fingerings. (left hand in the lower octave)

Jouer ensuite les combinaisons suivantes :	Further, make use of the following combinations
Main droite doigté 1 avec main gauche doigté 4	Right hand fingering 1 with left hand fingering 4

» » » 4 » » » » 1	» » » 4 » » » » 1
» » » 3 » » » » 2	» » » 3 » » » » 2
» » » 2 » » » » 3	» » » 2 » » » » 3
» » » 9 » » » » 12	» » » 9 » » » » 12
» » » 12 » » .» » 9	» » » 12 » » » » 9

N.º2 (sur l'arpège)-(voir partition) p.29
à jouer avec les doigtés 1 4 5 6 7 9 et 12 (sans combinaisons.)

Nr.2 on the arpeggio (see score) p.29.
to be played with the fingerings 1 4 5 6 7 9 and 12 *without combinations*.

2º Formule de **6 notes**
Nº 3 à jouer avec les **6 doigtés** indiqués
(B) les 6 doigtés pour l'exercice Nº 3

2nd. Formulæ for **6 notes**
Nr. 3 to be played with the **6 fingerings** mentioned under
(B) 6 fingerings for Exercise Nr. 3

Nº 3 M. Gauche à l'8ve inférieure

Nr. 3 Left hand in the octave below

Jouer ensuite les combinaisons suivantes
Main droite doigté **1** avec main gauche doigté **4**
« « « **4** « « « **1**

Further, make use of the following combinations
Right hand fingering **1** with left hand fingering **4**
« « « **4** « « « **1**

3º Formule de **7 notes**
Nº 4 à jouer avec les **3 doigtés** suivants

3rd. Formulæ for **7 notes**
Nr. 4 to be played with the three following fingerings:

Nº 4 (m. gauche à l've inférieure) 3 doigtés

Nr. 4 (left hand in the octave below) 3 fingerings

Jouer ensuite les combinaisons suivantes:
main droite doigté **2** avec main gauche doigté **3**
« « « **3** « « « **2**

Further, play the following combinations
Right hand fingering **2** with left hand fingering **3**
« « « **3** « « « **2**

NOTES RÉPÉTÉES
Nº 1 jouer *mains séparées* seulement (main gauche à l'8ve infre)

REPEATED NOTES
Nr. 1 to be played *hands separate* only (left hand in the octave below.)

Nº 2 Même exercice MAINS ALTERNANTES à travailler préparatoirement en rythmant par 3

Nr. 2 same exercise ALTERNATING HANDS, to be practised first grouping the notes in triplets

Example: Exemple:

Nº 2 (sans rythmer)

Nr. 2 (without accents)

Nº 3 (à jouer sur la partition de l'arpeggio.) p. 29

Nr. 3 (to be played according to score of arpeggio.) p. 29
jusqu'à: l'octave supre
etc.
up to the higher octave.

ACCORDS RÉPÉTÉS (4 Doigts) voir part. p. 29
N°1 (Jouer au moins 3 fois chaque reprise)
Accélérer la vitesse jusqu'à 110 = ♩
REPEATED CHORDS (4 fingers) see score p. 29
Nr.1 (each bar to be played at least 3 fingers)
Increase speed to ♩ = 120
jusqu'à
etc.
up to:
N°2 mains alternantes
(à travailler préparatoirement en rythmant par 3)
Nr.2 alternating hands
(to be practised first, grouping the notes in triplets)
jusqu'à
etc.
up to:
D D
G G
G
Note : le travail des accords répétés (3 doigts) est inutile
N.B. The practise of chords for three fingers is useless
ENCHAÎNEMENTS D'ACCORDS et Exercices sur ces accords
1° Accords pour 3 doigts . 1 doigté
CONNECTING of CHORDS and Exercises on these chords
1 st. Chords for 3 fingers and exercises one fingering
N 1 Ⓐ
etc.
N 1 Ⓑ
etc.
comme le
N° 1 Ⓐ
etc.
as Nr. 1 Ⓐ
N 1 Ⓒ
comme le
N° 1 Ⓐ
etc.
as Nr. 1 Ⓐ
N 2 Ⓐ
etc.
etc.

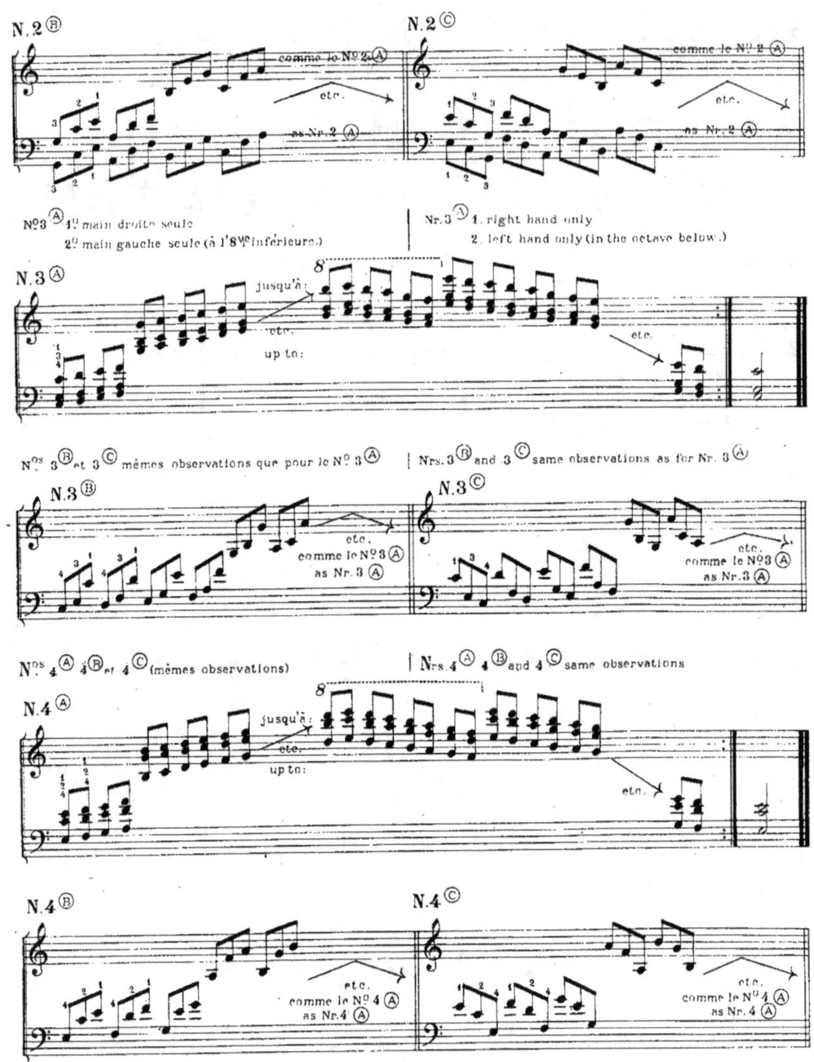

N.2 B
comme le Nº 2 A
etc.
as Nr. 2 A
N.2 C
comme le Nº 2 A
etc.
as Nr. 2 A
Nº3 A 1º main droite seule
2º main gauche seule (à l'8ve inférieure.)
Nr.3 A 1. right hand only
2. left hand only (in the octave below.)
N.3 A
jusqu'à:
etc.
up to:
etc.
Nºs 3 B et 3 C mêmes observations que pour le Nº 3 A
Nrs. 3 B and 3 C same observations as for Nr. 3 A
N.3 B
etc.
comme le Nº3 A
as Nr.3 A
N.3 C
etc.
comme le Nº3 A
as Nr.3 A
Nºs 4 A 4 B et 4 C (mêmes observations)
Nrs. 4 A 4 B and 4 C same observations
N.4 A
jusqu'à:
etc.
up to:
etc.
N.4 B
etc.
comme le Nº 4 A
as Nr.4 A
N.4 C
etc.
comme le Nº 4 A
as Nr. 4 A

AUTRES FORMULES sur les mêmes exercices
(mêmes observations) M.G. seule à l'8ᵛᵉ infᵣᵉ.

OTHER FORMULAE on the same exercices
(same observations) left hand only in the octave below

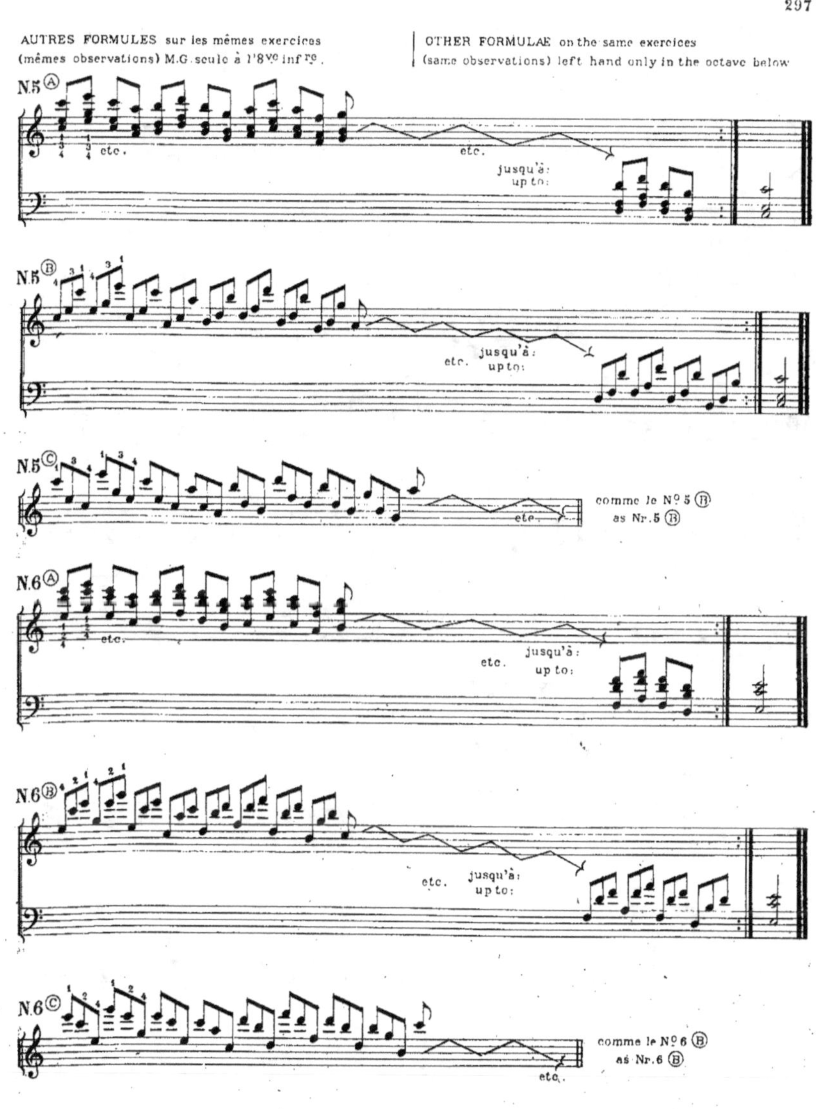

BATTERIES-3 *doigts*-à travailler préparatoirement très lentement et en rythmant par 3. mains séparées seule. ment (main gauche à l'8ve inférieure) accélérer ensuite la vitesse jusqu'à (100 = ♩) voir part.p.39

BEATS - 3 *fingers*-to be played first very slowly in triplets, hands separate only, left hand one octave below. Increase speed to ♩=100 see score p.39

Nr.7 { sans rythmer et sans augmenter la vitesse.
without accents and without increasing speed

N.6
comme le N°5.
as Nr. 5.
comme le N°5.
as Nr. 5.

mêmes exercices sur l'accord de 7me
same exercises on the chord of the 7th.

N.8

de même jusqu'à:
likewise up to:

N.9
comme le N°8
as Nr. 8

N.10
sans rythmer
without accents
comme le N°8
as Nr. 8

BATTERIES - tierces - sixtes - octaves
mains séparées seulement (jouer main gauche à l'8ve infére)
Travail préparatoire en rythmant par 3. (lentement)
Ensuite: augmenter la vitesse jusqu'a (♩ = 100)
Exemple pour le travail préparatoire

BEATS - thirds - sixths - octaves
hands separate only. (play left hand in the octave below)
Preparatory practice in triplets, slowly
Further, increase speed to (♩ = 100)
Example for the preparatory practise

etc.

N°.11 TIERCES (sans rythmer)
Nr.11 THIRDS (without accents)
jusqu'à:
up to:
etc.

N°.12 SIXTES
Nr.12 SIXTHS
jusqu'à:
up to:

N°.13 OCTAVES
Nr.13 OCTAVES
jusqu'à:
up to:

E. M. S. 8101.

EXERCICES SPÉCIAUX . 3 Doigts et 4 Doigts
Combinaisons d'arpeggios et de notes détachées
1º 3 Doigts { *notes détachées* de la *main gauche* / *arpeggio* de la *main droite*
Nº 1 Ⓐ (voir Partition de l'arpeggio 3 doigts.)

SPECIAL EXERCISES . 3 Fingers and 4 Fingers
Combination of arpeggios and detached notes
1nd 3 Fingers { *detached notes* in the *left hand* / *arpeggio* in the *right hand*
Nr. 1 Ⓐ (see score for arpeggio of 3 fingers.)

N. 2 Ⓐ

mêmes exercices { *notes détachées* de la *main droite* / *arpeggio* de la *main gauche*

same exercises { *detached notes* in the *right hand* / *arpeggio* in the *left hand*

N 1 Ⓑ

N 2 Ⓑ

2º mêmes exercices 4 DOIGTS
Nº 3 Ⓐ voir Partition de l'arpeggio 4 doigts { *notes détachées* / *main gauche* / *arpeggio* / *main droite*

2nd. same exercises 4 FINGERS
Nr. 3 Ⓐ see score for arpeggio of 4 fingers { *detached notes* / *left hand* / *arpeggio* / *right hand*

N. 4 Ⓐ

N. 5 Ⓐ

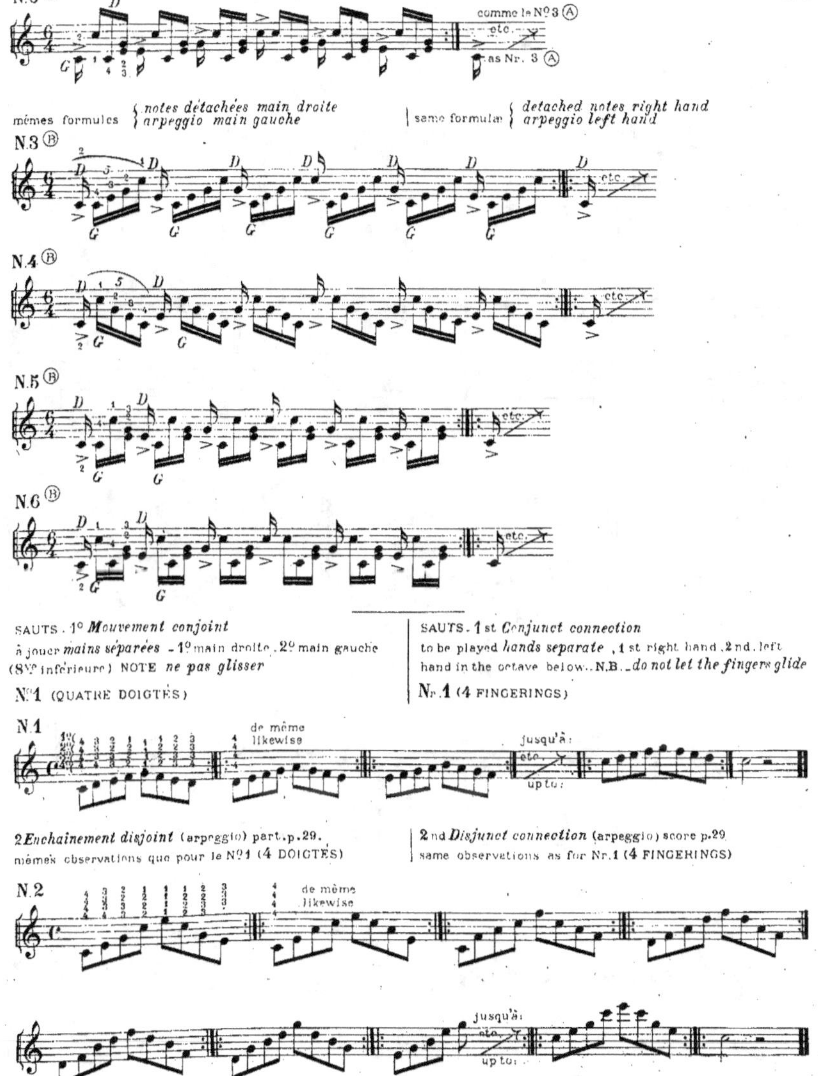

N.6 (A)
comme le N° 3 (A)
etc.
as Nr. 3 (A)
mêmes formules { notes détachées main droite / arpeggio main gauche
same formulæ { detached notes right hand / arpeggio left hand
N.3 (B)
etc.
N.4 (B)
etc.
N.5 (B)
etc.
N.6 (B)
etc.
SAUTS . 1° Mouvement conjoint
à jouer mains séparées _ 1° main droite . 2° main gauche
(8ve inférieure) NOTE ne pas glisser
N.1 (QUATRE DOIGTÉS)
SAUTS . 1st Conjunct connection
to be played hands separate , 1st right hand . 2nd left
hand in the octave below . N.B. _ do not let the fingers glide
Nr.1 (4 FINGERINGS)
N.1
de même
likewise
jusqu'à:
etc.
up to:
2 Enchainement disjoint (arpeggio) part. p.29.
mêmes observations que pour le N°1 (4 DOIGTÉS)
2 nd Disjunct connection (arpeggio) score p.29.
same observations as for Nr.1 (4 FINGERINGS)
N.2
de même
likewise
jusqu'à:
etc.
up to:

ACCORDS BRISÉS en DOUBLES NOTES (Formules spéciales) | BROKEN CHORDS in DOUBLE NOTES (Special formulæ)

1º. 2 NOTES *ne pas* placer d'avance. voir partition. arpeggio | 1st. 2 NOTES: *do not* set fingers to strings before playing

N.1 (main droite) - (right hand) | (see arpeggio score)

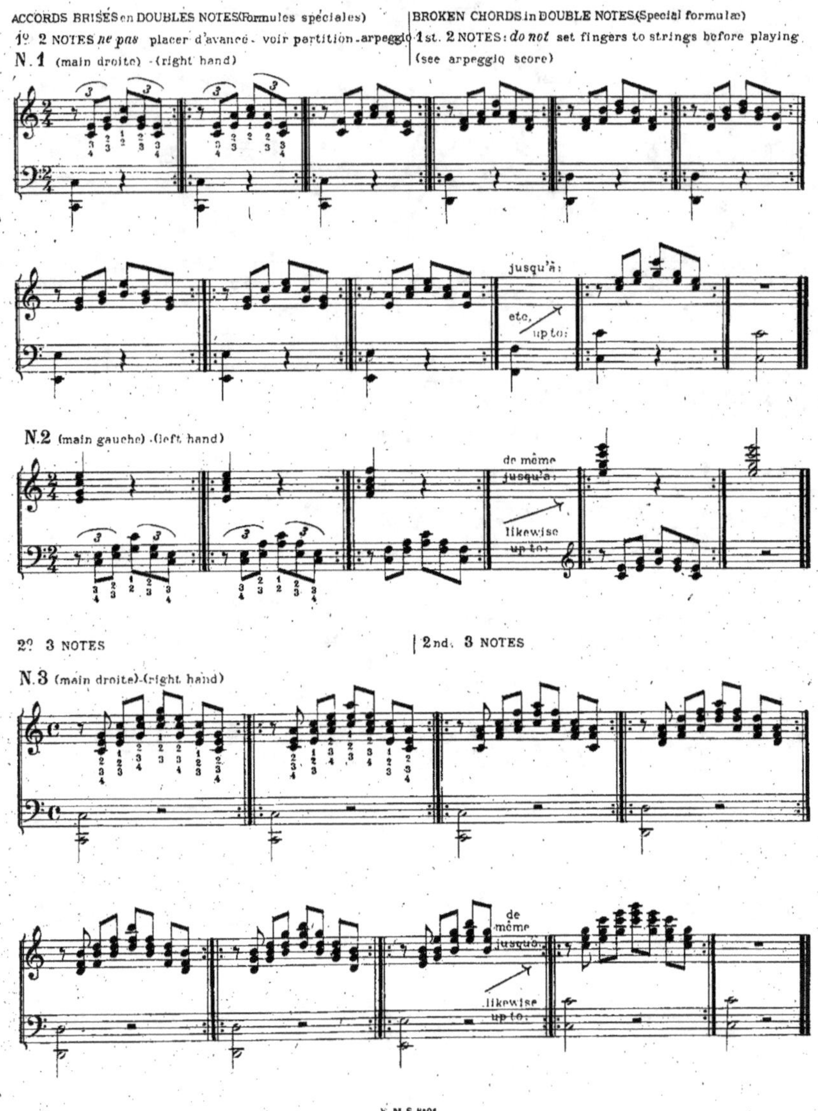

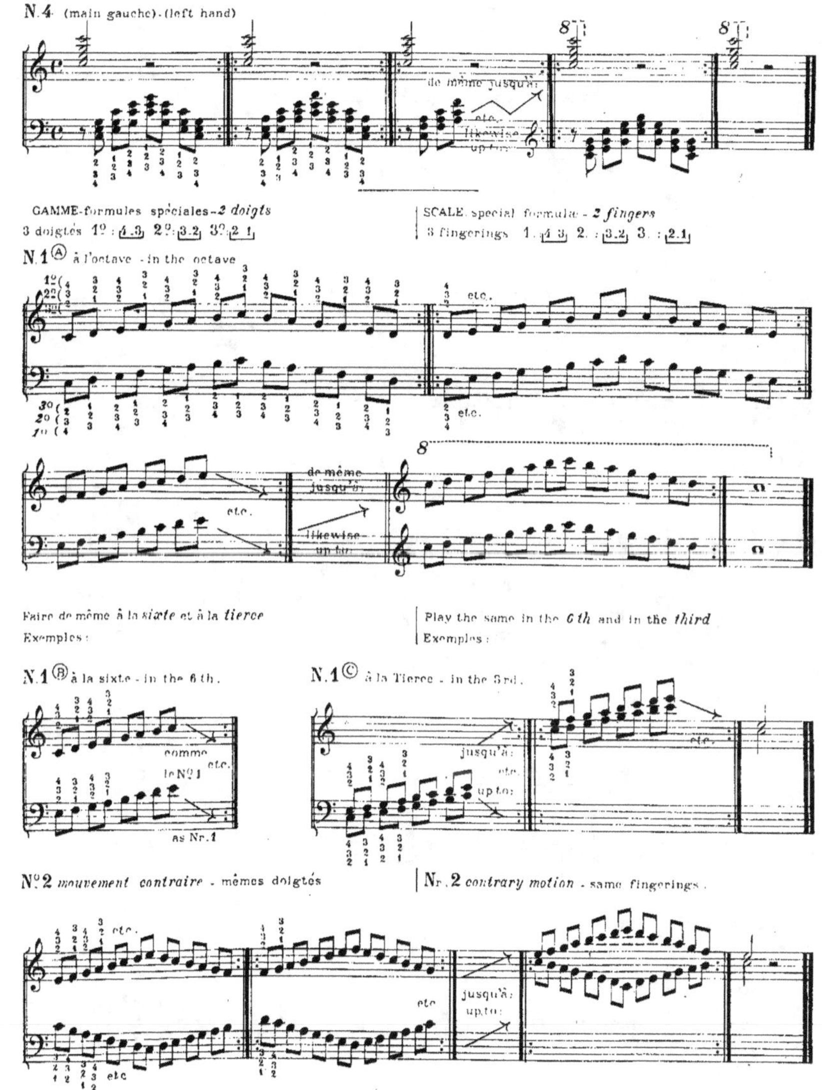
N.4 (main gauche).(left hand)
de même jusqu'à:
etc.
likewise
up to:
GAMME-formules spéciales-2 doigts
3 doigtés 1º : 4 3, 2º : 3 2, 3º : 2 1
SCALE special formulæ - 2 fingers
3 fingerings 1. 4 3, 2. : 3 2, 3. : 2 1
N.1 (A) à l'octave - in the octave
etc.
de même
jusqu'à:
likewise
up to:
etc.
Faire de même à la sixte et à la tierce
Exemples :
Play the same in the 6 th and in the third
Examples :
N.1 (B) à la sixte - in the 6 th.
comme
le Nº 1
etc.
as Nr.1
N.1 (C) à la Tierce - in the 3rd.
jusqu'à:
etc.
up to:
Nº 2 mouvement contraire - mêmes doigtés
Nr. 2 contrary motion - same fingerings.
etc.
jusqu'à:
up to:
etc

OCTAVES - SIXTES - TIERCES - formule spéciale
N.º 1 OCTAVES
OCTAVES - SIXTHS - THIRDS - special formula
N.º 1 OCTAVES
de même jusqu'à:
likewise up to:
N.º 2 SIXTES
N.º 2 SIXTHS
jusqu'à:
etc.
up to:
N.º 3 TIERCES
N.º 3 THIRDS
jusqu'à:
etc.
up to:
GROUPES - à jouer mains séparées
la main gauche à l'octave inférieure.
TURNS - to be played and separate.
left hand in the octave below.
N. 1 (montant) (playing upwards)
jusqu'à:
etc.
up to:

N.2 (montant)(playing upwards)
jusqu'à:
up to:
N.3 (descendant)(playing downards)
de même jusqu'à:
likewise up to:
N.4 (descendant) (playing downards)
de même jusqu'à:
likewise up to:
GLISSÉS SPÉCIAUX
SPECIAL GLIDING
N.1 Ⓐ (main droite)(right hand)
jusqu'à
etc.
up to
jusqu'à:
etc.
up to:
N.1 Ⓑ même exercice pour la main gauche (à l'8ᵛᵉ infre .) N.1 Ⓑ same exercise for the left hand (in the octave below.)
comme le N? 1 Ⓐ
etc.
as Nr. 1 Ⓐ
N.2 (mains ensemble) (both hands together)
jusqu'à:
etc.
up to:
etc.
N.3 Ⓐ main droite (à jouer aussi en(réb.mib.fa.solb.lab et sib.)
N.3 Ⓐ right hand to be played also in(Db,Eb,F,Gb,Ab and Bb.)
N.3 Ⓑ main gauche (même exercice 8ᵛᵉ inférieure mêmes observations pour les tonalités.)
N.3 Ⓑ left hand (same exercise in the octave below) (same observations as to the other keys .)
comme le N?3 Ⓐ
etc.
as Nr. 3 Ⓐ

BISBIGLIANDI SPÉCIAUX - *jouer tous les exercices suivants* en *ut♭, ré♭, mi♭, fa, sol♭, la♭ et si♭*.
N.º 1 (A) (jouer au moins 4 fois chaque reprise) travail préparatoire en rythmant par 5 - *lentement*.

SPECIAL BISBIGLIANDI - *play all the following exercises* in *C♭, D♭, E♭, F, G♭, A♭* and *B♭*.
Nr. 1 (A) (each bar to be played at least 4 times). First group the notes in quintuplets; play *slowly*.

N.ºs 1 (B) 1 (C) 1 (D) mêmes observations que pour le N.º 1 (A)

Nrs. 1 (B) 1 (C) 1 (D) same observations as for Nr. 1 (A)

Jouer ensuite ces mêmes exercices en commençant par la main *gauche* mêmes observations - *jouer les 7 tonalités*.

Further play these same exercises beginning by *left hand* same observations - *play in the above seven keys*.

N.3 (A) mêmes exercices en ne répétant *qu'une seule fois* chaque reprise . (7 tonalités)

N.3 (A) same exercises with *only one* repetition of each bar.

mêmes formules en commençant par la main *gauche* les 7 tonalités.

same formulæ beginning by *left hand* (in the seven keys)

Mêmes exercices pour les *cordes graves* à jouer aussi en *ut♭*, *ré♭*, *mi♭*, *fa*, *sol♭*, *la♭* et *si♭*. 4 FOIS chaque reprise au moins (Travail préparatoire en rythmant par **5 - lentement**.)

Same exercises on the *lower strings* to be played also in *C♭*, *D♭*, *E♭*, *F*, *G♭*, *A♭* and *B♭*. each bar at least 4 times. (First practise in quintuplets, *slowly*.)

mêmes formules en commençant par la main *gauche*. mêmes observations (*jouer les 7 tonalités*.)

same formulæ beginning by the *left hand*. same observations (*play in the seven keys*.)

mêmes exercices en ne répétant *qu'une seule fois* chaque reprise (7 tonalités)

same exercises with *only one* repetition of each bar in seven keys)

mêmes formules en commençant par la main *gauche* (jouer les 7 tonalités.)

same formulæ beginning by the *left hand* (7 keys.)

Paris, imp. française de musique. XXX